Udo Pollmer
Brigitte Schmelzer-Sandtner

Wohl bekomm's!

Was Sie vor dem Einkauf
über Lebensmittel wissen sollten

W0229045

Kiepenheuer & Witsch

1. Auflage 1998

© 1998 by Verlag Kiepenheuer & Witsch, Köln

Das vorliegende Buch basiert auf Beiträgen von Udo Pollmer,
die in der Zeitschrift »natur« veröffentlicht worden sind.
Für diese Ausgabe wurden die Texte neu bearbeitet und aktualisiert.
Umschlaggestaltung: Manfred Schulz, Köln
Umschlagfoto: Kurt Steinhausen
Gesetzt aus der Garamond Stempel
bei Kalle Giese Grafik, Overath
Druck und Bindearbeiten: Clausen & Bosse, Leck
ISBN 3-462-02692-5

KiWi 486

Inhalt

V. Obst und Gemüse:
An ihren Früchten sollt ihr sie erkennen

VI. Sauer macht lustig: Essig, Öl und Oliven

VII. Gewürze & Aromen:
Der Kampf um den guten Geschmack

VIII. Dem Affen Zucker geben: Süßigkeiten

IX. Für den Wissensdurst: Was wir alles trinken

X. Was bringt die Zukunft: Die neuen Techniken

I. Getreide aufs Korn genommen

Körner oder Cornflakes – was ist gesünder? Das Müsli meinen Sie? Nicht unbedingt. Die Wissenschaft ist sich nicht mehr so sicher, was wirklich besser ist. Denn die Verdauungs- und Gesundheitsprobleme durch zuviel Vollkorn lassen sich nicht mehr leugnen. Der Abschied vom Vorurteil – das ist die große Aufgabe der Ernährungsberatung für das kommende Jahrzehnt. Oder: Bisher galt Brot als Inbegriff einer natürlichen Ernährung. Irrtum: Kaum ein Lebensmittel mußte eine so nachhaltige Änderung von Herstellung und Rezeptur hinnehmen wie unser Brot. Mittlerweile avancierte die chemische Industrie zum unentbehrlichen »Brötchengeber« des Bäckerhandwerks. Die meisten Brote und Brötchen enthalten »Backmittel« oder werden aus »Fertigmehlen« angerührt. Niemand merkt es, da der Bäcker seine Ware nicht deklarieren muß.

Das Brot des Bäckers: Ein Handwerk verkommt

Brot ist unser Nahrungsmittel schlechthin. Statistisch gesehen ißt jeder Deutsche täglich vier Scheiben Brot und ein Brötchen, pro Kopf und Jahr fast 85 Kilogramm. Kaum ein Beruf ist so alt wie der des Bäckers – es gibt ihn seit 6000 Jahren. Aber kaum ein Beruf hat sich binnen drei Jahrzehnten so stark gewandelt.

Schauplatz Industriebäckerei von heute: Hier bedient der Bäcker einen Computer, den er über Lochkarten steuert. In ihnen ist der gesamte Backprozeß verschlüsselt – der Code bleibt Betriebsgeheimnis. Automatisch werden Mehl, Wasser, Hefe und Backmittel aus den Silos und Tanks zudosiert. In Minutenschnelle kneten Hochgeschwindigkeitsmixer die

Masse. Zusatzstoffe sorgen dafür, daß die Teige keine Sperenzchen machen und die aufeinander abgestimmten Maschinen nicht aus dem Takt geraten. Nur durch Anpassung der Teige an Maschinen mit immer gleicher Mechanik ließen sich teure Bäckerhände durch billigere Automaten ersetzen.

Die Automatisierung ist das Erfolgsgeheimnis, aber auch das große Problem unserer Lebensmittelveredler. Susanne Langguth vom *Bund für Lebensmittelrecht und Lebensmittelkunde* brachte das Problem auf den Punkt: »Soll ein Enderzeugnis stets gleiche Beschaffenheit haben, so muß die ›Natur‹ korrigiert werden.« Die Chemiker der Backmittelindustrie ließen sich das nicht zweimal sagen. Ausgestattet mit einem Fundus von etwa 1000 Feinchemikalien korrigieren sie die Natur nach Herzenslust. Die bis heute mangelhafte Deklarationspflicht der Zusätze kommt ihnen dabei auch noch zur Hilfe.

Moderne Backmittel sind pures High-Tech. Emulgatoren machen Teige maschinenfreundlich und voluminös, Enzyme aus Schimmelpilzen bauen die Stärke ab, andere erweichen den Teig, Phosphate steuern die Porengröße, Lipoxygenasen bleichen Toastbrot auf strahlendweiß, Färbemittel verleihen hellen Mehlen ein Vollkorn-Image, modifizierte Stärken steuern die Teigkonsistenz, Ascorbinsäure ersetzt die mehrstündige Teiggärung, Bräunungsvorläufer bringen knusprige Rösche, und Aromapräkursoren verströmen appetitlichen Brötchenduft in der Backstube, damit der Kunde kauft.

Anstandslos mümmeln die Deutschen alljährlich weit über 100.000 Tonnen Backmittel. Aber nicht nur Materielles bietet die Branche: »Die Backmittelindustrie versteht sich als Ideenproduzent«, klopfen sich die Manager auf die Schulter. Das geistige Wirken blieb nicht ohne Folgen: In den Brotkörben mancher Supermärkte geht es längst zu wie in einer Boutique – die Ware wechselt mit der Mode. Laut dem Insiderblatt *Ernährungswirtschaft* haben Lebensmittelgeschäfte heute durchschnittlich 40 Brotsorten im Angebot. In jedem dritten Geschäft sind sogar 50 bis 60 Sorten zu haben.

Und der Bäckermeister »um die Ecke«? Sein Angebot steht den Brotfabriken in nichts nach. Mit über 200 Brot- und mehr als 1200 Feingebäcksorten liegen unsere Bäcker im internationalen Vergleich ganz weit vorne. Fragt man einen Meister nach den Rezepten für seine Naschwerke, prallt man auf eine Wand aus stummer Bescheidenheit. Die Geheimniskrämerei hat einen Grund: Die Kundschaft soll nicht wissen, wie diese wundersame Vielfalt zustande kommt. Für nahezu jedes Produkt aus Bäckerhand steht inzwischen eine Fertigmasse zur Verfügung: für alle Brote und Brötchen, Gebäcke und Teilchen, egal ob Käsesahne, Bauernbrot, Mehrkornschnitte, Maurerlaibl oder Müslistange. Sie werden riesel- oder pumpfähig vom Backmittelhersteller bezogen – auf Wunsch auch »in der praktischen Schlauchpackung«.

In der Backstube ist die Zukunft längst Gegenwart: mit »Gamma 2000« beispielsweise, dem pulverisierten »Universal-Verbesserer für Brötchen und Weissgebäck«, der, so das Loblied der Zeelandia Backmittel GmbH, neben »aktiven Zuckerstoffen und Malz« auch »sehr starke Emulgatoren« enthält. Weil die Backerei natürlich auch so wenig wie möglich kosten soll, gibt es von der Firma Braun »Crossy«, den »pulverisierten Feinbackmittel-Blätterteigmix«, der »bis zu 25 Prozent Butter oder Ziehfett und viel Arbeitszeit im Verhältnis zu herkömmlich hergestellten Blätterteigen« spart.

Oder wie wär's mit Fruchtfüllungen der Firma Hero Industrial, deren Backeigenschaften »auf die Verwendung im Gebäck abgestimmt« sind und die es sogar »mit sichtbaren

Fruchtstücken« gibt. Und wider alle Erwartungen handelt es sich bei einer Creme namens »Domina« um ein Fettbackmittel des Linzer Herstellers Backaldrin. Er verhilft allen Hefeteigen zu »guter Aromabildung« und »feiner, gleichmäßiger Porung«.

»Mittlerweile ist wohl allen Bäckern und Konditoren insgeheim klar,« so das Branchenblatt *Back Journal*, »daß ohne Convenience-Produkte heute in der täglichen Praxis nichts mehr geht.« Handwerkliche Skrupel plagen unsere Bäcker schon lange nicht mehr. Aber nicht nur faule Gesellen zählen zu den Abnehmern. »Etwa 98 Prozent« aller Betriebe nutzen, so Rainer Wettig, Geschäftsführer des *Backmittelinstitutes* in Bonn, die Produktpalette der Backmittelhersteller. Der Kunde bleibt ahnungslos, und damit er nicht merkt, was er kauft, bieten die Unternehmen den Bäckern einen besonderen Service: Sie beliefern sie mit Verpackungen und Aufklebern mit der Aufschrift: »Aus eigener Herstellung«.

Tip

☹ Dank unseres lückenhaften Deklarationsrechts ist es für den Verbraucher schwierig, Backmittelbrote von handwerklicher Ware zu unterscheiden. Keinesfalls kann der Kunde davon ausgehen, daß sein »Bäcker um die Ecke« schon keine »Chemie« nehmen würde. Es sind gerade die Bäckereien und nicht unbedingt die Brotfabriken, die bei Backmitteln aus dem vollen schöpfen.

☹ Ein wichtiger (Warn)Hinweis sind die Werbemittel, die der Bäcker meist von den Backmittelherstellern geliefert bekommt: vor allem klangvolle Namen für Brote, mit bunten Aufklebern als Brotmarken und professionelles Werbematerial für einzelne Produkte.

☺ Auch der Geruch der Bäckerei verrät viel: Traditionelle Bäckereien riechen weniger nach frischen Brötchen, sondern mehr nach Hefe oder Obstkeller.

Volles Korn – und voll daneben

Für die einen ist unser Getreide das Wunderkorn der Menschheit, für die anderen schlicht Vogelfutter. Aber für Anhänger der Vollwertkost ist Korn eine Philosophie. Ihr Anspruch geht weit über das klassische Nährstoffdenken hinaus: »Laßt unsere Nahrung so natürlich wie möglich.« Vollwertkost enthält all die Vitalstoffe, die noch nicht entdeckt oder »anerkannt« sind. Dieser pragmatische Ansatz hat etwas bestechend Einfaches: Je voller das Korn, je unverarbeiteter, desto besser. So gesehen, wären gebackenes Brot oder italienische (Weißmehl)Pasta »tote« Produkte. Demnach schänden Bäcker und Köche seit Jahrtausenden weltweit die Vollwertigkeit von Getreidekörnern.

Ist gesunde Ernährung wirklich so einfach? Müßten wir nur frische Körner naschen, um 100 Jahre alt zu werden? Wozu gibt es dann das Lebensmittelhandwerk? Der Bäcker wandelt haltbares Getreide in leichtverderbliches Brot um. Die Bilanz wird noch absurder, wenn man bedenkt, daß in vergangenen Jahrhunderten keine Maschinen zur Verfügung standen und Arbeitskraft immer knapp war. Es muß also einen anderen Hintergrund geben, warum Korn so aufwendig bearbeitet wird, obwohl man es ja roh essen könnte. Und der ist heute in seinen Grundzügen entschlüsselt: Kein Lebewesen, sei es Pflanze oder Tier, wird gerne gefressen. Bei Gefahr können Tiere davonlaufen, Pflanzen jedoch nicht. Sie schützen sich anders vor einer hungrigen Umwelt: Etwa fünf

Prozent ihrer Trockenmasse bestehen deshalb aus Abwehrstoffen gegen alles und jeden, egal ob Mikroben, Maden, Mäuse oder Menschen. Ausgerüstet mit Bitterstoffen vertreiben sie Schaderreger. Mit Giftstoffen stören sie unsere Verdauung, indem sie die Aufnahme der Nährstoffe verhindern. Blähungen sind die erste spürbare Folge.

Auch die Pflanzenfresser haben »aufgerüstet«: Mit vier »Mägen« verdauen, fermentieren und käuen Rinder wieder, um Nahrung aufzuschließen. Das Federvieh hat dafür eigens einen Kropf. Schweine, die so wie wir Menschen nur einen Magen besitzen, reagieren mit Wachstumsstörungen, wenn man sie mit zuviel Getreide, insbesondere Roggen, füttert. Inzwischen kennen wir eine ganze Reihe von Substanzen, die die Verdauung vieler Tiere und natürlich auch die des Menschen beeinträchtigen. Zunächst ist hier Phytin zu nennen. Es behindert die Aufnahme von Mineralstoffen, Spurenelementen und mutmaßlich auch von Vitamin B_1. Dieses Phytin ist der Energiespeicher der Saatkörner. Bei der Keimung wird es verbraucht. Weitere Substanzen, die bei unserem Vieh verdauungs- und wachstumsstörend wirken, sind die Alkylresorcine und Arabinoxylane im Roggen, die Glucane der Gerste und Pentosane im Weizen. Sie alle sammeln sich in den wertvollsten Schichten des Kornes, im Keimling und der das Korn umhüllenden Eiweißschicht, der Aleuronschicht.

Weil der Mensch weder über einen Kropf noch über einen Pansen verfügt, aber Mittel und Wege finden mußte, Getreide bekömmlicher zu machen, erfand er den Gärbottich. Darin laufen dieselben Prozesse ab wie im Viehmagen. Bei einer klassischen, mehr als 20 Stunden dauernden Sauerteigführung wird im Prinzip eine Keimung eingeleitet. Das Getreideschrot quillt somit viel schneller als das ganze Korn im Ackerboden, weil das Wasser nicht erst durch die Schale hindurchdringen muß. Die biochemischen Vorgänge sind vergleichbar. Die Fermentation leitet den Abbau des Phytins ein. So werden viele Mineralstoffe überhaupt erst für den Menschen verfügbar.

Bei der heute üblichen Verwendung von »Kunstsauer«, einer Mixtur aus Feinchemikalien, unterbleibt der Abbau des Phytins – Spurenstoffe wie Calcium, Eisen, Zink oder Magnesium sind blockiert. Derartige Vollkornbrote taugen als Abführmittel, nicht aber für eine gesunde Ernährung.

Während einer Fermentation entstehen beachtliche Mengen an antibiotisch wirksamen Phytoalexinen. Das muß auch so sein: Wenn Saatgut keimt, quillt es in nassem Erdreich, und eigentlich müßte es dabei bereits verschimmeln. Um aber einen Verderb zu verhindern, bildet das Korn etliche Abwehrstoffe, die Phytoalexine, gegen unerwünschte Pilze und Bakterien.

Bei der klassischen Sauerteigbereitung, die letztlich nichts anderes ist als eine ungerichtete Keimung, laufen vergleichbare Prozesse viel schneller ab. Phytoalexine werden gerade im Sauerteig fabriziert, da das Korn ja von Mikroorganismen »angegriffen« wird. Da man letztere in Überzahl einsetzt und sie sofort auf die Innenflächen des geschroteten oder gemahlenen Korns gelangen, gewinnen sie den Wettlauf gegen die Abwehrstoffe. Verzehren wir Vollkornbrot aus den handelsüblichen Vollkorn-Backmischungen oder Flockenmüsli, fehlt diese Fermentation.

Natürlich ist die Wirkung des Sauerteigs weitreichender. Auch die Milchsäurebakterien im Teig produzieren antibiotisch wirksame Stoffe, sogenannte Bakteriozine, um sich vor unliebsamen Konkurrenten zu schützen. Einflüsse auf unsere Darmflora liegen auf der Hand.

Wozu Kunstsauer?

Roggen läßt sich im Gegensatz zu Weizen nicht mit Hefe alleine verbacken. Er muß gesäuert werden. Aus der Erfahrung ungezählter Bäckergenerationen entstand so die dreistufige Sauerteigführung. Der Sauer erfordert stete Pflege, Erfahrung und viel Fingerspitzengefühl.

Der Kunstsauer hingegen ist maschinenfreundlich und idiotensicher. Ganz flotte Mixturen werden schon nach ein bis zwei Stunden mit dem Mehl fertig. Ohne Mätzchen und Eskapaden. Ein solches Brot schmeckt eher fade – oder »mild«, wie es die Branche nennt.

Der reine Dreistufen-Sauer ist auch beim Bäckermeister »um die Ecke« längst verpönt. Hier sind Teigsäuerungsmittel inzwischen so verbreitet wie einst in den Brotfabriken. Die Werbung für den Bäcker und seine Kunden spricht beim Kunstsauer freilich appetitlicher von »Organischen Genußsäuren« oder noch lieblicher von »Fruchtsäuren«. Kunstsauer, erzählen dessen Hersteller, unterscheide sich nicht von seinem natürlichen Gegenstück.

Das ist nicht einmal die halbe Wahrheit. Neben etwas Zitronen- und Milchsäure bestehen die Mixturen aus Emulgatoren, Phosphaten, Calciumsulfat (Gips) und Acetaten wie Natriumdiacetat. Im Grunde genommen ist Kunstsauer ein Imitat. Denn die Mixtur aus Feinchemikalien soll die ursprünglich biologische Teigbildung auf chemischem Wege nachahmen. Nicht mehr die Mikroorganismen, wie Milchsäurebildner, fermentieren den Teig, schließen ihn für die menschliche Ernährung auf, sondern ein paar Säuren erledigen den chemischen Teil des Prozesses. Biologie und Gesundheit bleiben damit auf der Strecke. Für unser traditionelles Grundnahrungsmittel beschämend.

Natursauer

So, wie ein gewissenhafter Bäcker Natursauerteig produziert, geht das im Prinzip auch im Haushalt. Die Herstellung des Sauerteigs, kurz Sauer genannt, erfolgt über die drei Stufen: Anstellsauer, Grundsauer und Vollsauer.

1. Stufe: Zunächst wird der Anstellsauer zubereitet. 200 ml Wasser (30 bis 40 Grad Celsius warm) mit 200 g Roggenmehl in einer großen Schüssel verrühren, mit einer dicken Mehlschicht bedecken und an einem wärmeren Platz etwa acht bis zwölf Stunden aufbewahren. Einfacher und sicherer ist es, wenn Sie sich in einem Bioladen oder Reformhaus einen Natursauerteig besorgen. Damit können Sie dann direkt bei der 2. Stufe beginnen.

2. Stufe: Wiederum 200 ml warmes Wasser mit 200 g Roggenmehl vermischen. Die Masse mit dem Anstellsauer vermengen und eine dicke Mehlschicht darüber streuen. Diesen Grundsauer ebenfalls acht bis zwölf Stunden warm stehen lassen.

3. Stufe: 400 ml warmes Wasser und 400 g Roggenmehl mischen und mit dem Grundsauer vermengen. Dann wieder mit Mehl dick bestreuen und noch sechs Stunden warm aufbewahren. Der Vollsauer ist fertig, wenn die Mehlschicht große Risse aufweist und der Teig einen säuerlichen Duft verströmt.

Wenn Sie von dem Teig 200 g als Vorrat aufheben, können Sie ihn bei Ihrem nächsten Backvorhaben wie den Anstellsauer für die 2. Stufe verwenden. Er läßt sich etwa zehn Tage in einem Schraubglas im Kühlschrank lagern. Denken Sie aber daran: Es braucht einige Erfahrung, bis man die nötige Sicherheit in der Teigführung gewinnt. Seien Sie also nicht enttäuscht, wenn Ihre Bemühungen nicht auf Anhieb von Erfolg gekrönt sind.

Macht die nachfolgende Erhitzung im Ofen nicht alles kaputt? Nein. Die antibiotische Wirkung von Sauerteigbroten bleibt erhalten. Natürlich baut das Backen nicht nur unerwünschte Abwehrstoffe ab, sondern auch nützliche Nährstoffe. Aber es bleibt ein Nettonutzen für die gesunde Ernährung des Menschen, denn sonst hätte die Menschheit nicht über Jahrtausende kollektiv das Getreide gebacken oder gekocht, sondern als rohen Brei verzehrt.

Aus den unterschiedlichen Gewohnheiten der Kulturen, die Roggen oder Weizen verwendet haben, läßt sich aber noch etwas lernen. Nur Roggenbrote werden gesäuert, der Weizen wurde seit Jahrtausenden wenn immer möglich gesiebt und als helles Mehl mit Hefe verbacken. Das hängt damit zusammen, daß Sauerteig beim Weizen längst nicht so wirksam ist.

Hier erhellt sich der biologische Ursprung der Müllerei. Beim Weizen haben sich praktisch alle Kulturen bemüht, helles Mehl herzustellen, wenn Überschüsse dies erlaubten. Beim Roggen war Weißmehl noch nie ein Thema. Das bedeutet gewiß nicht, daß unser heutiges helles Mehl deshalb besonders gesund wäre, sondern läßt auf unterschiedliche Inhaltsstoffe in Roggen- und Weizenkleie schließen.

Die zur Herstellung von Weizenvollkorn verwendete Hefe vermag gegen die Schale des Weizens nur wenig auszurichten. Deshalb wird beim Weizen die Kleie abgetrennt und nicht zur menschlichen Ernährung verwendet. Auch Werner Kollath, der Begründer der Vollwerternährung, fand bei seinen umfangreichen Studien kein Volk, das sich von rohem Weizen ernährt hätte.

Unsere Küchentechnik hat also einen biologischen Sinn. Es ist an der Zeit, überholte Ideologien aufzugeben. Denn es ist offenbar nicht entscheidend, daß Vollkorn an sich vollwertig ist, sondern daß Vollkorn richtig verarbeitet wird. Nur die geeigneten Techniken – meist klassische, in unserer Kultur lange erprobte Verfahren – gewährleisten gesunde und bekömmliche Lebensmittel.

Tip

☺ Wenn Sie gesundes Vollkornbrot essen wollen, nehmen Sie Pumpernickel oder ein Roggenbrot aus reinem Natursauerteig.

☹ Vorsicht bei Weizenvollkorn: Eine zu hohe Zufuhr fördert Darmverpilzungen, da die Abwehrstoffe des Weizens einen Aufschluß der Stärke verhindern. Diese unverdaute Stärke wird im Enddarm von der Darmflora zu Zucker abgebaut. Und das ist für Darmpilze (Candida) ein gefundenes Fressen. Weizen ist als Weißbrot bekömmlicher. Das gilt auch für Nudeln.

Müsli vom Designer

Knusper, Knusper, Knäuschen, wer knuspert wie ein Mäuschen? Na klar, die gesundheitsbewußten Genießer. Gleich einem Volk von Mäusen knabbern sie das tägliche Frühstück aus der Tüte. Fertigmüslis gelten ihnen als reeller Genuß aus den leckersten Zutaten: Haferflocken, Rosinen, knusprige Vollkornflakes, Sonnenblumenkerne und Haselnüsse. Natur pur.

Was aussieht wie selbstgemischt und unbehandelt, hat doch seine kleinen Geheimnisse. Haferflocken etwa erfordern schon einiges Know-how, um sie fix und fertig anbieten zu können. Denn erstens ist der Hafer gewöhnlich bespelzt (mit einer harten Hülle versehen), und zweitens verdirbt er nach dem Quetschen schnell. Der gereinigte Hafer wird deshalb mit Wasserdampf erhitzt und bei etwa 100 Grad Celsius zwei bis drei Stunden gedarrt. Das zerstört seine Enzyme und verhindert so ein Nachbittern während der Lagerung. Dabei entsteht ein leicht nussiges Aroma. Dann werden die Spelzen abgeschält und die spröden Körner erneut mit Dampf behandelt. Diesmal, um ihnen eine elastische Struktur zu verleihen, damit sie beim Auswalzen nicht zerbröseln. Nach einer letzten Trocknung sind die Flocken fertig.

Oder die Rosinen im Müsli: Eine wachsartige Schutzschicht auf den Weinbeeren bremst den Wasseraustritt. Um die Trocknung zu erleichtern, wäscht man diese natürliche Barriere gewöhnlich mit Laugen herunter. Viele Kunden mögen echte Trockenfrüchte aber nicht, weil diese zäh oder hart sind. Deshalb werden sie nicht ganz getrocknet, sie sollen saftig bleiben. Das spart Zeit und verhindert teuren Gewichtsverlust. Fürs Fertigmüsli taugen sie aber noch lange nicht, denn feuchte Rosinen vertragen sich schlecht mit knusprigen Flakes.

Eine interessante Möglichkeit, um den Kunden jederzeit optimalen Genuß zu bieten, ersann ein bekannter Müsli-Hersteller: Die Rosinen werden zum Beispiel 15 Sekunden mit einer warmen Phosphorsäurelösung behandelt. Sie öffnet die Poren für das folgende Imprägnieren mit einer Glyzerinlösung. Tags darauf werden die Früchte wieder getrocknet und bei Bedarf mit einem raffinierten und hydrierten Kokosöl überzogen. Das Ergebnis kann sich in Müsli-Mischungen sehen, schmecken und lagern lassen: Die Weinbeeren bleiben saftig und die Knabberkrümel »crisp«.

Knusprigkeit ist unverzichtbar am Morgen, weckt sie doch geräuschvoll die verschlafenen Lebensgeister. Ein typisches Rezept für Knuspergetreide besteht aus Getreidebestandteilen oder ganzen eingeweichten Körnern. Dazu kommen Malzextrakte zur Aromatisierung, Emulgatoren, Salz und Zucker beziehungsweise Glucosesirup. Diese Mixtur wird in einen Extruder gespeist, ein echter Tausendsassa, der in kaum einem Unternehmen der Snack- und Süßwarenbranche fehlt. Ähnlich wie im Fleischwolf erfaßt eine Schnecke die Zutaten und verknetet alles innig miteinander. Darüber hinaus verschert, verpreßt und erhitzt sie die Masse.

Die einwirkenden Kräfte sind so enorm, daß sich das Getreide verflüssigt und völlig neue Produkteigenschaften entstehen. Man spricht deshalb auch von einem »Plastifizierungsreaktor«. Schließlich quillt die kochendheiße Masse unter hohem Druck aus den Düsen hervor. Schlagartig verdampft das Wasser, der Brei schäumt auf und erstarrt. Eine anschließende Röstung bei 270 Grad Celsius verleiht den noch blassen Extrudaten die appetitliche Bräune. Für ein intensiveres Geschmackserlebnis empfiehlt es sich außerdem, die Snacks mit einer über 100 Grad Celsius heißen Zuckerlösung zu imprägnieren.

Tip

☺ Müsli-Mischungen mit einem hohen Anteil an rohen Weizen- und Roggenflocken sind bekanntermaßen schlecht verträglich und gesundheitlich wenig hilfreich. Dennoch gibt es in unserer Kultur ein traditionelles Frühstücksgetreide: den Hafer. Haferflocken sind bekömmlich und lassen sich nach Wunsch auch mit Obst oder Nüssen zubereiten. Bei der Herstellung werden die Flocken gedämpft. Das verhindert, daß der Hafer während der Lagerung bitter wird.

Cornflakes: Krümelmonsters Lieblingsspeise

Cornflakes bieten Körnerkost ohne Müsli-Image. Sie sind süß, knusprig und auch mit vielen Vitaminen versehen. Das verspricht ein gesundes Geschäft mit dem Zeitgeist. Cornflakes leisten, neben Cola, den wohl wesentlichsten Beitrag der USA zu unserem Speisezettel. Gefertigt aus dem traditionellen Getreide Amerikas, dem Mais, eroberten sie die deutschen Frühstückstische.

Die Herstellung der Cornflakes beginnt wie beim Mehl mit dem Abtrennen von Schale und Keimling. Die Maiskleie kriegen die Schweine, aus den Keimlingen wird das Fett extrahiert (siehe Seite 169). Fertig raffiniert gibt es das bekannte Maiskeimöl. Der verbleibende Mehlkörper wird jedoch nicht vermahlen, sondern nur gesiebt. Lediglich die größeren Stärkekrümel eignen sich als Grundlage für Cornflakes. Dazu kommen Zucker, Malzsirup und Salz, eine Extraportion Aromastoffe und Emulgatoren kann nicht schaden. Die Zutaten werden gründlich gemischt und das Ganze unter Druck mit Dampf gekocht. Dabei quellen die gezuckerten und aromatisierten Mehlkörper auf. Nach etwa zwei Stunden sind sie gar, schön glasig und gummiartig.

Heißluft trocknet die klebrigen Klümpchen sorgfältig vor. Dieser Verfahrensschritt ist sehr wichtig, damit die Oberfläche der Flakes beim anschließenden Toasten knusprige Blasen wirft. Stimmt die Feuchtigkeit, zerquetschen Stahlwalzen die gummiähnlichen und angetrockneten Krümel mit 40 Tonnen Druck zu Flocken. Das Toasten der noch elastischen Flakes erfordert Temperaturen von 270 bis 330 Grad Celsius. Sie werden in perforierten Trommeln schnell an Gasbrennern vorbeigeführt. Binnen 90 Sekunden bilden sich Röstaroma, goldbraune Farbe und – sehr wichtig – Blasen an der Oberfläche der Flakes. Ohne Blasen kein Knusperspaß! Abgekühlt und verschwenderisch mit synthetischen Vitaminen besprüht, werden die Flakes gasdicht verpackt. Das erhält die Knusprigkeit.

Alles in allem dauert dieser klassische Cornflakes-Prozeß etwa acht Stunden. Viel zu lange und zu aufwendig für unsere schnellebige, kostenbewußte Zeit. Inzwischen hat sich die Extrusion als Alternative bewährt. Der Extruder, den wir schon bei der Müsli-Herstellung beschrieben haben, verpreßt die erwähnten Rohstoffe Maismehl (das nun natürlich nicht mehr gesiebt werden muß), Zucker, Malz, Salz und Zusatzstoffe zu einer plastischen, zähflüssigen Masse. Sie quillt schließlich wie Spaghetti aus den Düsen hervor und erstarrt. Ein Messer zerschneidet die gelierten Stärkestränge in fünf Millimeter lange Stücke.

Den nächsten Schritt kennen Sie bereits. Die Extrudate werden zu Flakes ausgewalzt und geröstet, bis sie Blasen werfen. Sie schmecken genausogut wie nach dem traditionellen Verfahren, erfordern aber nur 30 Minuten Produktionszeit und kommen mit billigerem Maismehl aus.

Tip
☹ Wäre Krümelmonsters Lieblingsspeise nicht auch noch mit unsinnigen Vitaminmixturen versetzt, dann wären Cornflakes zum Frühstück auch nicht anders zu beurteilen als ein Marmeladenbrötchen. In Tierversuchen erwiesen sich handelsübliche Flakes mit einem reichhaltigen Zusatz an Vitaminen und Mineralstoffen jedoch als Gesundheitsrisiko. Offensichtlich enthalten manche Produkte zuviel des Guten.

Reis: Schneller mit heißer Luft

Nach dem Weizen stehen Mais und Reis gemeinsam auf Platz zwei in der Liste der wichtigsten Kulturpflanzen. Jährlich werden von beiden jeweils fast eine halbe Milliarde Tonnen geerntet. Die nach dem Dreschen anfallenden bespelzten Körner, der sogenannte »Paddyreis«, sind kaum genießbar. Sie werden in den Reismühlen durch Walzen von den Spelzen befreit. Nicht einmal als Tierfutter taugt diese »Reiskleie«, sondern nur noch zum Heizen. Der gewonnene Reis hieß ursprünglich »Braunreis« und heute, weil es positiver klingt, »Naturreis«. Naturreis oder Braunreis ist eine deutsche Spezialität. Überall auf der Welt wird weißer Reis gegessen – und möchte der deutsche Urlauber in Italien dennoch Naturreis kaufen, muß er sich im Supermarkt schon in die Hundefutter-Abteilung bemühen, um sein Lieblingsgericht zu bekommen.

Was unser vertrauter *Tafelreis*, das heißt *Weißreis*, werden will, der muß Schleifkegel ertragen, bis Silberhäutchen, Keimling und Aleuronschicht abgeraspelt sind. Mit Lederstreifen bezogene Kegel polieren den Mehlkörper glatt. Dabei fallen 60 Prozent Tafelreis, 20 Prozent Spelzen, 10 Prozent Bruch und 10 Prozent Schäl- und Schleifmehl an. Um den Bruch bei der Herstellung von poliertem Reis zu verringern, wurde die sogenannte Naßmüllerei entwickelt: Vor dem »Schälen« wird das Korn mit Lösungsmitteln wie beispielsweise Hexan oder mit Schleifhilfen wie Calciumcarbonat (Kreide) benetzt.

Dennoch bleibt der Verlust groß, denn mit dem Abfall verliert der Reis 50 bis 90 Prozent seiner Mineralstoffe und Vitamine. Zwar muß in unserem Land niemand eine Mangelversorgung fürchten, auch als Liebhaber von weißem Reis nicht, aber es ist zu fragen, ob diese Verschwendung notwendig ist. Bisher wurde aus dem Bruch vor allem Reiswein (Sake) gewonnen.

Einen Kompromiß zwischen dem angeblich ungesunden weißen Reis und dem weniger schmackhaften Naturreis stellt der *»parboiled« Reis* dar. Er ist teurer als Weißreis, aber einfacher zuzubereiten. Das Parboiling soll einen Teil jener Stoffe in den Weißreis hinüberretten, die beim Schälen verlorengehen. Dazu wird der Reis in der Spelze belassen und in warmem Wasser unter Druck eingeweicht. Dabei nimmt die Feuchtigkeit wasserlösliche Vitamine aus den Randschichten und sogar ein paar Farbstoffe aus den Spelzen mit. Daher auch seine leicht gelbliche Farbe. Zum Schluß werden die Spelzen geknackt und Silberhäutchen, Keimling wie Aleuronschicht runtergescheuert. *Parboiled Reis* gilt als hochwertiger als gewöhnlicher Weißreis, und er hat durch die Art der Trocknung auch eine kürzere Kochzeit.

Noch flinker geht der *»Schnellkochreis«*. In den Schriften der staatlichen Verbraucheraufklärung ist seine Herstellung das Unproblematischste von der Welt. Es sei, so der *Verbraucherdienst*, »Weißreis, der gegart und wieder getrocknet wurde«. Das ist insofern richtig, als man mit hohem Energieaufwand durch Vorkochen und Gefriertrocknen eine minderwertige Qualität erhält, deren Geschmack stark gelitten hat. Wirft man einen Blick in einschlägige Patentschriften, erkennt man schnell, daß die Lebensmittelindustrie diesen Vorwurf nicht auf sich sitzen lassen wollte. Da wird der Reis unter Druck oder Infrarotstrahlen mit Alkohol durchweicht, um dem gehetzten Verbraucher das mühsame Kochen von Reis zu erleichtern.

Womöglich war ein Besuch japanischer Chemiker in deutschen Kantinen Anlaß einer epochalen Erfindung: »Der gewöhnliche weiße Reis hat jedoch den Nachteil«, erkannte der Chemieriese Takeda, daß er »eine gewisse Geschicklich-keit von Seiten des Kochs erfordert«. Takeda empfiehlt seit-her, den polierten Reis mit Geschmacksstoffen und Komplex-bildnern einzuweichen. Der gequollene und imprägnierte Reis wird gedämpft, bis er schrumpft, und mit einer zweiten Lösung versetzt – diesmal aus Ölen und Emulgatoren. Nach erneutem Dämpfen und Trocknen macht's jetzt wirklich die heiße Luft: Bei 300 Grad Celsius wird der Reis durcheinan-dergewirbelt und »expandiert«. Das Resultat überzeugt im Kochbeutel ebenso wie in der fernöstlichen Reispfanne oder im Krabben-Risotto. Nach drei Minuten ist das Gericht fix und fertig.

Instant-Freunde können aufatmen, seit ein bedeutender Hersteller (Müller's Mühle Schneekoppe AG) herausgefun-den hat, wie Naturreis »auf einfache Weise in einen Schnell-koch-Naturreis umgewandelt werden kann«. Gemäß einer Patentschrift wird er einfach mit Infrarotstrahlen bei 140 Grad Celsius vorgegart. Elegant, nicht wahr? Ein rechtzeiti-ges Abbrechen der Bestrahlung garantiert dann, daß der Naturreis nicht »durch einen Röstprozeß eher ungenießbar« wird. Der industrielle Anwender dieser Technik sollte nur vorher »das Absorptionsspektrum der zu behandelnden Reiskörner untersuchen«, sonst könnte das Naturappeal Schaden nehmen.

Lediglich die Lebensmittelwirtschaft hat noch ein kleines Problem. Was tun mit dem vielen billigen Abfall aus den Reis-mühlen, der bei der Gewinnung von weißem Reis anfällt? Daraufhin suchte die Gesellschaft für Innovation und Tech-nologie Wege, den Abfall der Reismühlen wieder unserem Speiseplan verfügbar zu machen: »Ein sehr preiswerter Roh-stoff«, befand sie und entschloß sich zum Recycling: »Alle Nebenproduktbestandteile, Schälmehl, Schleifmehl, Polier-mehl und Bruchreis … lassen sich zusammen zu einem Produkt verarbeiten, das die wertvollen Bestandteile ... unverändert enthält.«

Das Prinzip ist ebenso einfach wie wirksam. Es genügt, die Reisabfälle mit Wasser zu einem Brei zu verrühren und durch einen Extruder zu treiben. Er schert, preßt und formt die Masse, bis sie gelatiniert. 110 Grad Celsius heiße Würstchen quellen aus Düsen hervor, deren Durchmesser etwa einem Reiskorn entspricht. Je nachdem, ob das Produkt wie Rundkorn oder Langkorn aussehen soll, wird es »dann auf die bevorzugte Kornlänge geschnitten«. Etwas Curry macht aus diesen Schälabfall-Bruchreis-Bröckchen »ein sehr wohlschmeckendes Produkt«, das aussieht wie Tafelreis und sich »in drei bis vier Minuten garkochen« läßt.

Dem Einsatz in Fertiggerichten sind kaum Grenzen gesetzt. Zum Beispiel lassen sich die neu geformten Reisobjekte mit einer konzentrierten Zuckerlösung besprühen. Trocknen mit Mikrowellen ergibt eine leckere Zuckerglasur. Das Milchreisdessert läßt grüßen. Gerade bei Fertiggerichten hat der Kunde kaum eine Chance zu erkennen, welche Reisqualität sich im Produkt verbirgt. Kaum jemand dürfte beispielsweise einen Zusatz von zehn Prozent Reisimitat auf Reisabfallbasis im »Risotto mit Huhn« oder im »Reisdessert« erkennen. Vielleicht liefern die Werbeslogans einen unfreiwilligen Hinweis: Denn welche Marketingabteilung wäre nicht versucht, hier den Abfallanteil als »wertvolle Bestandteile des Reiskorns« auszuloben.

Wildreis

Das ehemalige Hauptnahrungsmittel nordamerikanischer Indianer gilt bei uns als das teuerste Getreide der Welt. Es ist übrigens gar kein Reis, sondern ein soge-

nanntes Wassergras, das wild an Seeufern und Flüssen
wächst. Seine grünen, länglichen Samen werden vom
Kanu aus mühselig per Hand geerntet. Erst nach der
Trocknung erhält der Wildreis seine schwärzliche Farbe.
Wegen ihres angenehm nußartigen Geschmacks werden
die ungeschälten Körner gern vorgegart unter Weißreis
gemischt. Mittlerweile gehört eine Wildreissorte sogar
zu den vom Aussterben bedrohten Pflanzen.

Aufgrund der großen Nachfrage wird der Indianerreis
seit 1950 kommerziell angebaut, und das bedeutet: der
größte Teil des bei uns im Handel befindlichen Wildrei-
ses ist genauso wie Reis, Mais oder Weizen mit Dünge-
mitteln und Pestiziden erzeugt worden.

Wie die Instantnudel ihren Freischwimmer macht

Welche Vielfalt aus einfachsten Mitteln: Muscheln, Lämm-
chen, Würmchen, Schmetterlinge, Putten oder Röhrchen –
für den Liebhaber italienischer Küche eine ganze Philosophie
aus frischem Wasser, einer Prise Salz und feingemahlenem
Hartweizengrieß (Durum). Klangvoll sprechen sie von Con-
chiglie und Agnolotti, sie begeistern sich für Vermicelli, Far-
falle, Amorini oder Cannelloni.

Wer italienische Nudeln selbst herstellen will, benötigt neben
einer Schüssel und dem Nudelholz beispielsweise die Chitarra, einen Holzrahmen, über den viele dünne parallele
Drähte gespannt sind. Wenn der Teig durch die Chitarra ge-
drückt wird, erhält man schmale Streifen, die sich leicht zu
Nudeln formen lassen. Die klassische italienische Pasta wird
angeteigt, ausgewalzt, geschnitten und in die gewünschte
Form gebracht. In der feuchtwarmen Meeresluft trocknet sie
im Freien innerhalb einer Woche.

Der Hartweizengrieß und die langsame Trocknung ergeben außerordentlich elastische, gut lagerfähige Pasta von vorzüglichem Geschmack. Leider. Denn dies stellt unsere deutschen Nudelfabriken vor schier unlösbare Aufgaben. Hartweizen ist knapp, die Trocknung unrentabel und das feuchtwarme Meeresklima ein Vorzug anderer Breiten. Hinzu kommt: der Kunde will nicht einfach Nudeln, er will etwas Besonderes, und er will es gleich. Eine Instantnudelsuppe bietet ihm beides: Spontaneität sowie Bequemlichkeit. Und die Illusion von Mutters herzhafter Küche, ohne selbst kochen zu müssen.

Da trifft es sich gut, daß der teure Hartweizen für eine Instantnudel nicht so recht taugt, denn er verlängert die Kochzeit. Ein Grund mehr, auf heimischen Weichweizen zurückzugreifen. Daß Weichweizennudeln leicht zerkochen, an der Oberfläche verschleimen und durch ihren weichen Biß vor allem zahnlosen Zeitgenossen entgegenkommen, fassen Produktdesigner seit jeher als Herausforderung auf.

Nach dem innigen Vermischen von Wasser, Mehl und Zusätzen wird ein Vakuum angelegt, um einen Teil der eingekneteten Luft herauszusaugen. Sonst würden die fertigen Nudeln wie Luftkissenfahrzeuge alle oben auf der Suppe schwimmen. Das Vakuum darf auch nicht zu lange einwirken. Denn völlig ohne Luftbläschen würden sie auf den Tellerboden sinken. Für den gleichen optischen Eindruck bräuchte man mehr Nudeln. Damit die Instantnudel gleichmäßig verteilt in der Suppe schwebt, läßt man noch ein klein wenig Gas im Teig. So vermittelt der gebrühte Inhalt des Plastiknapfs auch mit wenig Inhalt noch Fülle.

Sobald die Schwimmfähigkeit für den Einsatzzweck paßt, führt eine Preßschnecke den entlüfteten Teig gegen eine Matrize. Vorn quellen die »Nudelwürstchen« heraus, wobei ihre Form je nach Matrize variiert. Die noch plastischen Stränge empfängt heißer Wasserdampf. So vorgegart, schwellen sie später zu einer vollelastischen Nudel an.

Die bedampfte Nudel erhält eine ausgeklügelte Dosis Mikrowellen. Wenige Minuten mit der richtigen Frequenz halbieren ihre Quellzeit. Und nebenbei tötet die Behandlung eventuell vorhandene Insekteneier ab. Anschließend werden die Nudeln mit Heißluft getrocknet. Dies sorgt für die gelbe Farbe, senkt die Schleimigkeit und verbessert Bißfestigkeit wie Kochtoleranz. Das Endprodukt läßt vergessen, daß echter Hartweizen durch Weichweizen ersetzt wurde. Fertig ist die perfekte Instantnudel: ohne Kochen in Minutenschnelle schwimmfähig.

Ganz anders als bei Instantnudeln sieht die Produktionsstrategie der Restaurant-Nudel aus. Das Produkt sollte nicht im warmen Wasser »blitzgaren«, sondern Stabilität beweisen. Das lange Warmhalten in Gaststätten und Großküchen führte zwangsläufig zu zerkochten, klebrigen Massen. Diese Zeiten sind vorbei, seit es Natriumdiphosphat und Dikaliummonophosphat gibt. Damit lassen sich, so der Anbieter eines vielversprechenden Nudelverbesserungsmittels, »die Zusatzmengen von Weichweizen erhöhen, ohne daß Qualitätseinbußen zu verzeichnen sind. Dies wirkt sich bei großküchenmäßiger Verwendung und bei Einsatz der Nudeln in Vollkonserven besonders positiv aus.«

Echte Gaumenfreuden erfordern nicht nur ein paar Phosphate: »Eine Steigerung der Wirkung ...«, so der Hersteller, »kann erzielt werden durch gleichzeitigen Einsatz von Emulgatoren, Bindemitteln, nativen Eiweißstoffen sowie Ascorbinsäure.« Nur gut, daß die Pizzeria diese Beigaben in ihrer Lasagne genauso wenig deklarieren muß wie der Gasthof bei seinen Spätzle.

Amaranth und Quinoa – recht weit hergeholt

Amaranth, eine mythische Pflanze der Azteken, hat in den
Augen vieler das Zeug zur Wunderwaffe gegen den Hunger in
der Welt: Ein winziger Same bringt 100.000fache Frucht;
seine Genügsamkeit gilt als Chance, Wüsten erblühen zu lassen. Die bis zu zwei Meter hohen Stauden gedeihen im Hoch-
gebirge ebenso wie unter sengender Sonne. Nicht nur im
mexikanischen Bergland, auch in den Andenländern und im
Himalaja verwandeln die purpur bis golden leuchtenden Blätter und Blüten triste Landschaften in blühende Paradiese.
Doch das einst heilige Grundnahrungsmittel der Indianer Lateinamerikas fand beim Agrobusiness bisher wenig Interesse.

Amaranth-Schnittchen als alternative Pausenriegel passen
deshalb prima ins Sortiment unserer Bioläden. Die Saat läßt
sich leicht puffen, sie schmeckt dann wie Popcorn, nur nussi-
ger. Daneben wird Amaranth als Korn angeboten, das wie
Linsen zubereitet wird. Aus dem Mehl backen die Völker der
Anden und des Himalaja allerlei Fladenbrote wie Tortillas
oder Chapatis. Nur für unser großvolumiges Brot taugt das
Mehl nicht. Die Blätter genießen die Einheimischen als
Gemüse oder Salat.

Inzwischen erfolgt der Anbau zunehmend als Monokultur,
weil die Pflanze hervorragend auf Kunstdünger reagiert.

33

Auch das größte technische Problem, die Ernte von Hand, damit die reifen Samen nicht vorzeitig aus den Fruchtständen fallen, wurde gelöst. Für den Mähdrescher stehen heute besondere Züchtungen zur Verfügung.

Amaranth enthält im allgemeinen viele wichtige Nährstoffe. Doch Fütterungsexperimente mit Blättern und Körnern ergaben nicht nur positive Resultate. Die Pflanze beinhaltet hohe Anteile an Phenolen, Nitrat und Oxalat, die – in größeren Mengen genossen – nicht gerade gesundheitsfördernd sind. Offenbar enthält diese Pflanze doch mehr Geheimnisse, als euphorische Werbeschriften eingestehen wollen.

Quinoa, ein weiteres Korn, das derzeit ›in‹ ist, gleicht dem zuvor beschriebenen Amaranth. Die mit unserem Spinat verwandte Pflanze wird bis zu zwei Meter hoch. Früher bildete Quinoa die Hauptnahrung der Inkas, sowohl als Blattgemüse wie als Körnerfrucht. Sogar die ausgedroschenen Pflanzen dienen als Rohstoff: Sie werden verbrannt, ihre Asche mit Wasser zu Brei verrührt. Damit lassen sich berauschende Kokablätter besser kauen.

Die Ernte gestaltet sich schwierig, weil die Körner ungleich reifen. Sie erfolgt deshalb meist von Hand. Solange Quinoa in ein paar abgelegenen Andentälern gedeiht, halten sich Schädlingsprobleme wie beim Amaranth in Grenzen. Dies dürfte sich bei großflächigem Anbau schlagartig ändern.

Leider enthält Quinoa Saponine, schädlich wirkende Pflanzenstoffe. Deshalb weichen die Indios ihr Quinoa in alkalischen Lösungen ein und reiben die saponinhaltigen Schichten ab. Das Einweichwasser wird sogar zur Bekämpfung von Schädlingen verwendet. Dies darf ruhig als Hinweis verstanden werden, daß beim Import von unbekannten Nahrungsmitteln eine genaue Kenntnis von Behandlung und Zubereitung erforderlich ist, um die Gesundheit des Verbrauchers nicht zu gefährden.

Geschmacklich erinnert das richtig zubereitete Korn an Wildreis. Aus geschrotetem Quinoa brauen die Indios ihr Nationalgetränk. Sie lassen den gekochten Brei von alten Frauen durchkauen und setzen die ausgespuckte Masse zur Gärung an. Nach einigen Wochen ist das Quinoa-Bier genußreif.

Wenn wir den Schriften unserer Ökoläden glauben, ist Quinoa für die Campesinos (die Landbevölkerung) bereits unerschwinglich. Was liegt da näher, als dieses Grundnahrungsmittel aus Südamerika nicht gerade umweltfreundlich um den halben Erdball bis in unsere Bioläden zu schaffen? Eine ungewöhnliche Konsequenz, um das Wunderkorn zu retten. Denn schließlich ist es nicht unbedingt besser als Kartoffeln oder Hafer – nur teurer.

So können auch wir uns an den magischen Kräften jener Speisen laben, welche die Inkas einst von den Göttern erhielten, und sind nicht mehr gezwungen, unsere eigenen Stullen ohne große Indianergeheimnisse zu kauen.

II. Fleischliche Genüsse

Fleisch bleibt offenbar ein »Stück Lebenskraft«, obwohl immer mehr Verbraucher beim Verzehr eines saftigen Steaks Gewissensbisse plagen. Die Angst vor dem Rinderwahnsinn ist das jüngste Desaster einer Branche, die an Skandalen keinen Mangel litt: Doping im Kälberstall, Antibiotika in der Milch, Schrumpfschnitzel beim Schwein, tierquälerische Haltung von Hühnern. Aber es gab ja immer Alternativen: Als Schweinefleisch in Verruf kam, griffen wir zum Rinderbraten, als BSE Schlagzeilen machte, nahmen wir dankbar Lammkeule. Seit bekannt ist, daß Schafe gar nicht so selten an Scrapie erkranken, boomen die Putenschnitzel. Mal abwarten, wann der Schweinebraten wieder gefragt ist. Allen Hiobsbotschaften zum Trotz und entgegen den Ratschlägen der Ernährungspäpste essen wir noch immer gerne Fleisch. Warum bloß?

Die Lust auf Fleisch

Woher stammt die besondere Wertschätzung der Menschen für Fleisch? Völkerkundler berichten selbst aus entlegenen Regionen der Welt stets aufs neue von einem Hunger nach Fleisch, von besonderen Ritualen, die tierischem Eiweiß zuteil werden. Die gewaltigsten Anstrengungen ergreifen allerdings das »zivilisierte« Europa und Nordamerika. Sie verfüttern den größten Teil ihrer Getreideernten, um Steaks, Schinken und Leberwürsten zu frönen.

Für unseren Appetit wird gern die Werbung verantwortlich gemacht. Sie trägt bekanntlich an allem Schuld, was im ersten Moment irrational wirkt. Stammt nicht von ihr der Slogan, Fleisch sei ein Stück Lebenskraft? Tatsächlich aber muß es einen anderen Grund geben, warum Menschen nahezu aller Kulturen – darunter auch solche, die keine Massenwerbung kennen – so begierig nach Fleisch verlangen. Eine Gier, die sie in mancherlei Hinsicht teuer bezahlen.

Aber es gibt auch Kulturen, in denen das Schlachten von Tieren eine Sünde darstellt, in denen traditionell vegetarisch gegessen wird, ohne daß ein Hungernder auf den Gedanken käme, sich an einem der vielen herumstreunenden Rinder zu vergreifen. Die beinahe sprichwörtlichen »Heiligen Kühe« Indiens sind aber weniger aus Einsicht, sondern aus Not geboren. Denn ohne seine heiligen Kühe würde Indien verhungern. Dies ist die einleuchtendste Erklärung für ein aus unserer Sicht widersinniges Phänomen.

Das Verbot des Hinduismus, Rinder zu schlachten, war die logische Folge einer Bevölkerungsexplosion vor einigen Jahrhunderten. Zuvor, zu Zeiten nomadisierender Hirten, schwelgten die vedischen Priester noch im Genuß von Rindfleisch. Sie beschäftigten sich vorzugsweise mit dem Züchten, Schlachten und Verspeisen von Rindern. Mit steigender Bevölkerungsdichte reichte das Fleisch bald nur noch für die Priester. Unruhen waren die Folge. Um die Menschen ernähren zu können, mußte man pflanzliche Nahrung wirkungsvoller nutzen. Die Weidegründe wichen dem Ackerbau. Schließlich gewann der Hinduismus das Vertrauen der Gläubigen, weil er dem Rindfleischgenuß abschwor und ihn zur Sünde erklärte.

Das Rind aber wurde weiterhin gebraucht. Es mußte den Pflug ziehen. Gäbe es in Indien einen offiziellen Markt für Rindfleisch, würden bei der ersten Hungersnot die Arbeitstiere als »Fleischvorräte« angegriffen – und damit die zahllosen armen Bauern ihres wichtigsten Produktionsmittels beraubt. Erst der Schutz des Rindes ermöglichte den effizienteren Ackerbau. Außerdem konkurrieren die Wiederkäuer nicht mit dem Menschen um Nahrung, sondern essen Gras und Gestrüpp. Sie liefern Mist, Milch und Arbeitskraft.

Doch auch religiöse Tabus sollte man nicht zu eng auslegen. Im heutigen Indien ist das Verhältnis von weiblichen zu männlichen Tieren »zufällig« so abgestimmt, wie es die Landwirtschaft erfordert. Im Norden mit seinen ausgedehnten Weizenfeldern braucht sie Zugtiere. Dort leben doppelt soviel Ochsen wie Kühe. Wo statt dessen Reis auf nur handtuchgroßen Feldern wächst, finden wir die milchliefernden Kühe in der Überzahl vor. Wie ist das möglich? Eine bauernschlaue, indische Lösung besteht darin, die überzähligen Kälber an muslimische Händler zu verkaufen. Diese dürfen im Gegensatz zu den Hindus sehr wohl als Metzger arbeiten und schlachten die Kälber als »Lamm«. Und Lamm darf (fast) jeder Inder essen, der es sich leisten kann. So werden die kärglichen Reisrationen gelegentlich mit etwas Fleisch aufgebessert.

Selbst auf die Gefahr hin, ein paar Ideologen zu verprellen: Auch unsere nächsten Verwandten, die Schimpansen, sind keineswegs strenge Pflanzenesser, wie Anthropologen früher gern behaupteten. Was wie simpler Genuß von Obst aussieht, entpuppt sich bei genauerem Hinsehen als gezielte Suche nach Maden, also nach Fleisch. Dabei verschmähen die wählerischen Menschenaffen makellose Früchte und spucken nicht wurmhaltige Teile einfach aus. Ganz abgesehen davon, daß Schimpansen als hervorragende Jäger neben Buschschweinen, Stummelaffen und jungen Pavianen auch manchmal ihre eigenen Artgenossen verspeisen.

Nein, es geht nicht um den alten Streit, ob der Mensch nun Fleischfresser ist oder nicht. Es geht um die Frage, woher dieser ausgeprägte Hang zum Fleisch stammt. Dazu müssen andere als kulturelle oder werbliche Gründe in Betracht kommen. Eine Tierstudie des *Deutschen Instituts für Ernährung* in Potsdam und des *Instituts für Gerontologie* in Kiew könnte ein wenig Licht ins Geheimnis unserer Eßvorlieben bringen: Fütterungsversuche an diesen Instituten ergaben, daß steter Verzehr von tierischem Eiweiß den Serotoninspiegel im Gehirn kräftig erhöht. Serotonin ist ein Botenstoff, der uns Wohlbefinden vermittelt und uns so Lebensfreude verschafft. Bei Depressiven ist sein Gehalt im Gehirn vermindert. Tierisches Eiweiß wirkt damit ähnlich wie Zucker – ein anderes Produkt, von dem wir so schwer lassen können (siehe Seite 213). Auch Zucker wird gegessen, um die Bildung von stimmungshebendem Serotonin anzuregen, ohne daß uns dabei der biochemische Hintergrund unserer Eßvorlieben bewußt wäre.

Ganz andere Ergebnisse als die fleischfressenden Tiere zeigte die vegetarische Versuchsgruppe, die nur knapp mit Eiweiß versorgt wurde. Sie hatte zwar niedrigere Serotoninspiegel, aber dafür eine höhere Lebenserwartung! Die Versuchstiere mit den hohen Eiweißrationen gingen dagegen früher ein. Es bleibt also dabei: Zuviel Fleisch ist zumindest für Laborratten ungesund – daran ändert auch der flotte Werbespruch vom »Stück Lebenskraft« nichts.

Ohne Fleisch geht's auch

Fleisch ist nicht lebensnotwendig. Vegetarismus bedeutet keine Mangelernährung. Die einzige Ausnahme bilden die Veganer, die freiwillig auf alle Formen tierischer Produkte verzichten: auf Fleisch, Milch, Fisch, Eier und sogar auf Honig. Vegan ernährte Kinder benötigen in aller Regel Vitamin-B_{12}-Gaben, um schwere Entwicklungsschäden zu vermeiden.

Bei einer vegetarischen Ernährung sollte der Rohkostanteil nicht übertrieben werden. Zuviel Rohkost zum Beispiel im Rahmen einer Vollwerternährung kann auf Dauer erhebliche gesundheitliche Probleme mit sich bringen (siehe Seite 165): typisch sind Erkrankungen des Immunsystems, der Gelenke (Arthritis), des kardiovaskulären Systems (Herzinfarkt) und Unfruchtbarkeit.

BSE: Der Wahnsinn hat Methode

Als 1984 in England eine neue Rinderkrankheit auftrat, dachte niemand an etwas Böses. Neue Krankheitsbilder beim lieben Vieh sind beileibe nichts Ungewöhnliches. Doch als die Symptome mit dem exotischen Namen »Bovine Spongiforme Encephalopathie« – heute als BSE jedem Verbraucher bekannt – wenige Jahre später ihren wahren Charakter offenbarte und sich seuchenartig ausbreitete, reagierte die Fachwelt schockiert. Die Befürchtung, daß der unbekannte Erreger des Rinderwahnsinns auf den Menschen überspringen könnte, vermochte niemand mehr auszuschließen.

1992 war der Scheitelpunkt der Rinderseuche überschritten. Ausgerechnet dann, als die Gefahr abflaute, begann politischer Aktionismus. Weil die Seuche zuerst in Großbritannien auftrat, sei es nur logisch, wenn wir an der deutschen Grenze Rinder schottischer Abstammung oder Corned Beef englischer Machart zurückwiesen. Deutsche, kauft nicht bei Briten, heißt seither die Botschaft aus Bonn. Und die Verbraucherschützer halten wieder Wacht am Rhein.

Wenn unsere Verantwortlichen nach Jahren intensiver Untätigkeit auf einmal rigorose Maßnahmen jenseits des Kanals forderten, so war das pure Heuchelei. Seit 1988 war die Gefahr allen bekannt. Dennoch importierte die deutsche Landwirtschaft weiterhin britische Rinder zu Zuchtzwekken, und auch die Steaks von der Insel wurden hier gerne gegrillt. Als die Briten 1988 Fleischmehl zur Fütterung ihrer Rinder verboten, haben sie das allgemein als riskant bekannte Produkt einfach exportiert – auch nach Deutschland. Und unsere Futtermittelexperten haben es ohne mit der Wimper zu zucken gekauft.

Vieles weist darauf hin, daß die Krankheit längst bei uns ist und wahrscheinlich schon immer da war. Das erste Rind mit BSE wurde in der französischen Fachpresse schon vor über 100 Jahren, genaugenommen 1883 beschrieben. Die »Transmissiblen (übertragbaren) Spongiformen Encephalopathien«, kurz TSE genannt, dem Rinderwahnsinn oder Scrapie verwandte Krankheiten, kommen viel häufiger vor, als die Diskussion in Deutschland vermuten läßt. Wild gilt als natürliches Reservoir dieser Erreger. Die bekannteste Krankheit ist die »chronische Auszehrung« der Hirsche, die vor allem in Nordamerika verbreitet ist. Jäger und Förster halten solche abgemagerten Tiere für unterernährt oder altersschwach, wer denkt schon an eine TSE.

Überdies gibt es den Hirnschwund bei Nerzen. Das Leiden ist seit 1947 bekannt, artete aber erst 1985 zu einer Seuche aus. Damals verendeten in den USA massenhaft Zuchtnerze, weil sie die Innereien gelähmter Rinder (die am sogenannten Downer-Syndrom litten) gefressen hatten. Demnach muß es auch in Amerika seit vielen Jahrzehnten eine solche übertragbare Krankheit bei Rindern geben. Auch in deutschen Nerzfarmen kam es lange vor der BSE-Ära zu Ausbrüchen von TSE. Die Tiere wurden mit frischen Fleischabfällen und Innereien gefüttert. Wodurch haben sie sich wohl infiziert, wenn unser Land so frei von Erregern ist?

1981 entdeckten Wissenschaftler die Hunde-Ataxie, vermutlich auch eine TSE. Als dann 1990 in England drei Schmusekätzchen dem Wahnsinn erlagen, wurden selbst die in Ernährungsdingen abgehärteten Briten unruhig. Viele andere Tierarten, vor allem in Zoos, sind in den letzten Jahren an TSE erkrankt, wie Antilopen, Geparde oder Pumas. Für uns besonders bedeutungsvoll: In den 80er Jahren erkrankten Strauße in norddeutschen Zoos an einer Encephalopathie. Und da man all dies nicht dem verängstigten Bürger erklären kann, verschweigt man es lieber. Solange der an die britische Schuld glaubt, besteht kein Anlaß zur Unruhe bei Regierung und Fleischwirtschaft.

Wenn schon Strauße, Antilopen und Nerze erkrankten, dann könnten neben Rindern auch Schweine und Geflügel betroffen sein. Doch weil sie, ebenso wie die meisten Mastrinder, lange vor dem sichtbaren Ausbruch des Leidens geschlachtet werden, sind in den Medien nur kranke Milchkühe präsent. Am naheliegendsten ist eine Infektion während der Säugeperiode: Beim Kälbchen ist das Immunsystem kaum entwickelt und der Verdauungstrakt für Mikroben oder Eiweiße durchlässig wie ein Sieb. Wird infektiöses Fleischmehl in Kälbermilch gemischt, besteht eine viel größere Wahrscheinlichkeit der Ansteckung als beim ausgewachsenen Tier. Das gleiche Problem gibt es auch in der Schweineproduktion: Die Ferkel werden schnell entwöhnt und mit »Ferkel-Prästartern« gemästet. Und Küken picken sowieso vom ersten Lebenstag an pelletiertes Kraftfutter.

Der Erreger, von der Fachwelt manchmal als Prion (infektiöser Eiweißstoff) bezeichnet, ist anpassungsfähig wie ein Chamäleon. Übertragen auf andere Tierarten, etwa Mäuse, Hamster oder Schweine, löst er jedesmal etwas abweichende Symptome aus. Auch beim Übergang vom Schaf auf das Rind mußten sich die Prionen erst dem neuen Wirt anpassen. Demnach muß das Krankheitsbild deutscher BSE-Kühe keineswegs dem ihrer englischen Leidensgenossen entsprechen.

Und hier stoßen wir schnell auf Ungereimtheiten in den Theorien. Zwar gilt britisches Fleischmehl, das aus Scrapie-kranken Schafen hergestellt wurde, als Ursache der Erkrankung, aber sicher ist dies nicht. Bisher gelang es keinem Forscher, BSE durch Verfütterung von Scrapie-Hirn zu erzeugen. Der Versuch, das infektiöse Material direkt in die Hirne von Kälbern zu spritzen, führte zu einer ganz anderen Form, die gerade nicht die typischen BSE-Veränderungen im Gehirn zeigt, nach denen unsere Veterinäre suchen. Die Tiere erkrankten am vorhin erwähnten Downer-Syndrom. Und das gibt es auch in Deutschland.

Gerade die TSE zeigen Eigenschaften, die nicht so recht in unser wissenschaftliches Weltbild passen wollen und die deshalb gerne übergangen werden, obwohl gerade sie die Tür zu neuen und wichtigen Erkenntnissen öffnen könnten. So gibt es auch beim Menschen eine Erkrankung, die bei Tieren Scrapie auslösen kann: Versuchstiere, die mit Hirnmaterial von Patienten, die an Multipler Sklerose verstorben sind, behandelt wurden, erkrankten an Scrapie.

Die Creutzfeldt-Jakob-Krankheit

Können TSE auch auf Menschen übertragen werden? Schließlich kommen auch beim Menschen verschiedene Formen von spongiformen Encephalopathien vor, die bekannteste ist die CJK (Creutzfeldt-Jakob-Krankheit); daneben gibt es noch mindestens vier weitere wie Kuru, GSS, FFI und Alpers'sche Krankheit, die aber sehr, sehr selten auftreten.

Nach offiziellen Statistiken erkrankt pro Jahr nur jeder millionste Europäer an CJK. An dieser Zahl sind Zweifel angebracht. Welcher Arzt kannte denn die Krankheitsbilder und beherrschte gar die Differentialdiagnose? Eine hohe Dunkelziffer ist daher wahrscheinlich. Dafür sprechen weitere Indizien:

• In der Schweiz gibt es ein Meldesystem wie bei uns. Die Zahl der Meldungen blieb gering. Nach gezielten Anfragen bei Ärzten aber vervierfachte sie sich.

• Eine sichere Diagnose ist erst bei einem Toten und nach Öffnung seiner Schädelkalotte möglich. Wie oft verzichten Ärzte aus Rücksicht auf die Angehörigen bei CJK-Verdacht auf die Obduktion?

• Eine CJK ist leicht mit der Alzheimerschen Krankheit zu verwechseln. In einigen Fällen gelang es sogar, eine vermeintliche Alzheimersche Krankheit auf Versuchstiere zu überimpfen, die dann an Scrapie erkrankten.

• CJK wird häufiger durch ärztliche Therapie übertragen, als man denkt: zum Beispiel durch Operationen am Auge oder Gehirn. Die üblichen Sterilisationsmaßnahmen für Operationsbesteck, eine Erhitzung auf 130 Grad Celsius, vermag den Erregern nur wenig anzuhaben. Auch wurden Wachstumshormone lange Zeit aus Hirnanhangdrüsen gewonnen. In Frankreich infizierten sich Dutzende zwergwüchsiger Kinder mit solchen Präparaten. Keiner der Organspender hatte erkennbar an CJK gelitten.

Welche Rolle der Speisezettel bei CJK spielt, ist bis heute nicht klar. Zwar gibt es Hinweise, daß Menschen, die gerne rohe Lammaugen (entwicklungsbiologisch eine Ausstülpung des Gehirns und daher infektiös), die Hirne von Wildtieren oder rohe Austern essen, häufiger an CJK leiden. Auch hat sich der Verdacht erhärtet, daß die neuen CJK-Fälle in Großbritannien auf BSE zurückzuführen sind. Aber ein Verzicht auf Fleisch schützt nicht unbedingt vor einer Encephalopathie. Denn sogar strikte Vegetarier erkrankten schon an CJK.

Welche Maßnahmen sind angezeigt? Der Verzicht auf britisches Rindfleisch nützt dem Kunden wahrscheinlich gar nichts. Denn wir leben schon seit Jahrhunderten mit diesen Erregern. Damit entpuppt sich die Hoffnung auf einen sicheren Fleischeinkauf aus BSE-freien Ländern als Selbsttäuschung. Das Importverbot sollte wohl den deutschen Landwirten wirtschaftliche Vorteile einspielen, die sich damit eines lästigen Konkurrenten zu entledigen hofften.

Die natürliche Übertragungsrate von TSE-Erregern auf dem Nahrungswege ist gering. Deshalb genügt es, das besonders infektionsträchtige Gehirn inklusive der Augen nicht mehr zur Herstellung von Lebensmitteln wie zum Beispiel verschiedener Wurstwaren zu nutzen. Das gilt für alle Arten von Hirn, egal ob von Schaf, Rind oder Schwein und gleich welcher Herkunft. Diese Maßnahme ist ebenso wirkungsvoll wie billig und einfach durchzuführen.

Ab Anfang 1998 gilt europaweit die bisher nur Großbritannien auferlegte Regelung, daß zum Schutz der Verbraucher riskante Fleischteile nicht mehr in die Nahrungskette gelangen dürfen. Zu diesen »Risikomaterialien« zählen von Rindern, Schafen und Ziegen, die älter als zwölf Monate sind: der Kopf einschließlich Gehirn, Augen, Mandeln und Rückenmark; von Schafen und Ziegen außerdem die Milz. Verboten ist ebenso die Gewinnung von Hartseparatorenfleisch von Rindern, Schafen und Ziegen. Das ist vom Knochen abgepreßter und ausgeschleuderter Knochenmarks- und Restfleischbrei, der üblicherweise zu Wurst weiterverarbeitet wird. Das Land, das bisher eine der unrühmlichsten Rollen spielte, wenn es um den Schutz des Verbrauchers ging, hat natürlich dagegen protestiert: Die deutsche Delegation lehnte das Ansinnen der EU ab. Nicht etwa, weil es zu spät kommt, sondern weil man derartige Maßnahmen im eigenen Land als peinliches Eingeständnis versteht.

Während Verbraucher wie Landwirte unter der BSE-Krise leiden, fehlt es nicht an lachenden Dritten: Allein von 1996 bis 1998 müssen knapp 10 Milliarden Mark aus der EU-Kasse aufgebracht werden, um Folgekosten wie Notschlachtungen oder Interventionskäufe zu finanzieren. Wieweit wir Verbraucher uns dadurch beim Fleischeinkauf auf der sicheren Seite fühlen können, sei dahingestellt. Man muß kein Hellseher sein, um zu wissen, daß einige der Fleischteile mit neuen Papieren ausgestattet wieder auf den Markt kommen. Schließlich sieht man einem Rindswürstchen seine Nationalität nicht mehr an.

> **Tip**
> ☹ Wer ein TSE-Risiko vermeiden möchte, sollte in den nächsten Jahren auf den Verzehr von Hirn und hirnhaltigen Produkten wie Gelb- und Bregenwurst verzichten. Dies gilt für alle Arten von Hirn, egal welche Nationalität das Tier auf dem Papier hatte. Im Zweifelsfall fragen Sie Ihren Metzger, ob und in welchen Fleischwaren seines Wissens nach Hirn verarbeitet wurde.

Die Angst vor dem Gummibärchen: Gelatine

Die Angst vor dem Wahnsinn bewegt vor allem besorgte Mütter zu einer ganz speziellen Frage: Wie riskant sind Gummibärchen in den Zeiten von BSE? Schließlich enthalten die beliebten Gummitiere Gelatine, und die wird gewöhnlich auch aus Rohstoffen von Rindern gewonnen. Merkwürdigerweise haben die vielen anderen Verwendungszwecke von Gelatine, angefangen von Fleisch- und Gemüsesülzen über Tortenguß bis hin zum Wackelpudding kaum verunsichert.

Sind diese Sorgen und Ängste berechtigt? Hier hilft uns ein Blick in die Produktionstechnik für Gelatine, um das Risiko besser einzuschätzen. Als Rohstoff wird kein Gehirn, sondern es werden andere, sonst schlecht verwertbare Teile von Tieren wie Knochen, Schwarten oder Rinderspalthäute verwendet. Rinderspalthäute, die Unterseiten der Felle, sind das, was übrigbleibt, wenn die Lederindustrie den für sie verwertbaren Teil abgetrennt hat.

Spalthäute, die bereits mit Chromsalzen oder ähnlichen Stoffen gegerbt wurden, lassen sich mit Borax oder Soda unter Zusatz von Methylamin aufbereiten. Das gesäuberte Rohmaterial wird zerkleinert und kommt zusammen mit Natronlauge oder Kalkmilch in riesige Behälter. Da diese Lake regelmäßig gewechselt werden muß, verbraucht ein Kilo Gelatine etwa 600 Liter Wasser und erhebliche Mengen an Natrium oder Kalk. Das Einweichen dauert bis zu sechs Monate. Dann wird mit Salzsäure neutralisiert. Ein Zusatz von Schwefeldioxid wirkt bleichend und zugleich konservierend. Mit Aluminium- oder Zinksulfat wird nachgespült, um das Eiweiß zu festigen und die Farbe aufzuhellen.

Erst jetzt kann die Gelatine gewonnen werden: Anfangs warmes, dann heißes Wasser löst sie stufenweise heraus. Jede Stufe ergibt eine dünne, wäßrige Brühe. Sie wird mit Zentrifugen gereinigt und mit Diatomeenerde (aus Kieselalgen) gefiltert. Ionenaustauscher entfernen dann die Salzrückstände der Neutralisation. Ziemlich heikel ist das anschließende

Trocknen, da Gelatine keine Hitze verträgt. Zunächst wird im Vakuum bei etwa 50 Grad Celsius eingedickt. Die Endtrocknung erfolgt schließlich in steriler, vorgetrockneter Luft.

Der Rohstoff Knochen erfordert eine etwas andere Behandlung als die Lederabfälle: Nach dem Waschen mit verdünnter schwefliger Säure lassen sich die anhaftenden Fleisch- und Fettreste mit Heißdampf entfernen. Die gesäuberten Knochen werden nun vorsichtig getrocknet, in einer Hammermühle zerkleinert und das Knochenfett mit einem Lösungsmittel getrennt. Dann muß das Phosphat raus: Dazu liegen die Knochenkrümel eine Woche lang in großen Salzsäuretanks. Kalkmilch holt danach das gelöste Phosphat aus der Lake. Das eigentliche Auslaugen der Gelatine erfolgt mit Salz-, Schwefel-, Phosphor- oder Essigsäure. Danach geht es genauso weiter wie bei den Rinderspalthäuten: reinigen und trocknen.

Eine weitere speziell für gefrorene Schweineschwarten entwickelte Methode arbeitet ebenfalls mit Säure. Das Verfahren ist relativ neu, da es nur bei Schwarten aus der modernen Intensivmast funktioniert. Heute kommen die Schweine schon sehr jung zur Schlachtung, so daß ihr Bindegewebe noch elastischer und löslicher ist als bei älteren Tieren. Die zerkleinerten Schwarten werden zunächst mit Heißwasser entfettet und danach mit Salzsäure, Phosphorsäure oder Schwefelsäure eingeweicht. Tags darauf wird mit Natronlauge neutralisiert und das Salz ausgewaschen. Das Herauslösen der Gelatine erfolgt so wie bei den Rinderspalthäuten.

Kostenbewußte Hersteller halten stets Ausschau nach besonders preiswerten Rohstoffen. So wurden in den letzten Jahren auch ziemlich unappetitliche Praktiken bekannt. Hierzu gehören die Verwendung verendeter Tiere aus Abdeckereien und der Einsatz von Rinderspalthäuten aus der

Dritten Welt. Über die hygienischen Zustände bei der Gewinnung der Spalthäute und bei ihrem Transport über die Weltmeere sollten wir uns keinen Illusionen hingeben. Aufgrund der aufwendigen Verarbeitung besteht ein gesundheitliches Risiko weniger für den Endverbraucher, sondern vor allem für die Mitarbeiter der Herstellerbetriebe.

Wie verblüffend einfach war doch früher einmal die Herstellung von Gelatine in unseren Küchen: Frische Kälber- und Schweinsfüße vom Metzger spalten lassen, mit einem gewaschenen Schweinsohr gut zwei Stunden leise köcheln, abseihen und schließlich das Fett abschöpfen. Zum Sud kamen Zwiebel, Suppengrün, Salz, Essig und Gewürze. Sonst nichts!

> **Tip**
> ☺ Aufgrund des ständigen Auswaschens, des Zusatzes von Laugen sowie des geringen Anteils von Nervengewebsresten ist die Wahrscheinlichkeit einer TSE-Infektion durch den Gelatinezusatz in Gummibärchen im Vergleich zu einem Steak verschwindend gering. Aber auch beim Steak ist, wie wir vorher gesehen haben, das Risiko zu vernachlässigen.

Schon probiert? Der Pirelli-Schinken

Der Fleischverzehr in Deutschland nimmt langsam ab. Von unserem liebsten Lieferanten, dem Schwein, verzehrten wir 1996 pro Kopf immerhin noch 39,4 Kilogramm, zehn Jahre zuvor (ohne die neuen Bundesländer) schmeckten uns noch 43,1 Kilogramm. Besonders begehrte Teile des Borstenviehs sind nach wie vor die Schinken. Der hohe Preis beflügelte manchen Fleischverarbeiter zu bemerkenswerten Kreationen: zum Beispiel dem »Vorderschinken«, der gar kein Schinken ist (siehe Kasten Seite 55), dem »Saftschinken«, dessen Wassergehalt die Wasserwerke neidisch macht, und dem berüchtigten »Pirelli-Schinken«. So nennen Branchenkenner spöttisch eine Spezialität, die mancherorts recht beliebt war – und noch immer Freunde findet. Die einfache Herstellung verblüfft: Man nehme einen alten Autoreifen beliebigen Fabrikats, zünde diesen an und halte einen Schinken knapp darüber. Innerhalb weniger Minuten erhält man ein saftiges »Schwarzgeräuchertes«. Eine wahrlich rekordverdächtige Erfindung.

Einen derart »heißen Reifen« in Sachen Lebensmittelgewinnung verbietet natürlich das Gesetz, vor allem weil solche Erzeugnisse rundum mit PAK (polycyclischen aromatischen Kohlenwasserstoffen) verseucht wären. PAK sind das, was im »Kondensat« der Zigaretten steckt und im Volksmund »Teer« heißt. Als bekanntester und wohl giftigster Vertreter dieser gefährlichen Substanzen entlarvte sich das Benzpyren.

Wie also erhalten Schinken und Wurst auf korrekte Weise ihren Räucher-Look? Bei der traditionellen Technik der Kalträucherung trockneten die Würste mehrere Wochen in der Selchkammer, wobei sie sporadisch dünnem kalten Rauch ausgesetzt waren. Die bakterientötenden Eigenschaften des Rauches verstärkten die konservierende Wirkung des Lufttrocknens. Kaltgeräucherte Produkte sind haltbar, aromatisch und an der Oberfläche nicht feucht-schwarz, sondern trocken-tiefbraun. Sie sind beinahe frei von PAK.

Dieses Verfahren fand jedoch nicht die ungeteilte Freude der Fleischwirtschaft. Durch das Trocknen verlieren Wurst und Schinken bis zu 40 Prozent an Gewicht. Die Experten der Bundesanstalt für Fleischforschung folgerten messerscharf,

Kalträuchern sei »somit unwirtschaftlich«. Alsbald wurde in Deutschland die Wurst in heißem, dichtem Rauch innerhalb von wenigen Stunden verkaufsfertig. Die Schinken blieben saftig, und ihr erhabener Wasserspiegel ließ die Herzen der Betriebswirte höher schlagen. Daß die Ware dafür aber um so schneller verdirbt, nimmt der ahnungslose Kunde gern in Kauf, schließlich ist das Produkt erfreulich »preisgünstig«.

Doch auch das Heißräuchern erfordert etwas handwerkliches Können, Sägespäne und Rauchgeneratoren. Deshalb gibt es heute den »Flüssigrauch«. Bei der Holzkohleherstellung entsteht beißender Rauch, der durch ein Wasserbad geleitet wird. Darin scheidet sich eine Teerphase ab, die einen Großteil der Schadstoffe wie die PAK enthält. Diese Phase wird als Bindemittel zur Herstellung von Holzkohlebriketts verwendet. Der wäßrige Rückstand erwies sich als wundervolles Räuchermittel.

Flüssigrauch eignet sich für Wurst, Schinken, Käse oder Fisch. Nostalgische Metzger vernebeln ihn in ihren Räucherkammern. Manche Betriebe verwenden Tauchlösungen oder sprühen Spezialräuche direkt auf die Speisen. Als besonders fortschrittlich gilt der Einsatz von Kunststoffdärmen, die mit Rauchlösung beschichtet wurden. Das erlaubt dem Metzger eine gleichmäßige und exakt dosierte Geschmacksgebung der Wurst und schont die Umwelt.

Vernimmt man die Argumente der Experten unserer zuständigen Bundesanstalt, hätte das Verfahren glatt den »Blauen Engel« verdient. Flüssigrauch, »nahezu frei von den Verbindungen, die im Räucherrauch unerwünscht sind«, entlastet überdies die Umwelt. Nicht etwa, weil es sich gewissermaßen um eine elegante Form der »Entsorgung« des appetitlichen »Restmülls« von Koks handelt. Vielmehr lassen sich die Rückstände der Rauchlösung problemlos mit Wasser aus den Anlagen spülen.

Wie groß dieser Fortschritt wirklich sein mag, bleibt dahingestellt. Schließlich grillen wir unser Fleisch, obwohl auch dabei erhebliche Mengen an PAK entstehen können. Wie riskant ist das sommerliche Gartenfest? Von Ratten und Rauchern wissen wir, daß diese Stoffe in hohem Maße krebserregend sein können. Wir nehmen durch die Nahrung täglich soviel Benzpyren auf wie durch das Rauchen von 140 Zigaretten. Rein theoretisch eine Gesundheitsgefahr allerersten Ranges. Doch hier liegt der Hund begraben: Warum gelang es bisher nur in Ausnahmefällen, einen sicheren Zusammenhang zwischen Krebserkrankungen und dem vielen Benzpyren in unserer Nahrung herzustellen?

Gerade wenn es ums Essen geht, verhält sich die Natur des Menschen ziemlich erfinderisch. Wie essen wir am häufigsten Geräuchertes? Gewöhnlich mit Senf. Was der mit den »Pirelli-Schinken« zu tun hat, entdeckten unlängst indische Wissenschaftler aus Hyderabad. Einen Monat lang verfütterten sie Senfsaat an Ratten und injizierten ihnen dazu ein Krebsgift. Die Studie zeigte, »daß Senf ein potenter Antagonist« ist – die Giftigkeit des Benzpyrens war praktisch aufgehoben. Die beste Schutzwirkung zeigte eine Dosis von einem Prozent Senfmehl. Größere Mengen brachten keinen weiteren Vorteil.

Ein Klacks Senf zur Wurst kann also Wunder wirken. Und was geben wir noch ans Grillfleisch? Allerlei Kräuter wie Thymian und Rosmarin. Sie bremsen dank ihres Gehaltes an Flavonoiden die Aufnahme von PAK im Darm. Flavonoide binden die PAK so fest, daß diese unverändert wieder ausgeschieden werden. Bei der systematischen Erforschung solcher Bindungseffekte durch die kanadischen Gesundheitsbehörden zeigte das suspekteste Produkt die beste Wirkung: Verkohltes. Die Wissenschaftler vermuten jetzt, daß Angebranntes einer der Schutzfaktoren »bei Steaks sein könnte«, die etwas zu scharf gebraten wurden.

Nun gibt es bei gebratenem Fleisch ein gewichtiges toxikologisches Problem, das nahezu unbekannt geblieben ist: Beim Erhitzen von Eiweiß entsteht aus der Aminosäure Tryptophan eine Substanz namens Trp-P-2. Sie gehört zu den brisantesten erbgutverändernden Stoffen und gilt zugleich als ein potentes Lebergift. Aber warum leiden Steakliebhaber nicht an Leberkrankheiten? Japanische Wissenschaftler vom Institut für biofunktionale Chemie der Universität Kobe fanden einen Teil des Puzzles: Eine Prise der typischen Fleischgewürze wie Oregano, Salbei oder Thymian hebt die Wirkungen von Trp-P-2 völlig auf. Als verantwortliche Wirkstoffe identifizierten sie die Flavonoide Galangin, Quercetin und Luteolin.

Tip

☺ Kaltgeräucherten Schinken erkennen Sie an der trocken-tiefbraunen Oberfläche. Ist die Oberfläche jedoch feucht-rußig und hinterläßt am Finger schwärzliche Schmierspuren, lassen Sie diesen lieber von dem »Schwarzgeräucherten«. Niemand weiß, was da außer den PAK noch alles an Giften draufgekommen ist.

☺ Geben Sie – wenn es Ihnen schmeckt – ruhig Ihren Senf dazu.

☺ Wenn Sie grillen, lassen Sie sich von den »Berufsverbrauchern« kein schlechtes Gewissen machen. Die Menschheit grillt ihr Fleisch seit Zigtausenden von Jahren. Achten Sie – so wie unsere Vorfahren – auf eine schmackhafte Würzung.

Kann es Zufall sein, wenn wir auf etwas Appetit haben? Vieles in unserer Küche und vor allem in unserem Eßverhalten, unseren Vorlieben und Aversionen hat eine tiefere Bedeutung. Und die funktioniert nach einer uralten biologischen Logik, die bisher keinen Eingang in die Lehrbücher der noch sehr jungen Ernährungswissenschaft gefunden hat.

Formfleischvorderschinken

Schinken wird heute als »Formfleischvorderschinken« gleich zweimal imitiert. Erstens stammt er nicht von einem »Schinken«, also aus den Hinterkeulen, sondern von den Vorderbeinen der Schweine – gewissermaßen von einer züchterischen Mißbildung. Zweitens besteht »Formfleisch« nicht aus gewachsenen Muskeln, sondern aus verklebten Fleischresten.

Schweinereien im Saustall

»Mein Lebenszweck ist Schweinespeck«, singt der Zigeunerbaron in der Operette. Ein Bekenntnis, das nicht mehr in unsere aufgeklärte Zeit paßt. Heute tönt es eher spartanisch, wenn die »Gesundheitsbewußten« ihr Lied von einer fettarmen Diätmargarine anstimmen.

Zuvor galt jahrhundertelang: Nur ein fettes Schwein ist auch ein gesundes Schwein. Doch eines schönen Tages schlugen einige Ärzte und Ernährungswissenschaftler Alarm: Tierisches Fett enthalte zuviel Cholesterin. Die Angstkampagne hatte Erfolg: Beim Anblick eines saftigen Schweinebratens den Herztod fürchtend, verlangten Kunden im Fleischerladen nur noch das »magere Stück«. Die Metzger gaben diese

Forderung kopfschüttelnd an die Landwirte weiter, und die hielten sich an den Züchtern schadlos. Das Schwein bekam von da an sein Fett ab.

Die Zweifel an der Cholesterin-Theorie konnten bis heute nicht ausgeräumt werden. Wirklich sicher ist bisher nur: Cholesterin ist lebensnotwendig (siehe Seite 113). Der Körper bildet daraus Vitamin D, Sexualhormone und Gallensäuren. Sogar unser Gehirn enthält, mal abgesehen vom Wasser, 10 bis 20 Prozent pures Cholesterin.

Sicher ist auch, daß diese Theorie den Konsumenten die Angst vor »tierischen Fetten« eingejagt hat. Das normale Hausschwein wurde unverkäuflich. Also gingen die Züchter ans Werk. »Die Erfolge blieben nicht aus«, so die staatliche Verbraucheraufklärung: »Gegenüber den früheren Schweinerassen um 1920 haben die Neuzüchtungen ... vier Koteletts und 70 Prozent magere Muskelmasse mehr.« Der Speck ist weg. Eine tolle Leistung – wissenschaftlich gesehen.

Mit dem »armen« Schwein ging's von da an bergab. Die erfolgreiche Fett-raus-Schnitzel-rein-Züchtung erschuf sensible und kranke Tiere. Ihre anscheinend entbehrlich gewordenen Herzen wurden um mehr als die Hälfte verkleinert. Die Folge: Jährlich krepierten Hunderttausende von Schweinen beim Transport zum Schlachthof an Kreislaufkollaps. Millionen Schweine erreichten zwar noch lebend die Tötungsbucht, aber mit einem entgleisten Stoffwechsel. Sie lieferten jenes minderwertige Fleisch, das im Volksmund als »Schrumpfschnitzel« geschmäht wird.

Alsbald wurden die Züchter mit der Nachbesserung ihres fehlerhaften Produktes betraut. Nachdem sie herausgefunden hatten, daß der schwache Kreislauf vererbt wird, züchteten sie neue Rassen, die den Produktionsstreß besser bewältigen. So bleibt der Schein gewahrt: Der für den Kunden in der Küche sichtbare Makel wurde behoben. Für ihn ist die Welt wieder in Ordnung, solange Steaks und Wiener Würstchen billig und saftig sind.

Das, was der Verbraucher nicht weiß, macht die Branche nicht heiß. Um bei sinkenden Preisen von den Erlösen leben zu können, wird die Massenproduktion immer rationeller gestaltet. Was die Verbraucher sparen, geht auf Kosten der Tiere: Die Ferkel werden schnell entwöhnt, um die Zuchtsauen wieder decken und den Wurf eher mästen zu können. Ihr einziger Lebenszweck: täglich bis zu 700 Gramm Gewicht zulegen.

Die kaum vorstellbare Enge im Stall schränkt den angeborenen Bewegungsdrang der Heranwachsenden auf ein Minimum ein. Kein Wechsel der Jahreszeiten, null Natur, nichts zu erkunden und nichts zu erleben – außer den Aggressionen untereinander. Um diese zu unterbinden, verdunkeln Tierhalter die Ställe und kupieren gefährdete Körperteile, wie die oft angefressenen Schwänze.

Alles in allem ein lebenslanges Leiden, obwohl der Paragraph 2 des Tierschutzgesetzes eine artgerechte Haltung, Pflege und Ernährung vorschreibt. Anspruch und Wirklichkeit klaffen so weit auseinander, wie die Mastställe lang sind. Der einfache Grund: Es wurde »vergessen«, Verstöße gegen Paragraph 2 auch eindeutig und namentlich unter Strafe zu stellen.

Die Apotheke auf dem Teller: Antibiotika

Wenn es am Tierschutz hapert, steigt die Krankheitsanfälligkeit. Dann sind Medikamente gefragt. Infektionen sind in den Mästereien eine besondere Gefahr. Ist erst eines der Tiere krank, verbreitet sich der Erreger in Windeseile. Das gefährdet oft die Existenz ganzer Betriebe. Deshalb werden Antibiotika bereits vorbeugend ins Futter oder Trinkwasser gemischt.

Der Mäster hat den doppelten Nutzen: Stete Gaben von Antibiotika verhindern nicht nur Infektionen im Stall, sondern verbessern zudem noch die Mastleistung. Die Tiere legen bis zu 10 Prozent mehr an Gewicht zu. Weltweit werden nur 20 Prozent aller Antibiotika zur Behandlung kranker Tiere verabreicht, 40 Prozent hingegen zu reinen Mastzwecken verfüttert. In Ställen mit über 1 000 Tieren wird zehnmal mehr Medizinalfutter eingesetzt, als dort, wo 100 Tiere gemästet werden.

Nur ein Teil der Arzneimittel wird legal erworben und fachkundig angewandt. Ein illegaler Markt, auf dem es alles zu kaufen gibt, was Gewinn verspricht, liefert den Stoff für Skandale. Eine wirksame Kontrolle dieses Schwarzmarkts ist kaum möglich. Einerseits fehlen die notwendigen analytischen Möglichkeiten, und andererseits würde eine zuverlässige Kontrolle die Wettbewerbsfähigkeit der deutschen Landwirtschaft beeinträchtigen.

Wie es um Antibiotika-Rückstände bei Schlachttieren steht, machte unlängst eine Untersuchung von Dr. Stephan Wegmann vom Fleischhygieneamt in Borken deutlich. Er hatte nicht nur – wie offiziell gefordert – ein paar Stichproben gezogen, sondern mehr als 20.000 (!) Schweine überprüft.

Eine Fleißarbeit, die sich aber lohnen sollte. Denn bei zwei von drei Tieren stieß Wegmann auf Rückstände von Antibiotika, den Tetracyclinen – und das mit einer bestechend simplen Methode: Er betrachtete die Schlachtkörper einfach unter einer UV-Lampe. Bei Tieren, die mit diesen oft verwendeten Antibiotika behandelt wurden, leuchten die Knochen im UV-Licht gelb auf.

Das sagt natürlich weder etwas über einen illegalen Einsatz noch etwas über die akute Gefährdung des Verbrauchers aus, denn im Fleisch fand Wegmann keine Rückstände mehr. Jedoch bleiben sogar bei Einhaltung der vorgeschriebenen Wartezeiten Rückstände im Knochen. Und aus dem Knochen gibt es auch Wege auf den Teller, zum Beispiel beim Verzehr von Kasseler Rippchen mit Sauerkraut. Die Tetracycline überstehen die Kochhitze und können von der Säure des Krauts aus den Knochen gelöst werden. Nicht zuletzt wird aus Knochen Gelatine hergestellt (siehe Seite 49). Falls auf diese Weise Rückstände zum Verbraucher gelangen, müssen zumindest Tetracyclin-Allergiker auf der Hut sein.

Noch auf anderen Wegen kann es zu Belastungen kommen: Erinnern Sie sich an das Separatorenfleisch (Seite 46 und 302), welches aus zerkleinertem Knochenmus gewonnen wird? Es findet sich zu etwa 10 bis 15 Prozent in billigen Wurstsorten wieder. Außerdem werden die Knochen selbst zu Tierfutter verarbeitet. So kehren die Tetracycline in den Kreislauf zurück.

Es ist ein Trugschluß anzunehmen, ein Gesundheitsrisiko bestünde nur für unbelehrbare Fleischesser. Arzneimittel verschwinden nicht einfach. Sind sie nicht mehr im Tier, so gelangen sie eben mit seiner Gülle als blinde Passagiere auf den Acker und in die darauf angebauten Pflanzen. So haben sogar Vegetarier an den Segnungen der modernen Tiermedizin teil.

Damit schließt sich der Kreislauf: Der Lebensmittelchemiker Professor H. Büning-Pfaue von der Universität Bonn konnte gefährliche Tiermedikamente noch viele Wochen später auf Pflanzen nachweisen. Er befürchtet sogar, daß Gülle von »medikamentös behandelten Tieren in Intensivhaltung zu einer erheblichen Wirkstoff-Freisetzung im Freiland führen kann«. Die naheliegende Frage, ob das selbst für erholungssuchende Spaziergänger Folgen hat, kann bislang niemand beantworten.

Das bedeutet nicht nur eine Belastung von Nahrung und Umwelt, es gefährdet die Gesundheit der Menschen auch indirekt: Antibiotika sollen Krankheitserreger abtöten. Das gelingt ihnen aber nur, wenn man sie möglichst selten einsetzt. Die ausgesprochen lernfähigen Mikroben entwickeln bei ständigem »Beschuß« mit Antibiotika Abwehrstrategien, sie werden resistent. Die Erreger sind nun immun. Je häufiger Antibiotika eingesetzt werden, desto besser werden die Erreger »trainiert«. Resistente Keime haben außerdem die unangenehme Eigenschaft, daß sie ihre Resistenzen an andere Mikroben weitergeben. So wird eine der effektivsten Waffen der Menschheit gegen lebensbedrohliche Infektionen stumpf. Resistente Keime haben bereits Zigtausenden von Menschen das Leben gekostet.

Die Tiermäster weisen gewöhnlich jede Schuld von sich. An den Resistenzen seien nur die Ärzte schuld. Schließlich würden sie nicht selten Antibiotika völlig sinnlos verschreiben, zum Beispiel gegen Grippeviren. Stimmt. Das darf aber nicht darüber hinwegtäuschen, daß in der Vergangenheit Resistenzen oft zuerst bei der Tiermast beobachtet wurden. Jüngstes Beispiel dafür ist Avorpacin.

Spätestens seit 1967, als in Washington ein vielbeachteter Kongreß zu diesem Thema stattfand, ist die Problematik bekannt. Gremien wie die Weltgesundheitsorganisation warnen seither in regelmäßigen Abständen vor den Folgen. Der jüngste Ruf verhallte kürzlich kaum beachtet im *Bundesgesundheitsblatt*: »Der Vorsprung der Entwicklung neuer antibakterieller Wirkstoffe gegenüber der Resistenzentwicklung wird immer geringer.« Im Klartext: Wir verlieren den Wettlauf mit den Infektionserregern.

Ganz am Rande dieses Dramas taucht ein bisher kaum beachtetes Risiko beim Einsatz von Antibiotika bei der Fleischproduktion auf: Wenn die Gülle auf die Felder gelangt, werden damit auch resistente Keime verbreitet – mit dem ärgerlichen Resultat, daß ausgerechnet frisches Gemüse immer häufiger resistente Mikroben beherbergt.

Tetracycline sind nicht nur billig, sie wirken als Breitband-Antibiotika auch gegen eine Vielzahl von Erregern. Deshalb stehen sie in der Liste der beliebtesten Präparate hinter den Penicillinen gleich an zweiter Stelle. Daneben gibt es aber noch eine Reihe weiterer Wirkstoffe. Dies legt die Vermutung nahe, daß der tatsächliche Einsatz von Antibiotika um ein Vielfaches umfangreicher ist, als die Daten von Dr. Wegmann verraten.

Der deutsche Gesetzgeber legt offenbar keinen großen Wert auf den Verbraucherschutz. Sonst wäre das bewährte Screeningverfahren von Dr. Wegmann längst Pflicht. Die amtlich angewendeten Methoden eignen sich dagegen nur bedingt, um rückstandshaltige Stichproben zu erkennen. So stellten Mitarbeiter des Staatlichen Veterinäruntersuchungsamtes in Detmold fest, daß der amtliche »Dreiplattentest« gewöhnlich falsche Resultate liefert. Bei der Überprüfung von 260 Proben reagierte der Test »lediglich in vier Fällen ... nachweislich richtig«. Tatsächlich enthielten aber mindestens 33 Proben Rückstände von Chloramphenicol oder Sulfonamiden, einer weiteren bei Tiermästern beliebten Gruppe von Antibiotika.

Solche gesetzlich sanktionierten Lücken blieben auch den Mästern nicht verborgen. Deshalb sollte der Verbraucher seine gesunde Skepsis auch bei Markenfleisch nicht verlieren. Klingende Namen, Siegel mit staatlichen Insignien und blumige Qualitätsversprechen wie »strenge Kontrollen« verschleiern oft nur ein vorhandenes Gefahrenpotential, so lange die Ergebnisse vor dem Verbraucher geheimgehalten werden.

Wer kritisiert, daß beim Einsatz von Arzneimitteln in der Tiermast vor allem wirtschaftliche Überlegungen das Handeln bestimmen, ignoriert, daß die Mäster in einem harten Wettbewerb stehen. Die Forderung nach »ehrlicheren« Fleischprodukten kann nur dann Erfolg haben, wenn wirkungsvoll überprüft wird. Sonst ist der ehrliche Produzent am Ende der Dumme. So erweisen sich Skandale in der Lebensmittelwirtschaft bei genauerem Hinsehen als Skandale der Lebensmittelüberwachung.

III. Es muß nicht immer Kaviar sein: Fisch

Fangfrisch sollte er sein – aber wer fängt sich seine Fische schon selbst? Also lassen wir andere für uns ihre Netze in den sieben Weltmeeren auswerfen. Wie gut, daß sie uns auch noch das lästige Ausnehmen und Entschuppen der glitschigen Flossentiere ersparen. Stets auf der Suche nach praktischen Ideen gelang der Fischwirtschaft sogar ein neuartiger Fischbrei, aus dem sich so ziemlich alle edlen Meeresfrüchte perfekt nachahmen lassen. Glücklicherweise blieb wenigstens der Hering verschont. Er ist (noch) so billig, daß es sich nicht lohnt, ihn aus anderem Getier nachzumachen.

Der Hering: Kleiner Fisch mit großer Wirkung

Bisher schlugen noch alle Versuche fehl, den Deutschen ihren liebsten Fisch zu vergraulen. Nicht einmal zappelnde Nematoden (Fadenwürmer) konnten der Popularität des Herings auf Dauer schaden. Aber die Empörung über die quirligen blinden Passagiere in den Filets bekam die Fischwirtschaft zu spüren. Sie hat im Gegensatz zum Hering viel von ihrem guten Ruf verloren. Die Branche sparte nicht mit Entrüstung. Aber weniger über die unappetitlichen Zappeltiere, sondern über die »häufig unsachliche Berichterstattung« und die »hysterischen Reaktionen« der Verbraucher. Schließlich sei so ein Würmchen völlig normal, eine »natürliche Marke«, wie ein einschlägiges Fachbuch mitteilt.

Außerdem sei der Verbraucher selbst schuld: Denn der Parasit habe es nicht auf ihn abgesehen, sondern vor allem auf Robben. Er braucht diese Meeressäuger, um sich fortzupflanzen. Und eben dieser Verbraucher hat sich »meist emotional beeinflußt« für den Schutz von Robben und Seehunden engagiert. So vermehrten sich die possierlichen Tiere ungebremst und boten damit auch den Parasiten mehr Lebensraum. Die vielen Würmer seien die gerechte Strafe für den Schutz von Tieren, die der Branche die Fische wegfressen. Damit war der Schwarze Peter wieder beim Kunden.

Das Problem war Fischwirtschaft wie Lebensmittelüberwachung bestens bekannt. Verbraucherbeschwerden wurden schon mal mit dem Hinweis abgewiesen, eine Beanstandung der gesundheitlich riskanten Ware sei »volkswirtschaftlich« nicht tragbar. Das änderte sich schlagartig mit der berühmten Monitor-Sendung vom Sommer 1987. Kurz darauf gestand die Fischwirtschaft, daß man pro Kilo Filet »durchschnittlich 1 Nematoden beim Rotbarsch, 2 beim Kabeljau, 6 beim Köhler (Seelachs) und 40 beim Leng« fände. Bei Fisch aus dem küstennahen Bereich sei die Belastung noch höher. In verschiedenen verzehrsfertigen Heringsprodukten seien sogar lebende *Anisakis* (so der wissenschaftliche Name für die gefährlichste Sorte) anzutreffen.

Bei dieser Häufung will auch das Argument, die meisten Nematoden würden sich gar nicht im Körper des Kunden einnisten, nicht mehr viel heißen. Natürlich gab es schon damals Möglichkeiten, den Verbraucher vor lebenden Nematoden zu schützen. Aber die Branche hat einfach zugewartet.

Wie riskant sind diese Parasiten? Wenn's dumm läuft: ziemlich. Denn die Larven können mit ihrem Zahn Magen oder Darm durchbohren und eine veritable Entzündung mit Schleim- und Blutabgang hervorrufen. Die Symptome einer Anisakiasis, wie die Heringswurmkrankheit offiziell heißt, sind Bauchweh, Fieber, Erbrechen, Durchfälle oder Blut im Stuhl. Meist werden sie falsch gedeutet. Die häufigsten »Diagnosen« bei Wurmbefall sind Krebs von Magen und Darm, akute Blinddarmentzündung, Morbus Crohn oder Geschwüre. Welcher Arzt dachte vor der Monitor-Sendung schon an einen Wurm aus einem Fischbrötchen? Wirksame Medikamente fehlen. Bei einer korrekten Diagnose bleibt nur die Operation zur Entfernung des verwurmten Gewebes. Aufgrund der Probleme mit der richtigen Diagnose gibt es keine zuverlässigen Daten über die Zahl der Opfer. In Japan, wo der Verzehr von rohem Fisch (zum Beispiel im Sushi) verbreitet ist und das Risiko den Medizinern geläufig, werden jährlich über 1000 Erkrankungen gemeldet.

Vor fünfzig Jahren war die Krankheit in Europa noch unbekannt. Aber nicht weil das Problem nicht erkannt wurde oder weil es noch keine Tierschutzorganisationen gab, die sich der niedlichen Robbenbabys angenommen hätten, sondern weil die Fang- und Verarbeitungstechniken beim Fisch den Parasiten keine Chance ließen. Das änderte sich ab 1955, als der Fisch nicht mehr sofort auf dem Schiff ausgenommen, sondern erst in Eis gekühlt und dann an Land verarbeitet wurde. Da die Nematoden praktisch nur in den Eingeweiden leben, nutzen sie seither die Zeit nach dem Fang, um das mittlerweile tote Gewebe zu verlassen, und arbeiten sich dabei ins Fleisch des Fisches vor. Da die Würmer sehr widerstandsfähig sind, sie überleben Essigmarinaden ebenso wie Formalinlösungen, hilft dagegen als vorbeugende Maßnahme seitens der Industrie eigentlich nur das Tiefgefrieren der Heringe für drei Tage oder im Haushalt das übliche Kochen, Braten oder Fritieren.

Jahrhunderte-, wenn nicht jahrtausendelang wurde der Hering mitsamt seinen Eingeweiden zwischen Salzschichten in Fässer gepackt. Bis die Salzheringe dann Monate später in den Handel kamen, waren die Nematoden durch Wasserentzug zu Tode gepökelt. Eine grundlegende Neuerung kam dann kurz vor 1400. Ein Holländer namens Willem Beukelsz verbesserte die Qualität der Heringe wesentlich: Vor dem Einsalzen schlachtete er den Hering mit einem Kehlschnitt und zog dabei einen Teil der Eingeweide durch die entstehende Öffnung aus der Leibeshöhle. Dadurch bluteten die Fische auch besser aus, was der Haltbarkeit zugute kam und damit weniger Salz erforderte. Der Fisch war jetzt nicht mehr so trocken und scharf wie bisher. Diese milderen Heringe hießen nach Willem Beukelsz schlicht »Bücklinge«. Mittlerweile hat der Begriff einen Bedeutungswandel erfahren, so daß man heute damit meist einen nicht ausgenommenen, gesalzenen und geräucherten Hering meint.

An Beukelsz Grab hat sich später sogar Kaiser Karl V. verneigt und einen Hering verspeist. Aber nicht aus kulinarischen Gründen oder um sich für die beschwerlichen Staatsgeschäfte zu stärken. Vielmehr bedrohte die Reformation den Heringshandel, der damals ein bedeutender Wirtschaftszweig war. Die Hanse verdankte ihm ihre wirtschaftliche Macht. Die große Saison für die Hanse war die vom Vatikan vorgeschriebene strenge Fastenzeit, in der wochenlang nichts anderes als Salzheringe oder Bücklinge verspeist wurden. Und dieser schöne und umsatzträchtige Brauch war nun in Gefahr. Da hatte doch ein aufmüpfiger Mönch aus Wittenberg namens Martin Luther mit dem Fasten Schluß gemacht und damit, wie Herrmann Mostar in seiner *Weltgeschichte* sagt, »der Hanse das Rückgrat gebrochen«. Um zu retten, was zu retten war, machte Kaiser Karl V. als Gegner der Reformation eine Werbetournee für den Hering.

Aus Beukelsz Hering entwickelte sich allmählich eine weitere Spezialität: der Matjes. Dem Namen nach handelt es sich bei dem besonders zarten, fetten und milden Fisch um »jungfräuliche«, also noch nicht geschlechtsreife Heringe ohne Rogen und Milch. Das Wort wurde im 18. Jahrhundert aus dem Niederländischen von Maatjesharing entlehnt, das

seinerseits auf das ältere maeghdekens haerinck, das heißt
»Mädchenhering«, zurückgeht. Beim Kehlen des Herings
wird darauf geachtet, daß ein Teil der Innereien (die sogenannten Blindsäcke) noch im Fisch verbleibt. Sie enthalten
bestimmte Verdauungsenzyme, die das Fleisch leicht vorver-
dauen, das heißt eine Reifung bewirken, so daß es auf der
Zunge zergeht. Zur Förderung der Reife wurde noch etwas
»Blutlake« zugesetzt. Die herausgerissenen blutigen Innereien warf man in eine Wanne mit Salz und Meerwasser. Die
Flüssigkeit wurde abgeseiht und damit die Heringsfässer auf-
gegossen. Das hob den Genußwert ungemein.

Als Matjeshering galten gewöhnlich bessere, gut gereifte
Heringsqualitäten, die sich natürlich vorzugsweise aus jungen Heringen herstellen ließen. Mittlerweile hat sich die
industrielle Produktion erneut gewandelt: Heute nimmt
man keine Blutlake mehr. Die stark schwankende Zusammensetzung würde technische Probleme verursachen. Jetzt
verwendet man geheimnisvolle Enzympräparate mit stan-
dardisierter Wirkung. Sie werden aus den Gedärmen von
Dorsch, Hering oder Sardinen und aus den Verdauungssäf-
ten des Rindes gemixt. Das war gar nicht so einfach, denn
man mußte erst lernen, daraus vorher die Lipasen, das heißt
die fettspaltenden Enzyme, zu entfernen. Sonst schmeckt
der Matjes ranzig.

Mindestens ebenso populär wie der Matjes ist der Bismarck-
hering. Die Rohware kommt nach dem Ausnehmen in eine
starke Essiglösung. Nicht nur, weil Essig konserviert, sondern vor allem, weil der Essig die dünnen Fleischgräten auflöst. Er mildert außerdem den Heringsgeschmack und
bleicht das Fleisch. Danach werden die Heringe gespült und
mit einer viel milderen Marinade versehen. Oder in einem
Rollmopswickelautomaten mit zwei Holzstiften gespießt.
An ihre einstige Bedeutung als Fastenspeise, die Welt-

geschichte schrieb, erinnern sie heute nur noch als Katerfrühstück am Vormittag des Aschermittwochs, dem Beginn der
kirchlichen Fastenzeit.

Deutscher Kaviar – eine echte »Lumperei«

Was Millionen Menschen der Hering bedeutet, ist für die
oberen Zehntausend der Kaviar. Die wohl bekanntesten und
kostspieligsten Fischeier, der russische »Beluga-Kaviar«,
stammen vom Europäischen Hausen (*Huso huso*), der zur
Familie der Störe gehört. Erst mit 17 Jahren werden die Rogner – so heißen die weiblichen »Kaviar«-Produzenten –
geschlechtsreif. Der Hausen kann sehr alt, riesig und schwer
werden. Im Jahre 1926 gelang ein Rekordfang: Ein Fisch im
reifen Alter von etwa 75 Jahren mit einem Gewicht von über
1000 Kilogramm lieferte 180 Kilogramm Kaviar und 688
Kilogramm Fleisch. Normalerweise bringt ein Rogner
immerhin bis zu 50 Kilogramm Kaviar, das sind etwa 7,5 Millionen grauweiße Eier auf einen Schlag. Bei soviel Nachwuchs machen sich die Hausen nur alle zwei, drei Jahre auf
den Weg, um in die Flüsse zu ihren bevorzugten Laichplät-
zen aufzusteigen.

Die Ernte dieser sogenannten »Perlen des Meeres« geht allerdings überaus nüchtern vor sich. Der Kaviar stammt zunehmend von schnellwüchsigen Züchtungen, die industriell
produziert werden. Angesichts verschmutzter Gewässer
und zerstörter Lebensräume ein verständlicher Schritt,
damit der Rubel auch weiterhin rollt. Als besonders wirtschaftlich gelten Kreuzungen aus mächtigen Hausen-Weibchen mit zierlichen Sterlet-Männchen.

Den frisch gefischten Hausen-Weibchen wird vor dem
Entweiden der reife Rogen entnommen. Um bittere Gewe-

bereste davon abzutrennen, treibt man ihn unter ständigem Rühren durch ein Sieb. Ein sehr mühseliges Geschäft, bei dem viele Eier zerstört werden. Modernere Betriebe verwenden Enyzme, die die begehrten Kügelchen unbeschädigt freisetzen. Der gereinigte Kaviar wird vorsichtig mit Salz eingerieben, damit er quillt und sich körniger anfühlt.

Früher pflegten die Erzeugerländer ihre sündhaft teure und leichtverderbliche Spezialität mit einem Schuß Borsäure zu konservieren. Daß solches in Deutschland strikt verboten ist, störte anderswo kaum. Unsere Lebensmittelüberwachung fand offenbar an dem illegalen Handel mit borsäurehaltiger Ware jahrelang nichts auszusetzen. 1986 ermahnte das ehemalige Bundesgesundheitsamt öffentlich die Untersuchungsämter, endlich gegen die verbotene Chemikalie im Kaviar einzuschreiten. Aber nichts ist passiert. Das Warten hat sich gelohnt. Mittlerweile hatte die EU ein Einsehen mit den Gepflogenheiten der russischen Kaviarwirtschaft und der deutschen Lebensmittelüberwachung und genehmigte diese Praxis.

Inzwischen können die russischen Störe den Appetit deutscher Gourmets nicht mehr stillen. Hier helfen kanadische und isländische Seehasen (*Cyclopterus lumpus*) aus. Eigentlich heißt der Seehase auf Deutsch »Lump«. Zweifellos ähnelt das mit Knochenwarzen übersäte Vieh eher einem Lumpen als einem Hasen. Er wird vier bis fünf Kilo schwer, bis 60 Zentimeter lang und fristet sein Leben in den Gewässern des Atlantiks von der Arktis bis zum Golf von Biskaya. Dem Lump werden die gefüllten Eierstöcke entnommen. Sie sind von einer zähen Membran umhüllt, die man in warmer Salzwasserlake mit eiweißspaltenden Enzymen behandelt. Nach zehn Minuten haben die Enzyme die Haut gesprengt und die Bänder zwischen den Eiern gelöst. Die Gewebereste schwimmen obenauf. Die Eier sinken ab.

Sobald die isländischen oder kanadischen Lump-Eier deutschen Boden erreichen, verwandelt sie unser Lebensmittelrecht in »Deutschen Caviar«. Obwohl sie nicht wie Kaviar aussehen und schon gar nicht danach schmecken, werden sie nach bewährter Landessitte germanisiert: Mit Zusatzstoffen wie Zuckeralkoholen, Geschmacksverstärker, Eiweißhydrolysaten, Säuerungsmittel und Verdickungsmittel. Das feste Korn der Lumpeier erleichtert dabei auch die maschinelle Verarbeitung. Besonders pikant ist die Färbung: Echter Kaviar ist silbergau und verfärbt sich, wenn er verdirbt, allmählich schwarz. Dieses Endstadium gilt dem Deutschen Michel irrtümlicherweise als Zeichen ausgesuchter Qualität. Deshalb werden die Lump-Eier, alias »Deutscher Caviar«, auch noch künstlich geschwärzt.

Da der Konsument mit den Seehaseneiern noch nicht genug angeschwärzt ist, ließen sich die besten unserer Technologen auf dem Weg zum modernen Schlaraffenland offenbar von dem Motto leiten: Es muß ja nicht immer Kaviar sein. Im Wettlauf mit japanischen, russischen und amerikanischen Unternehmen schufen sie eine neue Klasse von Meeresfrüchten. An Rohstoffen mangelt es den Food Designern nicht: »Schwer verwertbare Eiweißstoffe« wie Weizenkleber, Rinderblutplasma und Schweineknorpel verformten sie zu kleinen Kügelchen. Dazu verflüssigten sie zunächst die Eiweißreste und ließen sie dann in heißes »Trägeröl« tropfen. Sogleich gerannen diese Tröpfchen zu »geometrisch einwandfreien Proteinformgebilden mit Kugelcharakteristik«, wie die Erfinder beim Patentamt vortrugen.

Im übrigen empfehlen die Techniker, solche frisch geronnenen Kügelchen mit einer nicht näher bezeichneten »Waschlösung« vom Trägeröl zu reinigen. Diese Kunstobjekte werden alsdann gefärbt »und zur Erreichung erzeugnisspezifischer Konsistenzeigenschaften« – gemeint ist wohl eine leichte

Klebrigkeit – »mit einer gebräuchlichen Beschichtungs-lösung vermischt«. Abschließend raten die Rostocker Experten zu »einer kulinarischen Behandlung mit geschmacksgebenden wäßrigen Lösungen«. Der von der Ausrottung bedrohte russische Stör sollte ihnen dankbar sein. Denn dieses Produkt wird den echten Kaviar mutmaßlich überleben. So kann dank moderner Wissenschaft wenigstens der »typische« Geschmack einer raren Delikatesse für unsere Kindeskinder bewahrt werden.

Weder Fisch noch Fleisch:
Meeresfrüchte aus Surimi

Nicht nur Fischeier werden imitiert, sondern gleich das ganze Meerestier. Die Originale sind wie echter Kaviar teuer genug, daß es sich lohnt, sie preiswert zu kopieren: Surimi nennt sich das Ersatzprodukt aus billigem Fischfleisch. Es steckt zum Beispiel häufig in jenen leckeren Meeresfrüchte-Salaten, die bei uns zusehends beliebter werden. Solche Delikatessen sind für ihren edlen Inhalt oft erstaunlich bezahlbar. Da liegt der Verdacht nahe, daß sich unter der Mayonnaise Objekte verbergen, die echten Shrimps, Krabbenbeinen, Hummerschwänzen oder Tintenfischringen nur täuschend ähnlich sehen.

Die Grundlage für diese Technik schufen japanische Fischer schon vor 900 Jahren. Sie machten Fisch haltbar, indem sie ihn ausnahmen, die Filets zerhackten und den Brei gründlich auswuschen. Diese rohe Masse, Surimi genannt, wurde abgepreßt, gesalzen und sofort gekocht, gegrillt oder mit Dampf gegart. Sie mußte gleich nach dem Fang verarbeitet werden, weil sie schnell verdarb. Auf diese Weise verwandelten die japanischen Küstenbewohner die Überschüsse der Fischerei in haltbare Lebensmittel.

Aus diesem uralten Handwerk entstand inzwischen eine Industrie, die jährlich Hunderttausende von Tonnen Surimi herstellt. Ihre Geburtsstunde schlug 1959. Damals gelang es den Hokkaido-Fischereilaboratorien, ein Frostschutzmittel zu entwickeln, das Surimi stabilisiert. So konnten Fischer die leicht verderbliche Masse gleich an Bord tiefgefrieren, ohne daß diese ihre Bindefähigkeit verlor. Seitdem verarbeiten sie Fische auf hoher See zu Surimi, das später an Land aufgetaut und »veredelt« wird.

Als Rohstoff für Surimi dienen sogenannte Nebenfischarten. Sie lassen sich wegen geringer Größe, ungewohntem Aussehen oder schlechtem Geschmack nicht verkaufen. Zudem schwimmt in den Weltmeeren noch allerlei Getier herum, das bisher nicht kommerziell genutzt wurde, sich aber für Surimi eignet.

Auf dem Fangschiff verlieren die Fische zunächst Kopf und Innereien. Der Rest wird gegen eine Lochtrommel gepreßt, wobei Schuppen, Flossen und Gräten außen hängenbleiben, der Fleischbrei aber ins Innere der Trommel gelangt. Er wird gründlich ausgewaschen – häufig unter Zusatz von Natriumbicarbonat – und abgepreßt. Anschließend kommen diverse Frostschutzmittel wie Polydextrose, Sorbit und Polyphosphate hinzu.

Die Mixtur hält sich tiefgefroren bis zu einem Jahr. An Land versetzen Lebensmitteltechniker das aufgetaute Surimi mit diversen Zusätzen: Modifizierte Stärken dienen als Gelier- und Sojaproteine als Bindemittel, Aromen runden den Geschmack ab, sogenannte »Prozeßhilfen« bereiten die Masse fürs Formen vor.

»Shrimps« erhält man, wenn man Surimi in Hohlformen preßt, deren Innenflächen zuvor mit synthetischer Shrimps-

Farbe besprüht wurde. Mit der breiten Palette an Farben trifft der Chemiker zielsicher den natürlichen Teint jedes nachahmungswürdigen Vorbildes. Beim Erhitzen erstarrt das Surimi und nimmt die Farbstoffe an. Ersatz-Calamares enthalten echte Tintenfischreste und Algenextrakte. Sie werden zu den handelsüblichen Ringen geformt und in einem Kalziumbad gehärtet. Eine Panade schützt das Kunstprodukt vor der Enttarnung.

Imitierte Krabbenbeine verlangen schon mehr Aufwand. Das Surimi-Gemengsel wird zu breiten Bändern extrudiert, mit Heißdampf gefestigt und in schmale Streifen geschnitten, so daß Fasern entstehen. Diese werden gereckt, gebündelt und mit einem dünnen Surimi-Band umwickelt, schließlich mit gefärbter Surimi-Masse eingeschmiert und erneut erhitzt, damit alles zusammen erstarrt. Das ergibt jene fasrige bis gummiartige Konsistenz, an der Meeresfrüchte-Liebhaber echte Krabbenbeine zu erkennen glauben.

Tip

☹ Wer sich als Kunde auf das Etikett verläßt, sorgt leider auch dafür, daß ehrliche Anbieter, die ihr Krabbenimitat als solches deklarieren, vom Markt gedrängt werden.

☺ Die Garantie, »Reelles« zu speisen, hat nur, wer seine Salate selbst anrichtet. Denn Krabben ohne zudeckende Soßen sind (bis jetzt noch) echt. Das »Versteckspiel« mancher Fischgeschäfte kennt keine Schamgrenze: Da enthalten »Gourmet-Brötchen« Hummerschwänze aus Surimi, die »Krabbensuppe nach Sylter Art« künstliches Krabbenfleisch und die »spanische Reispfanne« nachgemachte Calamares. Surimi läßt sich am leichtesten beim Zerteilen der »Objekte« an der gleichmäßigen, unstrukturierten Fleischmasse erkennen.

Der Aufwand lohnt sich, denn der Rohstoff ist billig. Weniger gelungene Imitate lassen sich unter der Mayonnaise von Salaten verstecken. Restaurants verzichten gewöhnlich darauf, sie zu kennzeichnen – das deutsche Lebensmittelrecht ist da recht großzügig. Surimi in Fertigsalaten muß zwar gekennzeichnet werden, aber dies »vergessen« manche Hersteller oder formulieren den Inhalt verschleiernd. Denn der deutsche Lebensmittelhandel ordert seine Waren praktisch nur nach dem Preis, weshalb den Firmen häufig keine andere Wahl bleibt, als einen Teil der teuren Zutaten durch das billige Surimi zu ersetzen.

Ciguatera – die Rache des Meeres

Würden Sie auch gerne dem Sommer hinterherfliegen, sich in der Karibik in der Sonne aalen oder auf einem der vielen Atolle in der Südsee tauchen? Neben traumhaften Stränden erwartet Sie dort eine reich gedeckte Tafel: tropische Früchte in Hülle und Fülle, exotische Gewürze und delikate Fischgerichte. Während sich der deutsche Tourist meist um die Hygiene der dortigen Küche sorgt, könnte es sein, daß er sich beim Essen ein ganz anderes Mitbringsel »einfängt«: die Ciguatera. Dieser fremdartige Name bezeichnet die weltweit häufigste Fischvergiftung, an der auch immer mehr Urlauber erkranken. Allerdings ist der Tourismus sogar mitverantwortlich für die Ausbreitung der Krankheit. Denn wenn das ökologische Gleichgewicht im Meer aus den Fugen gerät, dann beginnt dort die Giftproduktion.

Aber alles der Reihe nach: Die eigentlichen Produzenten des Giftes, das die Ciguatera verursacht, sind sogenannte Dinoflagellaten. Diese Kleinstlebewesen, die zur Klasse der Geißeltierchen zählen, gedeihen auf Algen. Die wiederum stehen auf dem Speiseplan einiger pflanzenfressender Fischarten, die ihrerseits wiederum von Raubfischen wie Barrakudas oder Makrelen geschätzt werden, die schließlich als Leckerbissen für Einheimische wie Touristen auf dem Tisch landen. Man sieht es einem Fisch leider nicht an, ob er vergiftet ist oder nicht, denn für ihn ist das Gift unschädlich. Inzwischen kennt man etwa 400 Fischarten, die gelegentlich Gift enthalten können.

Die Ciguatera ruft eine Vielfalt von Symptomen hervor: Übelkeit, Erbrechen, Taubheit von Lippen und Handinnenflächen, umgekehrtes Kalt-warm-Empfinden, Schmerzen in Gelenken und Muskeln, Kreislaufstörungen, Depressionen, Hirnnervenlähmung, in seltenen Fällen Atemlähmung und Tod. Typisch ist auch eine Überempfindlichkeit auf jegliches Fisch- und Hähnchenfleisch sowie die Unverträglichkeit von Alkohol. Da sich die Symptome von Tag zu Tag ändern, ja sogar von der Tageszeit abhängig sind, und jeder Mensch anders auf die Vergiftung reagiert, sind Fehldiagnosen bei heimkehrenden Urlaubern die Regel. Betroffene werden schnell als »neurotisch« eingestuft. Außerdem gibt es weder diagnostische Tests noch eine Therapie.

Die giftproduzierenden Dinoflagellaten können sich aber nur dann massenhaft entwickeln, wenn im Meerwasser ein Überschuß an Nährstoffen herrscht. Das kann natürliche Ursachen haben, zum Beispiel Gezeitenwellen oder Hurrikane, die Erdreich ins Wasser spülen oder Korallenriffe verwüsten. Die Vermehrung der Giftalgen folgt komplexen jahreszeitlichen und ökologischen Zyklen.

Den Einheimischen ist die Gefahr schon lange bekannt. Weil sie aus Erfahrung genau wußten, wann sie wo welchen Fisch fangen durften, kamen Ciguatera-Vergiftungen früher kaum vor. Ganz anders heute: Schiffsverkehr, bauliche Aktivitäten wie die Errichtung von Hotelkomplexen oder das Einleiten von Abwässern verändern die Nährstoffkreisläufe der Riffe und Küstenstreifen. Deshalb versagt jetzt der überlieferte Erfahrungsschatz der Insulaner.

Auf vielen Inseln im Pazifischen Ozean hat Ciguatera zu einer stillen Katastrophe geführt. Die Fischvergiftung ist dort allerdings weniger eine Folge des Tourismus, sondern von Militäraktionen der Großmächte. Überall dort, wo diese in die Ökosysteme der Korallenriffe eingriffen, traten in der Folgezeit massive Vergiftungen auf. In Kiribati verursachten die Seeschlachten des Zweiten Weltkriegs die ersten Ciguatera-Ausbrüche, auf den Line-Inseln war es die Versenkung von Kriegsmaterial und auf den Marshall-Inseln die amerikanischen Atomwaffentests zwischen 1946 und 1958. Die Weltgesundheitsorganisation berichtet, daß dort mehr als die Hälfte aller Familien Opfer dieser Fischvergiftung wurden.

Nicht viel anders in Französisch-Polynesien: Auf Mangareva vergifteten sich die Insulaner mit Fisch, nachdem radioaktiv verseuchte französische Kriegsschiffe nach oberirdischen Atomwaffentests zum Reinigen in den Hafen der Insel zurückkehrten. Auf dem Hao-Atoll war die Erkrankung so lange unbekannt, bis die Franzosen von dort aus mit ihren Vorbereitungen für die späteren Atomtests auf Mururoa und Fangataufa begannen. Um einen Hafen und eine Landebahn auf der Insel zu bauen, mußten gewaltige Mengen des Korallenriffs bewegt werden. Auch das Mururoa-Atoll hat schon seit Jahrzehnten eine hohe Rate von Ciguatera. Als Ursache wird das Absprengen von etwa einer Million Kubikmeter Korallen- und Felsmaterial durch einen atomaren »Rohrkrepierer« angesehen: Ein Atomsprengkopf zündete in einem Schacht statt wie vorgesehen in einer Kaverne tief im Riff.

Die Folgen für die Menschen in Ozeanien sind verheerend. Viele können ihr Grundnahrungsmittel Fisch nicht mehr verzehren, weil die Ciguatera als »Andenken« eine Überempfindlichkeit hinterläßt. Noch Jahre nach einer Vergiftung können die alten Symptome wieder auftreten, sobald die Betroffenen Fisch essen. Dieselben Reaktionen kann dann auch Hähnchenfleisch auslösen. Den Menschen bleiben wenig Ausweichmöglichkeiten, da sie auf den Atollen kaum Ackerbau betreiben können. Tierische Ersatznahrungsmittel wie Milchpulver müssen eingeflogen werden.

Es sieht so aus, als ob auch radioaktive Kontamination die Ciguatera fördert. Die Schlüsselsubstanz für das Wachstum der eigentlichen Giftproduzenten ist Kobalt. Aus diesem Element stellen Mikroben Vitamin B_{12} her, das wiederum den Dinoflagellaten das Wachstum ermöglicht. Bei Atomtests, vor allem in den sechziger Jahren, hat Kobalt eine wichtige Rolle gespielt. Das Metall wurde für die Entwicklung von Neutronenbomben verwendet.

Aber nicht nur die südlichen Meere, auch die Nordsee leidet unter biologischen Giften – mit steigender Tendenz. Dort mußte die Fischwirtschaft, allen voran die Lachsmäster, durch giftige Algenblüten schwere Einbußen hinnehmen. Denn »unsere« Gifte töten im Gegensatz zur Ciguatera die Fische. Wie für den Pazifik gilt auch hier Kobalt als Ausgangsstoff für die Giftproduktion. Allerdings gelangt es weniger durch Atomtests in die Umwelt als durch Sauren Regen. Er löst zehn- bis zwanzigmal mehr Kobalt aus dem Erdreich als normale Regengüsse. Der Eintrag von Kobalt und das dadurch begünstigte Wachstum giftiger Meeresalgen wird auch als Ursache für das Seehundsterben in der Nordsee vor einigen Jahren diskutiert. Was wiederum die Fischwirtschaft freuen sollte: denn jetzt müßte es eigentlich weniger Nematoden und mehr Heringe geben.

IV. Gemolken und gerupft:
Von Kühen und Hühnern

Milch, Butter und Eier waren einst Symbole von Sattheit und Fruchtbarkeit. Wer sich gesund ernähren wollte, dem wurde reichlich davon verordnet. Wie hat sich das Bild in den letzten 30 Jahren gewandelt! Ginge es nach den Ernährungsexperten, dann wäre trocken Vollkorn-Brot mit natriumarmem Wasser mehr als genug. Das Butterfett schadet dem Herzen, das Cholesterin im Ei den Arterien und die Milch ist auch nicht mehr das, was sie einmal war. Statt zu säuern, fault sie und überträgt sogar gefährliche Keime. Doch es fehlt nicht an Alternativen: Margarine mit ungesättigten Fettsäuren, sterile H-Milch, cholesterinfreier Kaffeeweißer und Magerquark fürs Knäckebrot. Doch immer mehr Menschen haben die erhobenen Zeigefinger satt. Sie essen, was ihnen schmeckt. Sie lassen sich die Butter nicht vom Brot nehmen. Seelenruhig genießen sie ihr Frühstücksei mit einer Prise Salz, sie goutieren feinsten Käse aus Rohmilch und überbacken sich ihren Toast Hawaii mit Schmelzkäsescheiben.

Wenn statt der Milch der Kunde sauer wird

Der Tod einer Weltmeisterin bewegte kürzlich die landwirtschaftliche Fachwelt: Im greisen Alter von 23 Jahren verstarb ›Unsinn‹. Bis dahin gab sie, so der Nachruf im Bauernblatt Schleswig-Holstein, »mit 173.104 kg Milch, 9012 kg Fett (5,12 %) und 6239 kg Eiweiß (3,6 %) eine Gesamtinhaltsstoffmenge, die noch von keiner anderen Kuh auf der Welt erreicht wurde. ... Noch nach dem neunten Kalb wurde ihre hohe Typ/Euterqualität mit 93 Punkten bewertet. Von ihren 10 gekörten (*das heißt zur Zucht ausgewählten*) Söhnen war ... ›Frohsinn‹ der erfolgreichste. Gerade wegen der bei seinen Nachkommen beachtlichen Eiweißprozente verschaffte er sich als Vererber großen Zuspruch. ›Unsinn‹ selbst ist aus einem altbewährten Kuhstamm hervorgegangen ...«

Ganz so altbewährt wird der Kuhstamm wohl kaum gewesen sein. Denn mit bald neun Tonnen Milch pro Jahr unterscheidet sich ›Unsinn‹ von ihren Ahnen beträchtlich. Vor mehr als 100 Jahren, bevor die gezielte Züchtung auf höhere Milchleistung begann, lieferten die damals üblichen Rinder jährlich »nur« eine bis anderthalb Tonnen. Der mittlerweile erzielte Fortschritt ist geradezu atemberaubend. Wie hält der Körper eines Tieres eine solche Belastung überhaupt aus? Gewöhnlich gar nicht. Trotz künstlicher Besamung, Multivitamin-Kraftfutter und tierärztlicher Fitneßspritzen tritt heute im Gegensatz zu ›Unsinn‹ kein Durchschnittsrind mehr mit stolzen 23 Lenzen seinen letzten Weg in die Hamburgerfabrik an. Meist werden die empfindlichen Hochleistungstiere schon im zarten Alter von 7 Jahren »verschrottet«, lange bevor ihr mühsam angezüchtetes Potential ausgeschöpft ist.

Zugleich hat die hohe Milchleistung zusammen mit den Melkanlagen den Kühen eine richtige »Berufskrankheit« eingebracht: die Euterentzündung. Die Maschinen arbeiten nach einem anderen Prinzip als Kälbchen oder Melker. Während das Kalb mit seiner Zunge die Milch am Gaumen aus der Zitze drückt, was die Hand beim Melken übrigens nachvollzieht, saugt die Melkmaschine die Flüssigkeit einfach ab. Nun besitzt eine Kuh nicht nur eine Zitze, sondern deren vier, für jedes Euterviertel eine. Und die sind recht unterschiedlich. Bis das letzte Viertel leer ist, pumpen die klassischen Melkmaschinen an den anderen Eutervierteln einfach weiter. Der Fachmann spricht vom »Blindmelken«. Dabei kann auch schon mal Blut entzogen werden. Die so geschundenen Euterviertel entzünden sich über kurz oder lang. Der

Einsatz von Antibiotika wird unvermeidlich. Moderne Melkmaschinen schalten automatisch die einzelnen Melkbecher ab, aber bis die alten Anlagen allerorts ersetzt sind, wird es wohl noch einige Zeit dauern.

Den technischen Fortschritt im Stall kann der Verbraucher oft sogar riechen. Nämlich dann, wenn seine Milch fault, statt sauer zu werden. Die Ursache: Meist holt die Molkerei die Sammelmilch nur noch zwei- oder dreimal pro Woche beim Landwirt ab. Bis dahin lagert sie gekühlt. Die Kälte bremst nur die Milchsäurebakterien, verschafft aber dadurch den Fäulniserregern freie Bahn. Sie gedeihen in der Kälte und ohne Konkurrenz viel besser.

Die Molkerei erwärmt diese gekühlte Milch, damit sie etwas dünnflüssiger wird, und reinigt sie mit Zentrifugen. Die Zentrifugen trennen dann den Rahm von der Magermilch ab. Erst später, nach der Bearbeitung fließen die beiden Teilströme wieder zusammen und ergeben eine Milch mit dem gewünschten Fettgehalt. Der Rahm wird homogenisiert, um ein Aufrahmen der Milch zu verhindern. Dazu wird der Rahm mit 200 atü durch einen winzigen Spalt gepreßt. Indessen erreichen die Fettkügelchen Geschwindigkeiten von bis zu 300 Metern pro Sekunde. Sie zerreißen in winzigste Partikel und bleiben fein verteilt in der Schwebe. Während früher eine Rahmschicht im Flaschenhals als Qualitätsmerkmal galt, würde heute ein Fettkragen in den Milchtüten Probleme aufwerfen. Außerdem kann der Verbraucher nach der Homogenisierung den Rahm nicht mehr selbst abschöpfen und muß daher seine Schlagsahne extra kaufen.

Die Homogenisierung der Milch begünstigt Allergien, so das Ergebnis von Versuchen mit Mäusen. Das überrascht nicht, weil sich an der Oberfläche der neugebildeten kleineren Fettpartikelchen bis dahin verborgene Eiweiße anlagern, die aus dem Inneren der ebenfalls geschädigten Eiweißkügelchen (den sogenannten Caseinmicellen) stammen. Sie bedeuten eine zusätzliche Herausforderung für das Immunsystem. Zu ähnlichen Ergebnissen kamen dänische Ärzte bei ihren Untersuchungen an allergischen Kindern. Die Mediziner befürchten vor allem, daß die Verwendung homogenisierter Milch zur Herstellung von adaptierter Säuglingsmilch die Allergiebereitschaft des Körpers erhöhen kann.

Der homogenisierte Rahm wird wieder mit der Magermilch (0,3 % Fett) verschnitten, um den erwünschten Fettgehalt einzustellen: 1,5 % (fettarme Milch), 3,5 % (Vollmilch), oder etwa 3,8 %, was angeblich ein »naturbelassener« Fettgehalt sein soll. Das erstaunt doch sehr, da der Fettgehalt der Milch, die die Molkerei erhält, deutlich über 4 % liegt. Aber vielleicht versickert ja beim Rückverschneiden des homogenisierten Teilstroms mit der Magermilch immer etwas Sahne in den Bilanzen ...

Nun wird erhitzt, um die Haltbarkeit zu verbessern und um eventuell vorhandene Krankheitserreger abzutöten. Früher wurden durch Milch sogar brisante Krankheiten wie Tuberkulose übertragen. Heute spielt dieses Problem dank tierärztlicher Überwachung der Rinder keine Rolle mehr. Allerdings geraten auch andere, noch nicht so bekannte Erreger in die Milch, wie die sogenannten EHEC-Bakterien, deren Infekte in seltenen Fällen für empfindliche Personen tödlich enden können. Diese EHEC (Abkürzung von Enterohämorrhagische Escherichia coli) haben sich aus den harmlosen Kolibakterien entwickelt, die jeder Mensch in seinem Darm beherbergt. Gegen die EHEC gibt die Wärmebehandlung der Milch eine gewisse Sicherheit.

Die Molkereien sind deshalb per Gesetz zur Erhitzung der
Milch verpflichtet. Dazu bedienen sie sich zwei verschiedener Verfahren: die milde Pasteurisation für die mehrere Tage
haltbare Frischmilch und die kräftige Ultrahocherhitzung
(UHT) für die monatelang haltbare H-Milch. Bei der Pasteurisation erreicht die Milch entweder für 45 Sekunden eine
Temperatur von 72 Grad Celsius (Kurzzeiterhitzung) oder
10 Sekunden lang auf 85 Grad (Hocherhitzung). H-Milch
wird zunächst auf 80 Grad Celsius vorgewärmt und dann
für 3 Sekunden mit injiziertem Heißdampf auf 150 Grad gebracht. Beim Abkühlen in einer Vakuumkammer tritt dann
die durch den Dampf zugesetzte Wassermenge wieder aus.

Von der Milchbar

Rohmilch heißt jede unbehandelte Milch direkt aus dem Stall. Sie darf nur mit dem Hinweis »Rohmilch – vor dem Verzehr abkochen!« verkauft werden. Das Abkochen dient zum Schutz vor bestimmten Keimen, durch die vor allem Säuglinge und geschwächte Menschen schwer erkranken können.

Vorzugsmilch ist Rohmilch, die noch auf dem Bauernhof abgefüllt wird und zugleich strengen Hygieneanforderungen unterliegt. Vorzugsmilch kommt nur verpackt in den Handel.

Pasteurisierte Milch gibt es als Vollmilch (mindestens 3,5 % Fett), fettarme Milch (1,5 bis 1,8 % Fett) und Magermilch (0,3 % Fett). Sie wurde kurzzeitig auf 71 bis 74 Grad Celsius erhitzt. Magermilch ist wegen ihres zu niedrigen Fettgehaltes für Kleinkinder ungeeignet.

H-Milch ist eine monatelang haltbare Konserve. Sie wird ultrahocherhitzt, und zwar auf Temperaturen von 135 bis 150 Grad Celsius. Sie sollte wegen ihrer geschmacksprägenden Wirkung nicht regelmäßig als Trinkmilch für Kinder verwendet werden.

Homogenisierung: Der Handel bietet überwiegend homogenisierte Milch an, es gibt aber auch Ausnahmen. Bei einer Milchallergie kann es sinnvoll sein, eines der nichthomogenisierten Produkte auszuprobieren.

So bequem die Haltbarkeit für den Kunden ist und so beachtlich der hygienische Fortschritt auch sein mag, in den Augen vieler Verbraucher bleibt die Erhitzung ein Makel. Sie greifen deswegen lieber zur »rohen« Vorzugsmilch, die besonders strengen hygienischen Anforderungen unterliegt. Dafür nehmen sie sogar einen deutlich höheren Preis in Kauf. Andere

Konsumenten hingegen meiden das Produkt ganz bewußt. Schließlich warnen Experten immer wieder vor dem Genuß von Rohmilch.

Das Risiko hängt aber nicht allein von der Keimbelastung der Milch, sondern genauso davon ab, ob unser Immunsystem trainiert ist. Wer sich möglichst hygienisch und keimfrei ernährt, ist weitaus anfälliger als jemand, der es nicht so genau nahm. Nicht nur Muskeln und Gehirn brauchen eine regelmäßige Betätigung, um leistungsfähig zu bleiben. Auch unser Immunsystem braucht Übung: Es hält sich eben mit einer ständigen Zufuhr von Keimen fit.

Frische Milch ab Hof liefert dafür ein gutes Beispiel: Wäre sie wirklich so gefährlich, wie manche Experten beschwören, so würden unsere Landwirte regelmäßig unter Fieber und Durchfall leiden. Amerikanische Wissenschaftler mußten jedoch erstaunt einsehen, daß nur solche Personen an »Rohmilch-Durchfällen« litten, die vorher nie unbehandelte Milch probiert hatten.

Eine Garantie für Unbedenklichkeit gibt es nirgends – egal ob Rohmilch mit Originalkeimen aus dem Kuhstall oder sterile H-Milch aus der Molkerei. Auch H-Milch hat in der Vergangenheit Erkrankungen verursacht, weil sie nach dem Erhitzen während des Verpackens unerwünschte Keime aufgeschnappt hatte.

Daher sollte auch die Molkereilobby in ihrem Glashaus nicht mit Steinen werfen und versuchen, durch Angstkampagnen die Verbraucher einzuschüchtern. Wer sich anschickt, die Rohmilch zu verteufeln, vergißt dabei, daß eine wirklich gesunde Milch jede Menge Keime enthalten sollte; vor allem jene Keime, die einst die Milch angenehm sauer werden ließen.

Kaffeeweißer zählt nicht zur ersten Sahne

Manchmal sind es unscheinbare Details, die den Erlebniswert einer Speise ausmachen, Details, die aber unverzichtbar dazugehören. Zum Beispiel dann, wenn der Kaffeeliebhaber beobachtet, wie die Kondensmilch im Kaffee Wölkchen bildet und sich beim Umrühren gleichmäßig verteilt. Für viele beinahe ein Ritual. Deshalb achtet der Hersteller peinlich genau auf die Weißkraft seines Produktes. Fragt man den Verbraucher nach seiner Meinung über die Wölkchen, weiß er dazu nichts. Zu selbstverständlich und unbewußt nimmt er das Verhalten des Produktes wahr. Seinen Verstand interessiert mehr der Preis.

Nun gut. Greifen wir einmal zur *Kondensmilch*. Und schon halten wir ein Produkt in den Händen, das genaugenommen überflüssig ist. Denn Sahne schmeckt genauso im Kaffee.

Warum hat sich die Büchsenmilch trotzdem durchgesetzt? Vielleicht liegt es doch an ihrer intensiveren Weißkraft. Je höher der Gehalt an Feststoffen, desto größer die Fähigkeit den Kaffee aufzuhellen. Dazu muß möglichst viel Wasser aus der Milch. Zunächst wird sie mit Phosphaten, Citraten oder Carbonaten stabilisiert, dann hocherhitzt und anschließend schonend eingedampft. Das Hocherhitzen garantiert die komplette Denaturierung des Molkeneiweißes in der Milch. Das verhindert, daß die Kondensmilch später geliert. Danach wird das Milchkonzentrat mit enormem Druck homogenisiert, um ein Aufrahmen zu verhindern.

Im Vergleich zum Original, der *Kaffeesahne*, ist die Kondensmilch gelungenes »Food Design«. Es ist gar nicht so einfach, die vielen Wirkungen einer Kaffeesahne im Kaffee nachzuahmen. Denn Sahne macht den Kaffee nicht nur schön braun, sondern auch vollmundig, sie nimmt ihm seine Bitterkeit, dämpft die Säure und rundet das Röstaroma ab. Die Weißkraft verdankt sie übrigens den zahllosen von einer Eiweißmembran umhüllten Fettkügelchen. Ihre Oberfläche ist elektrisch geladen, so daß sich die Kügelchen gegenseitig abstoßen und gleichmäßig verteilt in der Flüssigkeit schwimmen. Auch das undurchsichtige Weiß der Milch beruht auf der Lichtreflexion winziger Fettpartikel.

Aber weil Milch mancher Molkerei zu teuer ist, erfand man die Kunstsahne, offiziell als *Kaffeeweißer* bezeichnet. Als Grundlage dient billiges Palmkernfett. Es wird raffiniert und mit Wasserstoff zur Reaktion gezwungen, bis sein Schmelzpunkt auf 45 Grad Celsius steigt. Womit die Gefahr des Dahinschmelzens auf sonnenbeschienenen Frühstückstischen gebannt wäre. Dieses gehärtete Fett wird in Maschinen zu winzigen Kügelchen zerkleinert. Damit sie nicht verkleben, erhalten sie wie ihr Vorbild eine hauchdünne Eiweißhülle. Hierzu eignet sich ein Bestandteil der Milch, den man vorher

extra herausgefischt und manipuliert hat, das Natriumcaseinat. Das bildet die Grundlage dieser Kunstsahne.

Was hier eher zufällig wirkt, ist ein wichtiger Schachzug der
Molkereien, typisch für viele Milchimitate: Sie enthalten
»Milch« – gewöhnlich in Form modifizierter Milchbestand-
teile. So merken viele Verbraucher nicht, daß es gerade die
Molkereien sind, die »nachgemachte« Milchprodukte anbieten. Um ihre Wettbewerbsfähigkeit zu verbessern, setzen sie
auf billigere Rohstoffe als auf teures Milchfett. In diesem Fall
bringt das Natriumcaseinat noch »Körper« ins Getränk und
vermittelt damit das Gefühl, »etwas im Mund zu haben«. So
wie auch Sahne im Kaffee diesen meist unbewußten
Geschmackseindruck auslöst.

Aber wie soll das empfindliche Imitat den heißen Kaffee
unbeschadet überstehen? Eigentlich müßte es sofort gerinnen, vor allem wenn mit hartem Wasser aufgebrüht wurde.
Genügend Hitzestabilität schaffen Puffersalze wie Phosphate oder Citrate, die den Kalk im Wasser binden und die
Kaffeesäuren abfangen. Eine andere Strategie setzt auf Carrageene, das sind bestimmte Extrakte aus Algen.

Zucker, ein weiterer Bestandteil des Kaffeeweißmachers
wird nicht deshalb hinzugefügt, um den Kaffee zu süßen,
sondern um den Eigengeschmack zu verbessern. Richtig
dosiert nimmt Zucker im Sahneersatz dem Kaffee die Säure,
mildert seine Bitterkeit und verleiht ihm das richtige Mundgefühl, ohne daß der Genießer dabei den Zucker heraus-
schmeckt. Wer gesüßten Kaffee bevorzugt, muß seinen Wür-
felzucker schon noch selbst hinzugeben.

Aromatisieren und Einfärben des Kunstwerks ist Routine.
Da echte Sahne keineswegs blendend weiß aussieht, wird
mit Carotin gelblich abgetönt. Und um den merkwürdigen

Eigengeschmack gehärteter Fette zu vertuschen, empfehlen Aromenhersteller synthetische (»naturidentische«) Sahne- und Karamelaromen. Für die nötige Rieselfähigkeit des Pulvers sorgen Rieselhilfsstoffe und Emulgatoren. Ein gut designter Kaffeeweißer bildet im Getränk ebensogut Wölkchen wie Kondensmilch oder Sahne.

Was im Kaffee, Tee oder Kakao aussieht wie Sahne, ist trotz seiner komplizierten Herstellung billiger als sein natürliches Vorbild. Dank Maltodextrinen, die als Streckmittel für mehr Volumen sorgen. Sie sind gewissermaßen vorverdaute Stärken aus Mais, Zwischenprodukte der Zuckerherstellung. Eine große Packung signalisiert aufmerksamen Verbrauchern ein günstiges Preis-Leistungs-Verhältnis. So ist wirklich an alles gedacht. Schöne neue Welt mit Imitaten made in Germany.

Mit Käse gegen Fußpilz

»Ungeheuer viel Schindluder« beklagte das Feinschmecker-Magazin *à la Carte*, als es das Angebot an edlen Käsen wie Camembert oder Roquefort testete: Nach Ansicht der Jury müßte von 43 Schimmelkäsen immerhin 11 die Markenbezeichnung entzogen werden, wegen »skandalöser Geschmacksfehler« und »weil sie keinerlei Ähnlichkeit mit dem Ursprungsprodukt haben«. Eine Probe stank nicht nur »erbärmlich«, sondern provozierte sogar »bei allen Testern Brechreiz«. Das Magazin wunderte sich, daß so etwas überhaupt »verkauft werden darf«.

Offenbar hat hier ein Anbieter den Tatbestand, daß ein Roquefort genaugenommen nichts anderes ist als geronnene und verschimmelte Milch, wohl zu weit ausgelegt. Zur Kunst des Käsers gehört es nun mal, den Verlauf des

»Verderbs« so geschickt zu kontrollieren, daß das Ergebnis unseren Gaumen umschmeichelt und nicht bedroht. Jedoch ist der häufigste Mangel eher das Fehlen eines typischen Aromas. Im Supermarkt dominieren die faden und gummiartigen »Sterilmilchkäse«, wie Kenner spotten. Das ist ein Preis des technischen Fortschritts. Früher ließ sich nur aus bester Milch Käse herstellen. Heute taugt dafür sogar Milchpulver. Verrührt man das Pulver mit Wasser und fügt ein wenig Calciumchlorid hinzu, wird diese Mixtur wieder käsereitauglich.

Gute Käsereimilch setzte einstmals eine richtige Fütterung der Kühe voraus. Vor allem Silagefutter schadet dem Geschmack und stört die Reifung der Käselaibe. Auch verbot sich früher eine zu starke Erhitzung der Milch, denn sie würde gerade jene Bakterien abtöten, die für die Entwicklung eines ausgewogenen Aromas so wichtig sind. Inzwischen ist die Erhitzung der Milch bei der Herstellung von Käse üblich. Schließlich wird die Milch nicht mehr sauer, sondern fault (siehe Seite 83). Die dafür verantwortlichen Keime müssen abgetötet werden, damit der Käse reifen kann.

Deshalb kaufen viele Verbraucher bewußt Rohmilchkäse, weil er als »natürlicher« gilt, charakteristischer schmeckt und weil sie glauben, daß dafür nur die beste Milch genommen wird. Allerdings haben sie nicht mit dem Einfallsreichtum von Molkereien und Gesetzgeber gerechnet. Denn mittlerweile gibt es drei verschiedene Techniken, um Rohmilchkäse herzustellen.

Erstens: Es wird hochwertige, käsereitaugliche Rohmilch verwendet.
Zweitens: Die Milch wird vorher doch erwärmt, um einen Teil der Keime abzutöten. Man spricht vom »Thermisieren«, das etwas schonender ist als das Pasteurisieren und gewöhnlich auch geschmackvollere Ware liefert. Käse aus thermisier-

ter Milch wird gerne als »Rohmilchkäse« offeriert. Schließlich läßt er sich analytisch nicht von echtem Rohmilchkäse
unterscheiden.

Drittens: Die Milch wird baktofugiert. Baktofugen sind
Hochleistungszentrifugen, die sich so schnell drehen, daß sie
aus der erwärmten Milch winzigste Partikel wie Bakterien
und sogar Pilzsporen abschleudern. Damit wird die Milch
auch ohne hohe Temperaturen beinahe keimfrei. Das Verfahren ist besonders wichtig bei Verwendung von Silagemilch,
also Milch von Kühen, denen man Silage gefüttert hat. Daraus ließ sich vor der Erfindung der Baktofuge kein Emmenta-
ler herstellen, der ja immer ein Rohmilchkäse sein muß.
Dank der Baktofuge bedarf es heute weder hoher Milchquali-
täten noch einer besonderen Begabung des Käsers. Vielleicht
erklärt dies dem stutzig gewordenen Käsefreund den aus-
druckslosen Geschmack mancher »Rohmilch«-Produkte.

Egal ob roh, pasteurisiert, thermisiert, baktofugiert oder aus
Milchpulver und Wasser rekombiniert, die »Milch« muß
gerinnen, wenn sie Käse ergeben soll. Doch vor dem Gerinnen, dem »Dicklegen«, setzt man vorgezüchtete Bakterien-
kulturen, sogenannte Säurewecker, zu. Sie säuern die Milch
ein wenig an, was die Gerinnung erleichtert, und sorgen später für die Reifung der Käselaibe.

Dann folgt die »Dicklegung«: Jahrtausendelang wurde dafür
echtes Lab untergerührt. Lab ist der enzymreiche Verdau-
ungssaft aus den Mägen von Kälbern. Nachdem es seit Jahrzehnten nicht mehr möglich ist, den Käsehunger Europas
mit dem Lab von Kälbchen zu stillen, behalf man sich
zunächst mit dem Mageninhalt von Schweinen und Hähn-
chen. Bis eines Tages Mikroben entdeckt wurden, die labähn-
liche Enzyme herstellen. Seit kurzem ist auch die Verwendung von gentechnisch erzeugtem »Kälber«-Lab zulässig
(siehe Seite 292).

Nach dem Laben gerinnt die Milch binnen einer Stunde zu einer gallertartigen Masse. Mit einer sogenannten Käseharfe schneidet sie der Käser in kleine Würfel, den Käsebruch, damit die Molke leicht abfließen kann. Unter ständigem Rühren erwärmt er den halbfesten Käsebruch, damit noch mehr Molke austritt. Schließlich füllt er die schon festere Gallerte in Formen und preßt sie. So entstehen die Käselaibe – vom kleinen Camembert bis zu den großen Emmentalerrädern. Je nachdem ob es ein Hartkäse oder ein Weichkäse werden soll, wird unterschiedlich stark gepreßt. Beim Edamer läßt man immerhin mehrmals einen Druck von vier bar einwirken. Die Käselaibe werden danach in Salzlake gelegt und in kühlen Reifungsräumen gelagert.

Ab hier trennen sich die Wege von Weichkäsen wie Camembert von denen der Hartkäse. Damit auf den Weichkäsen auch wirklich der typische weiße Edelschimmel gedeiht, werden sie jetzt mit den entsprechenden Schimmelpilzkulturen besprüht. Der Camembert ist bereits nach wenigen Tagen gereift. Beim Roquefort und Gorgonzola sticht man die Schimmelkulturen mit Nadeln ein. Die Verwendung ausgewählter Mikroben stellt sicher, daß sich auf dem Käse nur Edelpilze breitmachen, die keine Schimmelgifte absondern.

Übrigens wurden bis ins 19. Jahrhundert keinerlei »Starterkulturen« zugesetzt. In den Käsereien gediehen die erwünschten Mikroben überall, wo die Milch hinspritzte: auf den Geräten, an den Wänden, in der Kleidung des Käsers. Sie unterdrückten unerwünschte oder krankheitserregende Keime und sorgten für die »richtige« Mikroflora im Käse. Mit der zunehmenden Hygiene und der damit verbundenen »Keimfreiheit« müssen heute die nützlichen Kleinstlebewesen extra zugesetzt werden. Das sorgt nicht nur für gleichbleibenden Geschmack, sondern nivelliert ihn auch. Ob die Endprodukte deshalb gesünder sind, muß offenbleiben.

Die stark gepreßten Hartkäselaibe werden mit Salz eingerieben, das entzieht dem Käse etwas Wasser, und es bildet sich eine Rinde. Im Laib erwachen nun die anfangs zugesetzten »Säurewecker« zu neuem Leben und vergären den Milchzukker zu Milchsäure und weiter zu Kohlendioxid. Dieses Gas formt die schönen runden Löcher im Käse. Damit sich während der Reifung außen kein unerwünschter oder gefährlicher Schimmel ansetzt, werden die Hartkäse jede Woche zweimal mit Wasser abgebürstet.

Früher brauchte ein guter Hartkäse ein, zwei Jahre, bis er genußfertig war. Heute dominieren »junge«, unreife Käse. Speziell für den deutschen Markt werden sie im Schnellverfahren gefertigt und sofort verkauft, weil sie während der weiteren Lagerung verderben würden. Der günstige Preis erklärt sich nicht nur durch die geringeren Anforderungen an die Käsereimilch und die kürzere Reifungszeit, sondern vor allem durch den hohen Wassergehalt. Und der birgt wiederum die Gefahr des Verschimmelns. Dagegen dürfen die Molkereien Mittel zur Schimmelbekämpfung aufsprühen. Das wichtigste davon ist Natamycin, ein klassisches Antibiotikum, das gewöhnlich vom Arzt gegen Mundfäule und Fußpilz verschrieben wird: In Deutschland gibt's Natamycin nur auf Rezept – oder eben auf Käse.

Tip
☹ Auch beim Käse gibt es Imitate. So ist der bei uns beliebte griechische »Feta« oft kein Schafskäse mehr. Deutsche Molkereien entwickelten ein Verfahren, um aus Kuhmilch ein Produkt herzustellen, das zumindest wie Schafskäse aussieht. Und da in Deutschland das griechische Lebensmittelrecht nicht gilt, ist diese Form der Verbrauchertäuschung zulässig. Nicht nur der viel

günstigere Preis der Kuhmilch dürfte zum Erfolg der Neuentwicklung beigetragen haben, sondern auch der ausdruckslose Geschmack. Ein Hersteller rechtfertigte sich damit, daß der Kuh-Feta »den mitteleuropäischen Genußvorstellungen entgegenkommt«.
☺ Die »natürlichsten« Käse sind gewöhnlich die lange gereiften Hartkäse. Die enormen Qualitätsunterschiede bei den zahlreichen übrigen Käsesorten sind für den Kunden in der Regel nur über den Geschmack feststellbar. Er ist derzeit (noch) das wichtigste und zuverlässigste Erkennungsmerkmal.

Schmelzkäse: Abfüllfreudiger Teig

Eine besondere Spezialität glückte den Käsemachern mit dem haltbaren Schmelzkäse, lange bevor in Europa zuviel Milch produziert wurde und ehe der gemeinsame Markt dafür auch noch Prämien zahlte. Weil es damals keine energiefressenden Kühlhäuser gab, mußten die Milchseen und Butterberge alsbald verarbeitet werden. Nun gut, dann macht man halt Käse daraus. Aber auch der ist nicht ewig haltbar. Deshalb wurde zunächst versucht, überschüssigen Käse in Konservendosen einzulöten. Dies scheiterte jedoch kläglich. Erst 1911 gelang einem Schweizer der erste wirklich haltbare Käse: Er schmolz ihn mit Hilfe von Zitronensäure und Carbonaten ein. Diese Tat gilt als die Geburtsstunde des Schmelzkäses.

Entscheidend für die Qualität des Endproduktes Schmelzkäse ist der Rohkäse. Und der wird wie zuvor beschrieben hergestellt (siehe Seite 92). Kaum zu glauben, aber »sehr oft erhält der Hersteller von Schmelzkäse leicht verschimmelte

Rohware«, wissen Branchenkenner und empfehlen: »Schimmel- und Faulstellen müssen abgewaschen oder weggeschnitten werden.« Der rundum gesäuberte Rohkäse wird flink in Käsewölfen zerkleinert, dann mit Butter und Magermilchpulver standardisiert, und schließlich kommen die Aromen für den guten Geschmack hinzu und die unverzichtbaren Schmelzsalze, gewöhnlich Phosphate.

Die Mischung wird in geschlossenen Kochern geschmolzen, von Rührwerken mit bis zu 3000 Umdrehungen in der Minute aufbereitet; Heißdampf sterilisiert die geschlagene Masse bei 110 Grad Celsius. Während des Schmelzens fängt das Phosphat das Calcium im Käse ab und tauscht es gegen Natrium aus. Dadurch quellen die Eiweiße. Der Käse wird geschmeidig. Daß dabei recht viel Wasser aufgenommen wird, schadet der Molkerei sicher nicht.

Durch die Wahl der passenden Phosphate »läßt sich die cremierende Wirkung ... je nach dem gewünschten Endprodukt genau steuern«, verspricht ein traditionsreicher Anbieter von Schmelzsalzen. Polyphosphate beispielsweise gewährleisten einen streichfähigen Brotbelag und wirken auch noch konservierend. Andere Phosphate garantieren einen »abfüllfreudigen Teig«. Ein »Spezialsalz für Toastkäse« sorgt für »elastische Scheiben mit hervorragender Wiederschmelzbarkeit«, die bei Kindern, Hobbyköchen und Pizzabäckern so beliebt sind.

Schmelzkäse im Feinschmecker-Look lockt immer öfter in den Regalen der Supermärkte: Mit Nüssen, Rum oder Pfeffergranulat, mit Pfirsicharoma oder Kräutern angereichert, gibt es zahlreiche angenehm streichfähige Massen, die dem Genießer den rechten Gaumenkitzel versprechen. Eine Palette von Hydrocolloiden wie Alginate, Carrageene, Guar, Traganth, Methylcellulose oder modifizierte Stärken verändern die

Konsistenz der Käsemasse, erlauben erhöhte Wasserzusätze und regulieren das Empfinden im Mund. So wird Schmelzkäse zum Erlebnis.

Butterweich aufs Brot geschmiert

Wenden wir uns wieder »natürlicheren« Produkten zu. Bei der Butter kann man ja eigentlich kaum etwas falsch machen. Aber wer sucht, der schafft Probleme, wo gar keine sind. Wissen Sie zum Beispiel, was »Butterweich« bedeutet? Nein, nicht im übertragenen Sinne, sondern ganz wörtlich. Gegessen haben Sie »Butterweich« bestimmt schon. Vor Ihnen allerdings noch jemand anderer: der Produzent – ein Rindvieh.

So machen's die Dänen ...

Den dänischen Bauern wird, so Friedrich Kiermeier, emeritierter Professor an der Technischen Universität München, im Winter »Butterweich« als Futterzusatz für ihre Kühe empfohlen, damit die Butter auch an kalten Tagen streichzart bleibt. Hinter dem Softy-Produkt verbergen sich Spezialfette, verkapselt in mit Formaldehyd gegerbtem Eiweiß, das sie vor den Mikroben des Pansens schützt. Die nützlichen Helfer im Kuhmagen würden das Fett sonst »härten«. Nur so können die »Weichmacher« unbeschadet in die Milch gelangen und für eine kundenfreundliche Geschmeidigkeit der Butter sorgen. Im Sommer füttert der kluge Landwirt selbstverständlich »Butterhart«.

Bekanntlich schmilzt die Butter im Sommer schnell, während sie im Winter hart bleibt. Das liegt nicht nur an den jeweils herrschenden Temperaturen, sondern auch am saisonbedingten Futter für die Kühe. Im Sommer enthält das

Gras saftiger Weiden mehr ungesättigte Fettsäuren, die für ein butterweiches Milchfett sorgen. Daher ist die Sommerbutter besonders plastisch. Bei der winterlichen Heufütterung nimmt der Gehalt an diesen natürlichen Weichmachern ab. Zusätzlich erhalten die im Stall stehenden Rinder Kraftfutter, das ebenfalls arm an ungesättigten Fettsäuren ist. Deswegen ist die Winterbutter hart.

... die Deutschen

Einer vernünftigen Fütterung stehen »in Deutschland anscheinend wirtschaftliche Gesichtspunkte entgegen«, klagt Kiermeier, darum müsse die Streichfähigkeit »durch Maßnahmen in der Molkerei erreicht werden«. Die Milchexperten verfielen auf den Lagerbutter-Trick. Das Prinzip ist recht einfach: Man nehme Rahm aus der jeweils anderen Saison. Im Winter wird die Butter also mit tiefgefrorener Sahne verschnitten, die eines schönen Sommertages eingebunkert wurde. Und im Sommer mengt man Winterrahm unter. So kommt regelmäßig altes Fett in unsere frische Deutsche Markenbutter. Um das gefrostete Milchfett möglichst gleichmäßig aufzutauen, haben sich Mikrowellen bewährt. Der Lagerbutter-Trick kostet zwar jede Menge Energie für das Kühlen, dafür spart der Kunde beim Stullenschmieren Kraft.

... die Schweden

Die Schweden steuerten das Alnarp-Verfahren bei. 1937 erfunden, hat es sich heute weltweit etabliert: Der Rahm wird zunächst bei etwa 100 Grad Celsius pasteurisiert, um Mikroben abzutöten. Dann wird das geschmolzene Fett blitzschnell abgekühlt. Dadurch entstehen viele kleine Fettkristalle. Nun wird der kalte Rahm erwärmt, bis die Kristalle an der Oberfläche wieder etwas schmelzen. So sind sie »wie geölt« und lassen sich leicht gegeneinander verschieben. In diesem Zustand werden sie erneut, diesmal zur Stabilisierung, abgekühlt und rasch verbuttert. Das macht auch spröde Winterbutter geschmeidig. Sommerbutter dagegen läßt sich mit einem ausgeklügelten Kühl- und Auftauprogramm verfestigen.

... die Amerikaner

Die Amerikaner entwickelten den Gold'n Flow-Prozeß: Hochgeschwindigkeitsseparatoren reichern die Fettkonzentration des Rahms auf etwa 90 Prozent an. Das ist beachtlich. Butter enthält nur 82 Prozent Fett, der Rest ist Wasser und ein wenig Eiweiß. Das Fettkonzentrat wird pasteurisiert, gefärbt, aromatisiert und mit Milch auf den Fettstandard der Butter von 82 Prozent gebracht. Ein Transmutator erhitzt das Konzentrat auf etwa 50 Grad Celsius und kühlt es schlagartig auf 5 Grad ab. Dadurch platzen die Fettkügelchen, die von einer Eiweißhülle umschlossen sind, und es entsteht Butter. Bei diesem Verfahren fällt keine Buttermilch an, denn die Mixtur wird komplett in Butter umgewandelt. Durch Injektion von fünf Prozent Stickstoff unmittelbar vor dem schnellen Abkühlen läßt sich die gewünschte Streichfähigkeit wählen. Ein solcher Stickstoffzusatz ist bisher bei uns nur für Sahne zulässig.

... die Russen

Ein russisches Fachbuch für Buttertechnologen rät zum bewährten Modell »M 6-OGA«, das eine gewisse Ähnlichkeit mit einer Kanone nicht verleugnen kann. Darin pressen Förderschnecken die fertige Butter durch einen schnellaufenden Rotor, der den Fettstrang verhackstückt. Die Anzahl der Rotorblätter hängt von der Jahreszeit und der Futterqualität ab. Bei uns ist ein vergleichbarer Homogenisator, der »Mikrofix«, im Einsatz. Er schneidet die Butter in feine Scheiben und knetet sie durch dünne Schlitze, bis die bröckelige Fettmasse ein elastisches Gefüge bekommt.

... die Belgier

Das belgische Tirtiaux-Verfahren nutzt eine Beobachtung von sonnenbeschienenen Frühstückstischen: In der Wärme schmilzt die Butter nicht gleichmäßig, sondern es bildet sich eine Ölpfütze um einen nur langsam schmelzenden »Butterberg«. Butter ist genaugenommen eine Mischung flüssiger Öle in festem Fett. Die Fettbestandteile der Butter haben unterschiedliche Schmelzpunkte von minus 40 Grad Celsius bis etwa plus 37 Grad. Beim Tirtiaux-Prozeß wird das Butterfett geschmolzen und dann stufenweise abgekühlt. Bei jeder Temperaturstufe erstarrt ein Teil des Fetts, den Vibrationssicbc anschließend abtrennen.

Der Nachteil des Tirtiaux-Verfahrens ist der Zeitaufwand. Das Öl muß recht lange auf einer Temperaturstufe bleiben, bis die jeweiligen Fettanteile erstarrt sind. Deshalb entwickelten die Deutschen ein Trennverfahren mit »überkritischem Kohlendioxid«. »Überkritisch« heißt, daß sich das Gas unter hohem Druck so verhält, als wäre es ein Lösungsmittel. Damit läßt sich das Butterfett schneller vom Butteröl trennen. Das Öl wird nun gewöhnlicher Butter untergeknetet. Das garantiert ihre Streichfähigkeit auch dann, wenn die Butter direkt aus dem Kühlschrank kommt. Die übriggebliebenen harten Butterfette haben sich in der Bäckerei, etwa für Croissants, bewährt.

Der Fortschritt beeindruckt. Die intellektuellen Bemühungen sind beachtlich, mit denen die Wünsche des Verbrauchers nach »natürlichen« Lebensmitteln auf hohem Niveau befriedigt werden. Schließlich würde eine vernünftigere Fütterung unseres Nutzviehs für einige Akademiker der Lebens-

mittelwissenschaften den sozialen Abstieg in die Arbeits-
losigkeit bedeuten. Und was soll dann aus all den Experten
werden, die nichts Rechtes gelernt haben?

Tip

☺ Die traditionelle Butter ist die *Sauerrahmbutter*. Zu
ihrer Herstellung wird die Sahne mit Säuerungsbakte-
rien versetzt und gereift. Dabei bildet sich Säure, welche
die Eiweißmembranen der Fettkügelchen brüchig
macht, so daß das Fett beim Schlagen leichter austritt.
Danach werden die Butterkörner ausgewaschen und
verknetet. Echte Sauerrahmbutter wird heute vielfach
gar nicht mehr angeboten.

☹ Bei der *Süßrahmbutter* verzichtet man auf die
Säuerung des konzentrierten Rahms, weil sich die Fettkügelchen auch ohne Vorreifung mit stärkeren Schlag-
werken zerstören lassen. Im Geschmack ist sie ziemlich
ausdruckslos. Ihre Herstellung ist billiger als bei der
Sauerrahmbutter.

☹ Marktbeherrschend ist bei uns mittlerweile die *mild-
gesäuerte Butter*. Sie ist im Grunde ein Imitat der traditionellen Sauerrahmbutter. Man verwendet beispielsweise
Süßrahmbutter, die mit Zusatzstoffen auf den Geschmack von Sauerrahmbutter eingestellt wird.

Margarine – die Karriere der Kriegsbutter

Der chronische Mangel an frischer Butter bei der Armee des
französischen Kaisers Napoleon III. stand Pate bei der Erfindung der Margarine. Um Heer und Flotte unabhängiger vom
Nachschub zu machen, setzte er einen Preis für denjenigen
aus, der einen haltbaren Butterersatz erfindet. 1867 löste der

Chemiker Mège-Mouriès das Problem: Er schmolz Rindertalg, ließ ihn zum Teil wieder erstarren, preßte den flüssigen Anteil ab, versetzte ihn mit Milch und verbutterte diese fragwürdige Mischung zu einem streichfähigen Fett. Das Butterimitat, die Margarine, war geboren.

Diese »Kriegsbutter« von einst hat inzwischen Karriere gemacht. Die Deutschen verbrauchen heute etwa soviel Margarine wie Butter, rund acht Kilogramm pro Kopf und Jahr.

Der Grundstoff für Margarine ist meist nicht mehr Rindertalg, sondern vollraffiniertes Pflanzenöl (siehe Seite 169). Um daraus ein streichfähiges Pflanzenfett herzustellen, bedarf es allerdings mancher technischer Kunstgriffe. Schließlich sind die meisten Pflanzenfette bei Zimmertemperatur flüssig. Das hat einen ganz einfachen Grund: Nur in flüssiger Form können Pflanzen ihre Fette nutzen. Die Fette einheimischer Pflanzen sind bei Temperaturen von 20 Grad Celsius und auch weit darunter ebenfalls noch flüssig. Schließlich darf das Öl von Sonnenblume, Mohn oder Haselnuß selbst bei herbstlich kühler Witterung nicht erstarren. Anders verhält sich das bei tropischen Pflanzenfetten. In ihrer Heimat ist es heiß. Deshalb ist Kokosöl in unseren »kühleren« Küchen bereits fest.

Ähnlich wie die Pflanzen brauchen auch Tiere an ihre Körpertemperatur angepaßte fließfähige Fette. So ist das Milchfett der Kuh, das wir als Butter kennen, bei deren Körpertemperatur von 37 Grad Celsius flüssig. Da stört es nicht weiter, wenn es bei Zimmertemperatur eine feste Konsistenz besitzt. Fischöle sind dagegen auch bei Kälte noch fließfähig, sonst würde der Hering stocksteif im kühlen Wasser der Nordsee treiben.

Bei der Herstellung von Margarine kommen im Prinzip drei Techniken zum Einsatz, um aus flüssigem Pflanzenöl ein streichfähiges Fett zu gewinnen: die *Fraktionierung*, die *Härtung* und die *Umesterung*.

Die *Fraktionierung* nutzt eine bekannte Beobachtung: stellt man Olivenöl in den Kühlschrank, kristallisieren allmählich immer mehr Fettpartikel aus. Praktisch alle natürlichen Öle erstarren beim Abkühlen schrittweise. Dieser Effekt läßt sich technisch nutzen. Beim schrittweisen Absenken der Temperatur werden jeweils die Anteile oder Fraktionen abgetrennt, die gerade fest werden. Der Teil des Öls, der beim Abkühlen als erster auskristallisiert, eignet sich gut als Grundstoff für Margarine. Der Anteil, der auch in der Kälte noch flüssig bleibt, ergibt kühlschrankfeste Speiseöle. Struktur und chemische Zusammensetzung des Öls bleiben bei der Fraktionierung erhalten.

Die *Härtung*, das älteste und zugleich umstrittenste Verfahren der Fettumwandlung, verändert die Öle dagegen nachhaltig. Beim Härten oder Hydrieren wird das Öl bei etwa 200 Grad Celsius mittels eines Katalysators wie Nickel unter Einwirkung von Wasserstoff verfestigt. Dieser Katalysator lagert sich an die »ungesättigten« Bindungen der Fettsäure an, und es entstehen »gesättigte« Fettsäuren, die das Fett fester machen. So weit, so gut.

Meist wird jedoch nur teilhydriert, das heißt, nur ein Teil der ungesättigten Bindungen wird abgesättigt. Das reicht vollkommen aus, um das Öl zu verfestigen. Außerdem kann der Hersteller dann noch mit dem restlichen Gehalt an »wertvollen ungesättigten Fettsäuren« seiner Margarine werben. Bei der Teilhydrierung entstehen jedoch zum Teil Fettmoleküle, die sich von ihren natürlichen Vorbildern wesentlich unterscheiden: Manche sind einfach »falsch geknickt« (das sind die Transfettsäuren), andere haben eine Doppelbildung an der falschen Stelle, wieder andere bestehen aus unnatürlich verknüpften Fettsäuren. Die möglichen Varianten und Kombinationen sind außerordentlich zahlreich, so daß der gesundheitliche Wert dieser unnatürlichen Substanzen bis heute ungeklärt ist. Allerdings gibt es einige Hinweise, daß sie den Herzinfarkt eher fördern als verhindern.

Die *Umesterung* versucht der Natur ebenfalls am Zeuge zu flicken. Die Natur legt viel Wert darauf, daß Öle auch bei kühlen Temperaturen flüssig bleiben. Ein Kniff besteht darin, die Fettsäuren in den Fettmolekülen so anzuordnen, daß ein fließfähiges Öl entsteht. Ändert man diese vorgegebene Reihenfolge der Fettsäuren, so entsteht automatisch ein festeres Fett. Genau darauf beruht das Prinzip der Umesterung. Bei diesem Verfahren werden die Fettsäuren des Öls zunächst abgespalten und dann wieder neu zusammengesetzt, und meist in einer Reihenfolge, die von den Gesetzen des Zufalls bestimmt wird.

Entgegen den Vorstellungen der Ernährungsexperten spielt die Reihenfolge der Fettsäuren eine wichtige Rolle für die biologische Wirkung der Fette. Sie beeinflußt nicht nur deren Aufnahme im Darm, sondern auch den Cholesterin- und Lipidspiegel im Blut. Verschiedene Untersuchungen zeigen, daß die alte Vorstellung, es komme nur auf die Art der Fettsäuren an, falsch ist. Allerdings muß eine abschließende Einschätzung der biologischen Wirkung noch offen bleiben, auch wenn der Eingriff nicht so gravierend wie bei der Teilhärtung ist.

Fraktionieren, Härten und *Umestern* werden gewöhnlich kombiniert, um technisch brauchbare Fette für die Lebensmittelindustrie zu schaffen. Diese will ja keine Brötchen schmieren, sondern benötigt Sprühfette für Trockensuppen, Shortenings für Backwaren oder Kakaobutterersatzfette mit besonderen Schmelzeigenschaften. Zum Beispiel muß eine

Ziehmargarine für industriell gefertigte Blätterteige mit Mehl stabile Filme bilden und darf nicht an Maschinen oder Fließbändern kleben bleiben. Eine typische Rahmenrezeptur sieht so aus: Man raffiniere Palmöl und hydriere es. Ebenso verfahre man mit Erdnußöl. Dazu kommt die flüssige Phase eines fraktionierten Sojaöles. Diese drei Komponenten werden nun zusammen mit Rindertalg umgeestert.

Bei einer Haushaltsmargarine stehen ganz andere Anforderungen im Vordergrund. Sie soll dem Vorbild Butter nicht nur in Aussehen und Geschmack, sondern auch chemisch ähneln. Jetzt schlägt die Stunde des Zusatzstoffchemikers. Da Butter zu etwa 18 Prozent aus Wasser besteht und Margarine einen gleich hohen Wasseranteil enthalten darf, ist ein guter Emulgator nötig, um das verfestigte Fett mit dem zugesetzten Wasser zu einer streichfähigen Mischung zu vereinen. Sogenannte Antispratzmittel verhindern, daß die Fett-Wasser-Mixtur in der Pfanne herumspritzt. Weitere Zusätze rufen auch bei der Margarine ein butterähnliches Schäumen und Bräunen in der Pfanne hervor.

Doch damit noch nicht genug: Aromastoffe mit Butternote, Säuren und Kochsalz verleihen dem ansonsten geschmacklosen Kunstfett den erforderlichen Gaumenkitzel. Farbstoffe, vor allem Carotin, geben dem blassen Imitat das typische goldgelbe Aussehen einer Butter. Schließlich gewähren Antioxidantien eine ausreichende Haltbarkeit.

Zu guter Letzt wird die Margarine vitaminisiert, weil vor vielen Jahrzehnten bei Kindern, die Margarine statt Butter bekamen, Nachtblindheit auftrat. Dies wurde auf einen Vitaminmangel der Kunstbutter zurückgeführt. Die geringen Mengen an Vitaminen, die heute der Margarine zugesetzt werden, sind unbedenklich, da sie sich am Vorbild Butter orientieren.

All dieser Aufwand bei der Herstellung von Margarine läßt erahnen, warum diese mit so einer aggressiven Gesundheitswerbung vermarktet wurde. Ohne die Angstkampagne mit dem Cholesterin durch zuviel tierische Fette wie Butter wäre sie längst als »Arme-Leute-Fett« oder »Kriegsbutter« aus den Kühlschränken verschwunden. Das Marketing der Margarinewirtschaft nötigt einem wirklich Respekt ab.

Tip

☺ Halbfettmargarine imitiert das Imitat Margarine: Hier ersetzen Wasser und Mouthfeel-Regulatoren einen Teil der Kunstbutter. Das zugesetzte Wasser ist eines der teuersten Deutschlands. Der Kubikmeter kostet als Lightmargarine einige Tausender.

☹ Mittlerweile hat die Margarinewirtschaft auf die wissenschaftlichen Besorgnisse reagiert und den Gehalt an Transfetten in der Haushaltsmargarine gesenkt. Leider erfolgte dies bisher nicht bei der Ware für die industrielle Verarbeitung. So enthalten insbesondere die Produkte vom Bäcker nach wie vor zuviel Transfettsäuren.

Faule Eiertänze

»Das weiß ein jeder, wer's auch sei, gesund und stärkend ist das Ei.« Wilhelm Busch, von dem dieser Vers stammt, wußte damals noch nichts von Käfighaltung und Tierkörpermehl. Er ließ einige Bauern einem Würdenträger in der Stadt einen Korb Eier als Geburtstagsgeschenk überbringen. Leider ging die gutgemeinte Idee buchstäblich in die Brüche. Die Kutsche mit dem Präsent purzelte samt den begleitenden Ehrenjungfern in den Graben. Zu allem Unglück entwich dem havarierten Fahrzeug auch noch ein übler Gestank. Irgendein Schlitzohr hatte ein paar faule Eier in den Korb gelegt.

Wer will, kann diese scherzhafte Episode als Parabel auf einen ganzen Industriezweig deuten, der hauptsächlich von zerbrochenen Eiern lebt: die Eiproduktewirtschaft. Beinahe hätte ein Skandal um faule Eier, genauer um angebrütetes, zerdrücktes Schleuder-Ei, die ganze Branche ruiniert. Inzwischen floriert das Geschäft jedoch wieder. Jedes fünfte Ei wird in Deutschland nicht gekocht, als Rührei oder Spiegelei verspeist, sondern landet industriell verarbeitet als Flüssigei, Eipulver oder Eiweißflocken in Gebäcken, Baisers, Mayonnaisen, Kroketten, Mohrenköpfen, Nudeln oder Pasteten. Jährlich werden allein in Europa etwa 800.000 Tonnen Eier in handlichere Vorprodukte zerlegt. Dazu braucht es Milliarden von Eiern.

Als allererstes werden sie in einem Chlorbad desinfiziert, damit über die Schale keine riskanten Keime in die Eisuppe geraten. Bis zu 35.000 Stück vermag eine moderne Anlage pro Stunde aufzuschlagen. Aus der zerbrochenen Schale plumpsen Dotter und Eiklar gemeinsam in einen kleinen Trichter. Während das dünnflüssige Eiklar nach unten abläuft, bleibt das festere Eigelb unbeschädigt im Trichter hängen. Am leichtesten gelingt die Trennung bei 15 Grad Celsius. Auf keinen Fall darf ein Dotter platzen, sonst gerät Eigelb in den Sammeltank mit Eiklar. Und das ließe sich dann nicht mehr zu Schnee schlagen. Allerdings haben die Hersteller für solche Fälle immer noch einen Zusatzstoff in Reserve, um das Eiklar zu retten: fettspaltende Enzyme, sogenannte Lipasen.

Ist die schützende Schale des Eis erst einmal entfernt, finden Mikroorganismen einen idealen Nährboden. Um unerwünschte Keime wie Salmonellen abzutöten, wird das Flüssigei pasteurisiert. Dazu erwärmt man das Eiklar vorsichtig, damit das empfindliche Eiweiß nicht gerinnt, etwa vier Minuten lang auf 62 Grad Celsius. Geringe Mengen Aluminiumsulfat unterstützen die keimtötende Wirkung. Zur Sicherheit erhält das fertige Flüssigei noch einen konservierenden Zusatz von Sorbin- und Benzoesäure.

Eipulver ist mitnichten nur getrocknete Eisuppe. Eiklar braucht eine »Entzuckerung«, denn das frische Eiweiß enthält von Natur aus etwas Traubenzucker, der es beim Trocknen unansehnlich braun verfärben würde. Beim enzymatischen Entzuckern wird das Eiklar mit den Enzymen Glucoseoxidase und Katalase versetzt. Behutsam wird dann 40prozentiges Wasserstoffperoxid untergerührt, bis der Traubenzucker abgebaut ist. Bei der fermentativen Entzuckerung wird das Eiklar mit Mikroben geimpft, die den Zucker »verdauen«. Damit sie sich schneller über den Zucker hermachen, werden sie mit Hefeextrakt angefüttert.

Zum Trocknen wird das Eiklar zunächst vorkonzentriert: jedoch nicht mit Hitze, darunter würde das Schaumbildungsvermögen zu sehr leiden, sondern mit Druck. Man preßt es gegen ultrafeine Membranen, bis ein Teil des Wassers austritt. Jetzt kommt der heikelste Schritt: die Endtrocknung zwischen heißen Platten oder durch Versprühen mit Heißluft. Hier schützen spezielle Zusatzstoffe das Eiweiß, damit daraus später wieder stabile Schäume gelingen, wie sie etwa für Mohrenköpfe typisch sind: Am besten bewährt haben sich Triäthylcitrat und Triacetin. Manche Hersteller helfen mit waschmittelähnlichen Verbindungen wie Natriumlaurylsulfat nach. Unterstützend wirken ganz einfache Zutaten wie Salz oder Zucker. Gezuckerte Ware verwenden vor allem Bäcker, gesalzene die Nudelhersteller.

Bei der Verarbeitung des Eigelbs sind andere Probleme zu lösen. So verklumpt zum Beispiel das Eipulver sehr schnell, weil der Dotter einen hohen Fettgehalt besitzt. Mit dem Rieselhilfsstoff Natriumsilicoaluminat läßt sich das vermeiden.

Soll das Produkt Mayonnaisen zugesetzt werden, bietet sich entweder ein Zusatz von Emulgatoren oder eine Behandlung mit dem Enzym Phospholipase an. Diese Stoffe unterstützen die Funktion des Eigelbs, eine stabile Mischung zwischen Wasser und Öl zu schaffen. Antioxidantien wie Vitamin E erhöhen die Haltbarkeit des Eigelbs und verbessern den Geruch.

Ein weiteres wichtiges Produkt für die Lebensmittelindustrie ist tiefgekühltes Flüssigei, das bis zu einem Jahr Haltbarkeit verspricht. Allerdings ist ein gewisses Know-how nötig, um einer Gelbildung während des Gefrierens vorzubeugen. Der Chemiker empfiehlt dafür Salz, Zucker, Glycerin oder Phosphate. Bei Eigelb hat sich zudem der Zusatz eines Enzyms namens Papain als wirksam erwiesen. Soll das Produkt auch in der Kälte noch flüssig bleiben, so senkt ein Zusatz von Fructose den Gefrierpunkt auf bis zu minus 20 Grad Celsius.

Viele Geheimnisse ranken sich nicht zuletzt um die Zusatzstoffe bei der Eiverarbeitung, weil es kaum eine Möglichkeit gibt nachzuprüfen, was die Lieferanten in China oder Südafrika wirklich verwenden. Kürzlich listete ein einschlägiges Fachblatt penibel auf, was an Zusatzstoffen für ein gutes Eiprodukt erforderlich ist: Aufschlagmittel, pH-Regulatoren, Konservierungsmittel, Antioxidantien, Entzuckerungsmittel, Stabilisatoren, Fettabtrennmittel, Anticoagulantien, Viskositätsregulatoren und Rieselhilfsstoffe. Hier hat sich ein weites Arbeitsfeld für die Lebensmittelchemie aufgetan, die wir unbekümmert mitessen dürfen, wenn wir Fertigprodukte wie Spätzle oder Mayonnaise, Mohrenköpfe oder Kuchen speisen.

Verfälschungen, Panschereien und Betrug stellen für die Branche ein schwerwiegendes Problem dar. Sie sind so alt wie die Produktion von Eiprodukten selbst. Von den meisten Skandalen erfuhr nur die Fachwelt, zum Beispiel von der Herstellung künstlichen Eigelbs aus Pflanzenöl, Milchpulver und Farbe. Das ist noch harmlos gegen die Dreistigkeit eines holländischen Lieferanten, der damit eine schwäbische Nudelfabrik schwer in die Bredouille brachte: Er hatte Flüssigei aus übriggebliebenen unbefruchteten Eiern von Brütereien gewonnen. Er ließ die faulen Eier zerdrücken und die noch vorhandene Flüssigkeit ausschleudern. Andere stellten ihre Eiprodukte aus Eiersträngen her, die beim Ausnehmen von Legehennen in den Schlachtereien anfallen.

Natürlich bleibt der technische Fortschritt nicht beim Flüssigei stehen, neue Produkte verdrängen Bewährtes. So ersparen »Stangeneier« das mühsame Eierkochen. Das »dänische Ei des Kolumbus«, wie der Hersteller stolz seine erfolgreiche Innovation nennt, macht derart anspruchsvolle Fertigkeiten in der Küche überflüssig. Er bietet eine 20 Zentimeter lange Rolle mit einem Durchmesser von 4,5 Zentimetern an, deren äußerer Teil aus Eiklar besteht und die innen mit Eigelb gefüllt ist. Insgesamt lassen sich 40 völlig gleiche Scheiben von diesem »Stangenei« abschneiden. »Nutzen Sie die vielen Vorteile«, rät der Anbieter Kantinenköchen und Sandwichproduzenten, »die eine regelmäßige Verteilung von Eiweiß und Eigelb bietet. Sie profitieren davon, daß Sie keine Endabschnitte aussortieren müssen, und sparen sich die umfangreiche Mühe mit dem Kochen, Kühlen und Pellen. Das spart Zeit und Energiekosten.«

Entgegen der Befürchtung mancher Verbraucher ist das Stangenei kein Erfolg gentechnischen Hühnerdesigns, sondern recht einfach herzustellen: Eiklar wird in eine Röhre gefüllt, in die man anschließend einen Stab mit dem Durchmesser des geplanten »Dotters« taucht. Das Eiklar wird erhitzt, bis es gerinnt. Danach zieht man den Stab heraus, füllt Flüssig-

111

eigelb hinein und erhitzt das Ganze wieder, bis es die Konsistenz eines hartgesottenen Eis besitzt.

Noch ist das Produkt nicht »fertig«. Es muß erst tiefgekühlt werden. Das Problem: Nach dem Auftauen schmeckt es zäh und gummiartig. Am zweckmäßigsten behebt ein Zusatz von Calciumcarbonat, Alginat oder Carrageen dieses unappetitliche Kaugefühl. Damit haben die Technologen und Chemiker endlich gezeigt, was »Veredelung« landwirtschaftlicher Rohstoffe zu leisten vermag. Die dummen Hühner werden vor Neid erblassen.

Tip

☹ Haben Sie nach all den Eiprodukten wieder Appetit auf Eier »in Schale«? Auf Eier, die nicht aus den berüchtigten Legebatterien stammen? Leider müssen wir Ihre Erwartungen ein wenig dämpfen. Eier aus der Bodenhaltung sind stärker mit Rückständen und Keimen belastet als Eier von Käfighühnern. Das hängt damit zusammen, daß der automatische Abtransport der Fäkalien unter den Käfigen für hygienischere Bedingungen sorgt. In der Bodenhaltung stehen die Hennen im eigenen Kot, benötigen dadurch mehr Arzneimittel und nehmen diese beim Picken im Stall wieder auf. Stärker könnte der Widerspruch zwischen Tierschutz und Verbraucherschutz kaum ausfallen. Das, was die Leiden der Tiere vermindert, vergrößert die Risiken für den Konsumenten. Wer Eier von glücklichen Hühnern essen möchte, findet diese noch am ehesten bei Hühnerhaltern mit einem kleinen Tierbestand. Bei großen Beständen krankt auch die Freilandhaltung an ähnlichen Problemen wie die Bodenhaltung.

☺ Die Frische läßt sich am leichtesten beim Aufschlagen erkennen: Frische Eier haben einen gewölbten Dotter, der nicht so leicht zerplatzt. Je älter die Eier, desto mehr verlaufen sie. Prinzipiell sollte das Alter auch an der Deklaration zu erkennen sein. Hierzu gibt es jedoch eine derart verwirrende Vielzahl von Vorschriften, daß sie eher als Denksportaufgaben als zur Verbraucherinformation taugen. Ein Beispiel: Vom 18. Tag nach dem Legedatum müssen die Eier vom Handel gekühlt werden. Zieht der Kunde vom Kühldatum also 18 Tage ab, so erhält er das mutmaßliche Legedatum. Die Angabe des Kühldatums ist wiederum freiwillig. Vorsicht: lose angebotene Eier sind weder frischer noch »biologischer« als abgepackte Ware.

☺ Eier können unerwünschte Keime (wie Salmonellen) enthalten. Deshalb sollten Eierspeisen, die nicht erhitzt werden wie Mayonnaise oder Tiramisu, nur mit frischen Eiern zubereitet werden.

☹ Die Dotterfarbe war einst ein Maßstab für die Futterqualität. Heute wird sie durch bestimmte Farbstoffe im Futter (Carotinoide) auf die Wünsche des Verbrauchers eingestellt.

Cholesterin – eine fette Lüge

Hand aufs Herz: Wagen Sie es noch, täglich ein Frühstücksei zu genießen? Streichen Sie sich mit gutem Gewissen Butter aufs Brot, obwohl Ihnen die Werbung suggeriert, Margarine sei um vieles gesünder? Genehmigen Sie sich manchmal eine üppige Sahnetorte, ohne Sorge um Ihre schlanke Linie zu haben? Verzehren Sie vielleicht ein Stückchen Schweinespeck ohne Angst vor einem Herzinfarkt? Wenn Sie sich all diese Genüsse verkneifen, dann sind auch Sie einer

Phobie zum Opfer gefallen – der kollektiven Furcht vor Fett und Cholesterin.

Lebensnotwendig wie Vitamine

Cholesterin ist kein giftiger Fremdstoff, sondern ein elementarer Baustein aller Körperzellen, ein natürlicher Bestandteil unserer Organe und des Blutes. Die gebrandmarkte Substanz stabilisiert die Zellmembranen, unterstützt unser Immunsystem und ist Ausgangsprodukt für die Bildung vieler Hormone sowie des Vitamins D. Auch unser Gehirn besteht ohne Wasser immerhin zu 10 bis 20 Prozent aus purem Cholesterin, die Nebennieren zu 50 Prozent. Und weil es für unseren Körper lebenswichtig ist, stellt er es sogar selbst her.

Die großangelegte »Verbundstudie Ernährungserhebung und Risikofaktoren-Analytik« (VERA-Studie), bei der verschiedene Forscherteams die Deutschen auf Herz und Nieren testeten, kam zu folgendem Ergebnis: Es besteht auch hierzulande kein Zusammenhang zwischen Cholesterin aus der Nahrung und Cholesterin im Blut. Den Gehalt der Substanz in unserem Blut reguliert ein Zusammenspiel wichtiger Körperfunktionen, die sogenannte »Homöostase«. Liefert die Nahrung wenig Cholesterin, produziert der Körper einfach selbst etwas mehr. Ist das Angebot groß, senkt er seine Produktion.

Eine Allianz von Ernährungsforschern, Ärzten und Gesundheitsberatern hat es während der letzten drei Jahrzehnte geschafft, Millionen von Verbrauchern restlos zu verunsichern und ihnen just das zu vermiesen, was gut schmeckt. Viele Gläubige der modernen Medizin betrachten es als Tatsache, daß Eier, Schinken, Butter und Schmalz schuld sind am Infarkt. Doch dieser Vorwurf ist keineswegs bewiesen. Das Gebäude der Ernährungsforscher steht auf sehr wackeligem Fundament, ihre Empfehlungen gründen eher auf Glauben denn auf Wissen.

Bis heute vermochte niemand aufzuzeigen, daß Menschen mit einem besonders niedrigen Cholesterinspiegel gesünder sind oder länger leben. Den Kardinalbeweis, daß eine dauerhafte Senkung des Spiegels durch Diät möglich ist und auch dem Infarkt Paroli bieten kann, sollte die »Nordkarelien-Studie« liefern: Finnland gehört zu den Ländern mit der höchsten Rate an Herzkrankheiten; seine Provinz Nordkarelien ist weltweit Spitzenreiter.

Mit einer unerhörten Kampagne gewöhnten Ärzte und Ämter den Nordkareliern das Rauchen ab, stellten deren Ernährung auf Diätmargarine um und bekämpften das Cholesterin. Im Laufe der Jahre beobachteten die Wissenschaftler, daß die Infarktrate in Nordkarelien tatsächlich sank. Der Triumph wurde gebührend gefeiert.

Als Vergleichsgruppe dienten die ebenfalls oft von Infarkten betroffenen Bewohner der Nachbarprovinz Kuopio. Sie durften weiterhin unbekümmert rauchen, essen und trinken wie zuvor. Bei genauer Betrachtung der Daten kam es zu einem ernüchternden Resultat: Die Zahl der Herz-Kreislauf-Toten sank in der Provinz Kuopio noch stärker als in Nordkarelien – trotz ihres gewohnten »ungesunden« Lebenswandels. Der Grund dafür ist unbekannt.

Gleichwohl floriert das Geschäft mit der Angst weiter. Es hat sich längst verselbständigt. Die von der Gesundheitsreform gebeutelten Ärzte verdienen nicht schlecht an der Cholesterin-Hysterie. Und die Lebensmittelindustrie überschwemmt den Markt weiterhin mit Light-Produkten, die Fettersatz enthalten – häufig eine wohlfeile Methode, Wasser möglichst teuer zu verkaufen.

Die Angst vor dem Naturstoff Cholesterin wurde inzwischen zu einem wichtigen Wirtschaftsfaktor. Unermüdlich suchen Forscher in aller Welt nach neuen Wegen, fett- und cholesterinarme Zeitgeist-Nahrung herzustellen.

Australische Lebensmitteltechnologen zum Beispiel bestrahlten Fleisch mit einer UV-Lampe, gaben Eiswasser hinzu, etwas Essigsäure, eine Prise Pyrophosphate – und rührten kräftig um. Dabei trat cholesterinangereichertes Fett aus, erstarrte an den gekühlten Gefäßwänden, ohne daß das Fleisch seinen Saft und seine Bindigkeit verlor. Der Prozeß erlaube die Herstellung »einer Fleischware ohne Zusatz von Kohlenhydraten, künstlichen Farbstoffen und Konservierungsmitteln«. Na bitte!

In Neuseeland kamen Milchforscher auf die geniale Idee, flüssiges Butterschmalz mit Aktivkohle zu verrühren. Das Cholesterin ließ sich aber erst entfernen, als die Techniker zusätzlich Zink, Mangansalze, Guanylat und Inosinat beimengten. Nach dem Abtrennen der Hilfsstoffe mußte das Ergebnis raffiniert werden. Farbe und Geschmack entsprachen zwar nicht mehr den Kundenwünschen, aber die Erfinder empfahlen den Herstellern dennoch, sich furchtlos der Leistungen der Aroma- und Farbstoffindustrie zu bedienen.

In den USA gingen die Food-Experten noch radikaler an die Wurzel allen Übels. Sie erfanden ein neuartiges Hamburger-Fett, das allen Gesundheitsneurotikern das Wasser im Mund zusammenlaufen lassen dürfte: künstliches Fettgewebe – aus Blut!

Allerdings raten die Erfinder dazu, vorher nicht nur den roten Blutfarbstoff, sondern auch das Cholesterin aus dem Blut zu entfernen. Die einfachste Ausführung: Man nehme ein solches Blutpräparat, versetze es mit gehärtetem Maiskeimöl oder Rindertalg, dessen Cholesterin ebenfalls vorher entfernt wurde, gebe dazu einen Emulgator und ein eiweißspaltendes Enzym. Alles wird noch mit Salzsäure und Calciumchlorid erwärmt. Das Ergebnis hat, so versichern die Designer, »alle funktionalen und geschmacklichen Eigenschaften eines Hamburgers, der mit natürlichem Fettgewebe hergestellt wurde«.

Spezialisten der Iowa State University schließlich rückten dem Cholesterin mit einer »ganzheitlichen« Methode zu Leibe. Mit Hilfe eines Enzyms, das Cholesterin anzuknabbern vermag, entsteht Koprosterin, das der menschliche Körper wiederum kaum aufnehmen kann. Deswegen empfehlen die Erfinder, es Tieren unmittelbar vor dem Schlachten zu spritzen. So würde es über deren Blutkreislauf verteilt und könnte den Angstmacher Cholesterin in jeder Zelle aufspüren. Damit wären alle Teile des Tieres aus ernährungsmedizinischer Sicht koscher.

Der Erfolg dieser schillernden Erfindungen ist nun gefährdet. Da sich die diätetischen Programme zur Senkung von Cholesterin vielfach als völlig nutzlos erwiesen haben, beschreiten einige Ernährungsmediziner neuerdings den umgekehrten Weg.

Nachdem sich herausgestellt hat, daß zumindest ältere Menschen mit einem höheren Cholesterinspiegel länger leben als mit einem niedrigen, versucht man es nun mit einer Erhöhung des Cholesterins. So verkommen Empfehlungen zur gesunden Ernährung zum Roulettespiel. Warten wir einfach mal ab, wohin die Kugel diesmal rollt.

Abwarten und Teetrinken!

Mittlerweile gibt es an die 300 Risikofaktoren, die am Herzinfarkt schuld sein sollen. Aber nur wenige halten einer kritischen Überprüfung stand. Wenn es um Inhaltsstoffe unserer Nahrung geht, dann gelten die Ergebnisse von Dr. Michael Hertog vom Staatlichen Institut für Volksgesundheit und Umweltschutz im holländischen Bilthoven als zukunftsweisend: Seiner Sieben-Länder-Studie zufolge schützen Nahrungsmittel mit einem hohen Gehalt an Flavonoiden vor dem Infarkt.

Michael Hertog und sein Team verglichen Angaben über Fettaufnahme, Cholesterinspiegel und Arteriosklerose mehrerer europäischer Staaten sowie Japan und den USA. Außerdem analysierten die Niederländer die Flavonoide, deren gefäßschützende Wirkung schon lange bekannt ist. Des weiteren wurden die Lebensmittel der beteiligten Länder analysiert und den erhobenen Gesundheitsdaten gegenübergestellt. Das Ergebnis: Je höher die Flavonoidzufuhr, desto seltener der Infarkt. Allein die Flavonoide erklärten 50 Prozent der Unterschiede zwischen den Gesundheitsstatistiken der jeweiligen Länder. Die verschiedenen Rauchgewohnheiten folgten erst an zweiter Stelle.

Die Cholesterinzufuhr hatte, wie von Hertog erwartet, keinerlei Einfluß auf die Gesundheit. Ebenso wirkungslos waren die angeblich vorbeugenden Vitamin-C- und -E-Einnahmen (siehe Seite 157). Aber noch bedeutender war schließlich der Befund, daß mit der Zufuhr von Flavonoiden die Sterblichkeit der Bevölkerung allgemein sank. Die Menschen lebten länger.

Welche Nahrungsmittel enthalten Flavonoide? Frisches Obst und Gemüse, heißt es. Das stimmt aber nur bedingt. Am gehaltvollsten, und damit am »gesündesten«, sind in Europa vor allem schwarzer Tee (siehe Seite 269) und Rotwein. Auch die Angabe »frisches Gemüse« ist irreführend. Einen nennenswerten Beitrag liefern im Grunde nur Zwiebeln, Grünkohl und Äpfel. Dabei spielt es kaum eine Rolle, ob die Zwiebeln gebraten werden oder Grünkohl schön lange kocht, denn Flavonoide sind hitzestabil.

V. Obst und Gemüse: An ihren Früchten sollt ihr sie erkennen

So lautete einst ein wohlmeinender Ratschlag aus biblischen Zeiten. Natürlich hat sich seitdem einiges geändert. Nicht daß ein Apfel kein Apfel mehr wäre, aber gute Lebensmitteltechnologen können heute mit Äpfeln alle möglichen Obstsorten simulieren. Zum Beispiel Kirschen für Gebäck mit Kirsch-Vanille-Füllung, schwarze Johannisbeeren für Fruchtjoghurts oder gar »Trauben«-Saft. Selbst dort, wo die Namensgebung noch paßt, braucht es viel Know-how, bis unsere geheimen Wünsche nach Bequemlichkeit in Erfüllung gehen. Egal ob Püreepulver oder Fertigfritten, Tütensuppen oder Beutelsalate, stets bedarf es einer gemeinsamen Anstrengung von Chemie, Physik und Psychologie, bis wir Kunden anbeißen. Allen Unkenrufen zum Trotz: nicht alles, was der menschliche Geist ersinnt und die Hersteller veredeln, ist notwendigerweise schlecht. Doch vor die Veredelung haben die Götter den Schweiß gesetzt. Die Früchte wollen zuerst angebaut und geerntet werden. Aber auch die Obstbauern profitieren von den ungeahnten Segnungen unserer modernen Wissenschaft.

Äpfel: Der Sündenfall der Bürokraten

Der Deutschen liebstes Obst ist erwiesenermaßen der Apfel, eine Frucht mit langer Tradition. Seit Adam und Eva im Garten Eden vom Baum der Erkenntnis gegessen haben, wurde der Apfel seine Symbolkraft nicht mehr los: egal ob für diesen folgenschweren Sündenfall, für die Fruchtbarkeit als solche oder staatsmächtig, als Erdball gedeutet, für die Weltherrschaft. Selbst angebissen muß er als Firmenlogo für eine amerikanische Computerschmiede herhalten. Doch seine große Beliebtheit in unserer Zeit läßt sich eher darauf zurückführen, daß der Apfel eine ideale kleine Mahlzeit für zwischendurch ist. Obendrein gilt er als sehr gesund, schmackhaft und haltbar. Aber von allen bekannten Obstarten mußte der Apfel wohl die tiefgreifendsten Änderungen seiner Lebensgewohnheiten hinnehmen – und das ohne jegliche Gentechnik.

Während einst uralte Hochstammanlagen und verträumte Streuobstwiesen das Bild bestimmten, sind es heute Apfelbeete, die der Urlauber am Bodensee oder im Alten Land an der Niederelbe fälschlicherweise für Baumschulen hält. Doch es war kein böser Wille, der die Obstbauern veranlaßt hatte, ihre Anlagen zu roden, sondern eine ganz andere Kraft, die sich in scheinbar widersinnigen Gesetzen und willkürlichen Verordnungen ihren Weg bahnte. Selbstverständlich unter dem Deckmäntelchen des Verbraucherschutzes, das stets über wirtschaftliche Interessen gebreitet wird. Hier haben die »Qualitätsnormen« der EG unseren Obstbau gründlich umgestaltet.

Was schön ist, ist auch gut, sagten sich Brüsseler Agrar-Bürokraten und bestimmten penibel mit Maßband und Farbtafel, was ein Qualitätsapfel zu sein hat. Nämlich: makellos, rund und mit dem richtigen Teint. In einer Verordnung teilten sie unsere Äpfel in »rote«, »gemischt rote«, »gestreifte« und in »andere« ein und legten für alle exakte Maße in Millimeterangaben fest.

So müssen ein Boskoop, Golden Delicious oder Gravensteiner und andere großfrüchtige Sorten, wollen sie in den EU-Staaten zur feinsten Handelsklasse »Extra« zählen, mindestens 70 Millimeter Durchmesser vorweisen. Fünf Millimeter weniger und ihr Marktwert sinkt automatisch, weil dann dafür die Handelsklasse I zuständig ist. Weitere fünf oder gar zehn Millimeter weniger sind bereits katastrophal. Denn solche Früchte reichen in der Regel nicht mehr für eine Präsentation vor dem Kunden, sondern nur noch für Mus oder Saft.

Natürlich zeigt sich der Gesetzgeber den Schwankungen der Natur gegenüber auch aufgeschlossen. So darf sich im 6er Pack der Supermärkte der größte Apfel vom kleinsten um genau fünf Millimeter in der Breite unterscheiden. Eine weitere Abweichung von »1 Millimeter nach oben oder unten« wird »außer Betracht gelassen«, sofern diese »durch normalen Gebrauch von Sortierungsmaschinen« entsteht.

Auch die Farbe muß exakt stimmen. Ein Jonathan zum Beispiel hat mindestens zur Hälfte rot zu sein. Schafft er das nicht, ist er schon unten durch, das heißt um eine Handelsklasse abgerutscht. Zeigt er statt 50 Prozent gar nur zu 30 Prozent rote Backen, rutscht nicht nur die Handelsklasse um zwei Stufen, sondern dementsprechend auch sein Preis. Ein Red Delicious hätte auch keine Chance, wenn er nicht zu »mindestens drei Viertel« wirklich rot ist.

Extra heißt auch absolut unverletzter Stiel. Ein eigener Abschnitt widmet sich gar den »Toleranzen für fehlende Stiele«. Die Schale darf nur »sehr leichte« Fehler haben, damit »das allgemeine Aussehen des Erzeugnisses« die Aufmachung der Verpackung nicht beeinträchtigt. Äpfel der Handelsklasse I dürfen laut Verordnung »schmale, langgestreckte Schalenfehler nicht länger als 2 cm haben; bei anderen Schalenfehlern darf ihre gesamte Fläche nicht größer sein als 1 cm^2, ausgenommen Schorfflecken, deren Fläche insgesamt nicht größer als $^1/_4$ cm^2 sein darf.«

Neben der Optik steht die Schlagfestigkeit im Vordergrund. Schließlich muß das Obst »Transport und Hantierung überstehen«. Anforderungen an die innere Qualität der Äpfel, an den Geschmack, den man früher mit edelweinig, fein aromatisch oder zart parfümiert umschrieb, sucht man vergebens. Und kein Wort über ein saftiges oder mürbes Fruchtfleisch, über eine angenehme Süße oder erfrischende Säure. Kein Wort über Vitamingehalte oder Rückstände. Der Apfel muß lediglich »frei von sichtbaren Fremdstoffen« sein, »insbesondere von Rückständen von Dünge- und Behandlungsmitteln«. Der Begriff der »Qualität« hat damit im Lebensmittelrecht eine völlig neue Deutung erfahren.

Nur Äußerlichkeiten zählen für den Gesetzgeber. Und so wurde die Produktion auch auf Äußerlichkeiten ausgerichtet: Da störten Vielfalt und Genuß, Ökologie und Gesundheit nur. 20.000 Apfelsorten hat die traditionelle Züchtung hervorgebracht, in allen Farben, Formen, Geschmäckern, von mild-süß bis kräftig-sauer. »Es gibt Äpfel, die nach Nüssen und Äpfel, die nach köstlichem Wein schmecken«, schwärmt die Centrale Marketing-Gesellschaft der deutschen Agrarwirtschaft (CMA), die den Absatz von deutschem Obst und Gemüse mit Werbefeldzügen vorbereitet (»Aus deutschen Landen frisch auf den Tisch«).

»Allein in Deutschland«, so fährt sie fort, »gibt es über 1000 Sorten. Doch in weiser Beschränkung haben sich die Züchter auf etwa 100 spezialisiert, und von diesen wiederum können Sie die Elitegruppe auf dem deutschen Markt kaufen.« Was im Klartext heißt: nur wenige Sorten von langweiligen Massenäpfeln beherrschen das Angebot.

Der Großhandel muß ständig alle abrufbereit halten, damit er vom September bis in den Juli des nächsten Jahres hinein liefern kann. Das bedeutet: Die Äpfel müssen so beschaffen sein, daß sie lange Lagerzeiten absolut unbeschadet überstehen. »Leider haben die verschiedenen beteiligten Gruppen auch die unterschiedlichsten Vorstellungen von Qualität«, beklagte der Bundesausschuß Obst und Gemüse. »Und zwischen den Erzeuger und den Verbraucher ist in der Regel der Handel geschaltet.« Und hier ist es so: Der Handel ordert Äpfel in Serien und Massen. Ein Apfel muß wie der andere aussehen. Am liebsten wären dem Handel, so der Ausschuß, »tennisballähnliche Gebilde, allerdings mit Stiel«.

Hormonkur für den Pausenapfel

Die Normierung fängt schon bei Boden und Baum an. Durften früher zum Beispiel die Bäume ihrem natürlichen Aufbauplan entsprechend hundert und mehr Jahre alt werden, Jugend, Ertragsphase und Alter durchleben, so ist es heute aus damit. Solche Bäume sind altmodisch, weil unrentabel. Es kommt darauf an, die Jungbäume »möglichst schnell in die produktive Phase zu bringen«. Dazu muß der natürliche Aufbauplan des Obstgehölzes gestört werden, »um es unseren betriebswirtschaftlichen Forderungen dienstbar zu machen«, sagt das Fachbuch »Der Obstbau«. Und diese Forderung lautet: Der Baum sollte möglichst klein bleiben und schon im zweiten oder gar im ersten Lebensjahr nach EG-Normen produzieren.

Im Sprachgebrauch ist der Baum dann kein Baum mehr, sondern ein Träger oder Massenträger. Diese Bäumchen mit ihren daumendicken Stämmchen haben dazu noch so schwache Wurzeln, daß sie in der Regel auch nicht mehr selber stehen können, sondern einen Stützpfahl brauchen. Nicht bedacht hatten unsere Baumdesigner, daß die weichen, zarten Wurzeln den Wühlmäusen eine neue und vollwertige Nahrungsgrundlage verschafft haben. Die Nager vermehrten sich in den deutschen Apfelplantagen prächtig, und auch Gift vermochte sie kaum zu stoppen. Anders erging es den Feinden der Wühlmäuse: Bussarde und Wiesel wurden stark dezimiert, weil sie vorzugsweise Mäuse erbeuteten, die gerade etwas von dem Gift gefressen hatten und noch nicht ganz tot waren.

Doch keine Sentimentalitäten, die Bäume sollen so uniform sein, weil die Vorteile längst ausgerechnet sind. Nur etwa 75 Baumindividuen paßten früher auf einen Hektar, heute haben auf der gleichen Fläche 1400 bis 4000 Bäumchen, pardon, »Träger« Platz, so daß noch mehr EU-Schöne produziert werden können. Damit Jungbäume schon im zweiten oder dritten Lebensjahr Früchte tragen, müssen Langtriebe gestoppt und tiefe Seitentriebe verhindert werden. Das erledigte früher der Obstbauer in mühsamer Handarbeit. Heute schaffen dies in unseren deutschen Anbaugebieten zum großen Teil sogenannte Wachstumsregulatoren, also Hormone für den Baum.

Mit einem Hormon wie »Alar« bestehen »die besten Möglichkeiten zur Förderung der Blütenbildung in blühunwilligen Junganlagen«. Wenn der Träger schließlich blüht und trägt, macht er schon wieder Schwierigkeiten. Natürlicherweise produziert er abwechselnd ein Jahr viele und das nächste Jahr wenige Äpfel. »Alternanz« nennt der Obstbauer diese unliebsame Angewohnheit seiner Apfelbäume, die keine Rücksicht auf die Erfordernisse des Marktes nehmen.

Gegen diesen Mißstand hilft zum Beispiel Amidthin, wiederum ein Hormon. Damit wird im ertragreichen Jahr ein Teil der befruchteten Blüten zerstört. Über Jahre angewandt bricht es die Alternanz, und der Baum wird zur »Ertragstreue« gezwungen. Diese Fruchtausdünnung erbringt außerdem bis zu dreimal so viele Äpfel in den oberen Größenklassen.

Nach der Fruchtausdünnung braucht man die Hormone erst wieder drei Wochen vor der Ernte: Ethrel färbt Apfelbäckchen rot und erleichtert den Pflückern die Arbeit. Von Natur aus reifen nicht alle Früchte gleichzeitig, so daß mehrfach geerntet werden müßte. Nach der Hormonbehandlung kann alles in einem Rutsch gepflückt werden. Aber auch dieser chemische Kunstgriff hat seine Tücken: Wird der Apfel schneller reif, fällt er auch schneller vom Baum. Und reift alles gleichzeitig, kann es sein, daß die ganze Ernte über Nacht auf den Boden plumpst, Druckstellen bekommt und bald fault. Um Äpfel per Hand ernten zu können, bedarf es eines Reifeverzögerers, welcher die Äpfel am Ast »festnagelt«. Zuständig dafür ist Amidthin.

Alle sind anscheinend zufrieden. Der Verbraucher, der mit dem Auge kauft und auf Handelsklassen vertraut; der Handel, der nun rationell per Tabelle und Telefon rote oder grüne »Tennisbälle« ordern kann; und schließlich die chemische Industrie, die weiß, daß die Natur nicht freiwillig die verlangten Normen produzieren wird. Dafür bietet sie aus ihrem reichen Arsenal eine Menge weiterer Chemikalien feil: Um die geforderte Makellosigkeit und damit Schorffreiheit zu erreichen, bedarf es allein schon 10 bis 18 Spritzungen mit Fungiziden.

Bei soviel Spritzerei kann auch ein Obstbauer den Überblick verlieren. Die chemische Industrie hilft da mit Spritzempfehlungen, gibt beispielsweise Rat zu: Nachwinterspritzung, erste Vorblütespritzung, zweite Vorblütespritzung, erste Blütespritzung, zweite Blütespritzung, erste Nachblütespritzung, zweite Nachblütespritzung, dritte Nachblütespritzung, erste Obstmadenspritzung, zweite Obstmadenspritzung, dritte Obstmadenspritzung sowie noch Schorf- und Lagerspritzungen und wichtige Sonderspritzungen neben den Wachstumsreglern.

Wo wunder bleiben all die Pestizide? Auf den meisten Äpfeln werden naturgemäß Rückstände entdeckt, teilweise bis zu sieben verschiedene Wirkstoffe gleichzeitig. Das erklärt auch, warum in der Regel die zugelassenen Höchstmengen nur selten überschritten werden. Durch steten Wechsel der Mittel kann ihr Einsatz erhöht werden, ohne die Grenzwerte zu überschreiten. Und damit der Kunde auch wirklich nichts davon merkt, gibt es spezielle Zusätze, die verhindern, daß sich auf der Apfeloberfläche sichtbare Spritzflecken bilden. Also kein Wunder, nur ein Trick. So bekommt das Märchen vom Schneewittchen und den sieben Zwergen einen neuen Sinn: Denn es war die schöne, makellose Seite des Apfels, die vergiftet war.

Der Kunde ist König! »Aber was er kaufen darf, bestimmen weder die Produzenten noch er selbst, sondern ausschließlich der Handel. Und bei dieser Entscheidung bleiben Geschmack und Inhaltsstoffe auf der Strecke ...« resümierte Jakob Linden, Vorsitzender der Bonner Fachgruppe Obstbau. Und auch die vielgescholtene Bürokratie der EU war dabei nicht die treibende Kraft dieser Entwicklung, sondern die übermächtigen Handelshäuser, die angeblich nur das anbieten, was der Kunde verlangt. Und der muß seitdem in manchen sauren Apfel beißen ...

Tip

☹ Kaufen Sie möglichst kleine, runzelige oder schorfige Äpfel, raten Verbraucherschützer, denn die seien weniger gespritzt. Irrtum: Diese Äpfel sind meist nur die von den Sortieranlagen ausgemusterten Exemplare üblicher Ernten. »Gammelige« Ware ist noch lange kein Qualitätsobst. Es ist egal, welche Äpfel Sie kaufen, da man der Ware ihre »innere Qualität« nicht ansehen kann. Richten Sie sich am besten nach Ihrem Geschmack.

☹ Waschen Sie Obst und Gemüse vor dem Verzehr, das

senkt die Rückstandsbelastung deutlich – so lautet ein »klassischer« Tip der Verbraucherberatung. Es ist zwar richtig, Obst und Gemüse vor dem Verzehr zu waschen (zum Beispiel zur Entfernung von Schmutz oder Wurmeiern), dies hat aber kaum Einfluß auf die Schadstoffe. Einerseits wandern die Mittel sehr schnell ins Fruchtfleisch, andererseits haften sie fest in der natürlichen Wachsschicht, die Äpfel umgibt. Ein Abwaschen von Pestiziden ist so wirksam wie das Abbrausen einer Kerze. Aber es beruhigt den deutschen Michel ungemein, wenn »Sauberkeit« belohnt wird. Lediglich kräftiges Abreiben mit einem Geschirrtuch vermindert die Rückstandsbelastung etwas.

Bananen auf Kreuzfahrt

Gleich nach den Äpfeln rangieren die Bananen ganz oben auf unserer Beliebtheitsskala für Obst. Und obwohl die Banane zu den ältesten Kulturpflanzen gehört, erreichte sie Deutschland erst vor etwas mehr als hundert Jahren. Die gelbe Frucht stammte ursprünglich aus Südostasien und Indien. Ohne ihre ›krummen Touren‹ genau nachvollziehen zu können, fand sie jedenfalls eine weite Verbreitung in den meisten tropischen Gefilden. Heute sind Bananen für unseren täglichen Speiseplan nahezu unverzichtbar.

Wegen ihrer fünf bis zehn Meter Höhe gilt die schnellwüchsige Bananenstaude als »größtes Kraut der Erde«. Jede Staude blüht nur einmal in ihrem Leben. Nach höchstens neun Monaten Wachstum bildet sie einen großen rotvioletten Blütenstand. Ihren Namen verdanken sie übrigens der Form ihrer Früchte, die wie Finger (arabisch: »banan«) einer

Hand aussehen. Unter Bananenhändlern hat diese Hand allerdings 15 bis 20 Finger.

Vor 1800 Jahren soll sie in China bereits in Plantagen gezogen worden sein. Heute unterscheidet sich ihr Anbau prinzipiell nicht von unseren Monokulturen: Kunstdünger und Spritzmittel geben auch dort den Ton an. Nur mit dem Unterschied, daß in den Erzeugerländern Pestizide wie »Bravo«, »Vanodine«, »Prophyl« oder »Pestmaster« zum Einsatz kommen, die hierzulande weitgehend unbekannt blieben. Insofern verwundert es nicht, wenn es kaum Beanstandungen durch die Lebensmittelüberwacher gibt.

Fortschrittliche Bananenfarmer stecken die Fruchtstände noch auf der Plantage in schützende Plastikhüllen. Die erforderlichen Wirkstoffe gegen Schädlinge oder Pilzkrankheiten sind in das Plastik eingearbeitet, so daß der Inhalt auch während des späteren Transports rundum geschützt ist, ohne daß sie direkt auf die Bananen aufgebracht werden.

Die Bananen werden unreif geerntet, ebenso wie Tomaten. Dadurch ist es möglich, die Früchte zum gewünschten Zeitpunkt marktgerecht in entsprechenden Reifereien nachzureifen. Gleich nach der Ernte landen die Bananen in einem »Delatexing-Tank«. Dort wird der Milchsaft (Latex) abgewaschen, der an den Schnittstellen austritt und die Schale verfärben würde. Für die verkaufsfördernde absolute Makellosigkeit enthalten die Bäder zusätzlich Bleichmittel wie Chlor, Sulfit oder Hypochlorit.

Damit die empfindliche Fracht auf ihrem Weg nach Europa nicht fault, wird sie konserviert. Nach dem Bad gegen Latexflecken gibt's gewöhnlich eine Dusche mit Ammonium-Alaun und Thiabendazol. Thiabendazol ist ein echter Tausendsassa: Pestizid, Arzneimittel und Zusatzstoff in einem.

Daß Thiabendazol bei Versuchstieren Nierenschäden, Blasentumoren und Mißbildungen verursachen kann, ändert nichts an seiner amtlichen »Unbedenklichkeit« und damit Zulässigkeit. Die Verwendung erfolgt deklarationsfrei. (Es ist ein offenes Geheimnis, daß Bananen für den europäischen Markt noch mit anderen, in Deutschland verbotenen Konservierungsmitteln wie Imazalil behandelt werden.)

Die legendären Bananendampfer sind heute Spezialschiffe mit modernsten Kühlanlagen. Sie transportieren die vor Fäulnis geschützten, aber nach wie vor grünen Bananen nach Europa. Statt der energiefressenden Kühlung eignen sich auch sogenannte Banavac-Beutel, die eine Reifung verzögern. Diese Beutel sind so gestaltet, daß darin eine »kontrollierte« Atmosphäre entsteht. Ihr Gehalt an Kaliumpermanganat bindet außerdem das Reifungshormon Ethylen, welches die Früchte ausscheiden.

Nach dem Anlanden in norddeutschen Häfen gehen die Bananen unverzüglich in die Reifereien. Davon dürfte es bei uns an die 150 geben. Der Bananenmeister, so heißt die Berufsbezeichnung, steuert per Computer Temperatur und Zusammensetzung der Atmosphäre in den Reifungsräumen. Nach Bedarf des Handels erzeugt er mit Ethylen und Wärme die marktfähige Ware. So können wir das ganze Jahr über reife, makellose und süße Bananen zu erschwinglichen Preisen kaufen.

Tip
☺ Kleine braune Flecken auf der gelben Schale sind ein Zeichen von Vollreife. Solche Bananen sind nicht verdorben.
☺ Bananen sind als Brei in der Säuglingsernährung

beliebt. Wer seinem Baby Bananen als erstes Obst zu essen gibt, macht nicht selten die Erfahrung, daß sein Sprößling dann andere Obstbreie oder gar Gemüse kategorisch ablehnt. Wenn Sie als erstes Obst aber etwas anderes füttern, werden später alle Obstarten – auch Banane – gerne gegessen.

Orangen und Zitronen – inklusive Schimmelschutz

Während die Bayern nach saftigen Orangen verlangen, fragen ihre norddeutschen Nachbarn beim Einkauf nach Apfelsinen. Beide Bezeichnungen finden sich einträchtig nebeneinander in der deutschen Sprache. Die »Appelsina« (Apfel aus China) fand von Holland aus den Weg nach Norddeutschland; die aus dem Maurischen abgeleitete »Orange« (Or = Gold, naranje = bitter) bereicherte den süddeutschen Wortschatz. Sie ist auch im spanischen »naranja« erhalten geblieben. Kein Wunder, die Stammeltern unserer Orangenfamilien waren bittere Früchte.

Ihren Ursprung haben alle Zitrusfrüchte in derselben Region, im alten China. Dort wurden die Vorfahren unserer Apfelsinen nachweislich schon im 2. vorchristlichen Jahrtausend geschätzt. Über Indien kamen dann die Orangenbäumchen zu den Babyloniern. Fast zwei Jahrtausende mußten vergehen, bis sie als Mitbringsel der Kreuzritter im Mittelmeerraum Interesse erregten.

In Europa nahm der Siegeszug des erfrischenden und wärmenden Zitrusaromas im Jahre 1533 in Südfrankreich seinen Anfang. Damals konnte Herzog Antoine von Bourbon dem gelangweilten Adel eine Sensation bieten: den intensiven

Duft einer exotischen Schönheit namens Pomeranze. Der Erfolg dieser Bitterorange scheint umwerfend gewesen zu sein, denn von da an gehörte eine »Orangerie« zur Pflichtausstattung fürstlicher Residenzen. In einem solchen Gewächshaus konnten die immergrünen Statussymbole in Kübeln standesgemäß gepflegt werden. Das Pomeranzenaroma erfreut uns übrigens noch immer im Curaçao-Likör und Kölnisch Wasser.

Mittlerweile gibt es weltweit sogar über 400 Orangensorten, aber nur etwa 30 haben einen wirtschaftlich bedeutenden Stellenwert. Heute erfolgt der Anbau von Zitrusfrüchten in intensiv bewirtschafteten Monokulturen, vergleichbar unseren Apfelplantagen. Eine moderne Anlage erfordert mindestens eine dreiviertel Million Mark an Investitionen, bis nach etwa fünf Jahren die erste Ernte fällig ist. Weitere zehn Jahre vergehen, bis die Bäumchen im vollen Ertrag stehen.

Die Bundesrepublik ist weltweit der größte Zitrusimporteur. Jährlich vertilgen die Bundesbürger über zwei Millionen Tonnen Zitrusfrüchte. Die eine Hälfte davon wird frisch aus der Schale genossen, die andere als Saft, Nektar oder aus Dosen. Hauptsächlich Spanien, Israel und Marokko, daneben Sizilien, Südafrika, Florida und Griechenland sorgen für unser ganzjähriges Zitrusvergnügen.

Der Orange Kern ist nach wie vor eine Zitrone oder Pomeranze. Daß man Zitronenkerne zum Anbau von Orangen nutzt, mag verblüffen, hat aber einen einfachen Grund: Die Wurzeln der Zitronen sind robuster. Die Orange wird später einfach aufgepfropft. Voraussetzung für einen erfolgreichen Anbau sind viel Sonne und Wasser. Wie bei jeder Monokultur bedrohen zahlreiche Krankheiten und Schädlinge die Pflanzen. Entsprechend umfangreich ist das Arsenal der Spritzmittel. Sie erlauben den Zitrusfarmern, die von den

Lebensmittelgesetzen in aller Welt geforderte äußere Makellosigkeit ihrer Früchte einzuhalten.

Spezielle Hormonkuren machen die Zitrusbäumchen widerstandsfähiger gegen Frost. Später steuern andere Hormone die Fruchtgröße und den gewünschten Reifetermin. Das bei uns bekannteste Präparat ist »2,4-D«, ein Entlaubungsmittel, das im Vietnamkrieg eingesetzt wurde. Niedrig dosiert ist seine Wirkung aber entgegengesetzt – es läßt besonders große Früchte heranreifen.

Heute spritzt der fortschrittliche Farmer vornehmlich biotechnologisch gewonnene Enzyme, um den Reifetermin vorzuverlegen. Außerdem wird damit die natürliche Säure der Früchte schneller abgebaut, und deren mildsüßes Aroma tritt voll hervor.

Nach der Ernte per Hand – Zitrusfrüchte sind für eine mechanische Ernte zu empfindlich – werden sie im Ausfärberaum mit einem Reifestimulator behandelt, gewaschen und mit Wachs imprägniert. Der Schönheitsfehler dabei ist: Dem Wachs wird meist ein kräftiger Schimmelschutz beigefügt. Dafür kommen folgende Substanzen in Frage: Biphenyl (E 230), Orthophenylphenol (E 231), Natrium-Orthophenylphenolat (E 232) und Thiabendazol (E 233), das wir schon von der Bananenbehandlung her kennen. Der Einsatz solcher Substanzen muß angegeben werden, auch wenn dies gewöhnlich an äußerst unauffälliger Stelle erfolgt.

Natrium-Orthophenylphenolat (E 232) verursacht im Tierversuch Blasenkrebs, vor allem in Kombination mit Thiabendazol (E 233). Beide Stoffe werden meist zusammen auf die Schalen der Früchte aufgebracht. Bei Arbeitern, die mit der Produktion oder Anwendung dieser Stoffe zu tun hatten, wurden Leber- und Nervenschäden festgestellt.

Ja, sogar tödliche Vergiftungen wurden bekannt. Als harmlos können diese Schimmelschutzstoffe also nicht bezeichnet werden.

Natürlich gelangt nur ein geringer Anteil dieser »Zusatzstoff-Pestizide« in das Innere der Orange. Ihre Wirkung entfalten sie auf ganz andere Weise: durch Verdunstung. Deshalb werden auch nur wenige der Früchte mit solch imprägnierten, bunten Einwickelpapierchen verpackt. So lagert das gesamte benachbarte Obst in einer Wolke von Schimmelschutz. Die fraglichen Stoffe werden also weniger verzehrt, sondern eingeatmet. Und wenn präparierte Einwickelpapierchen in Kinderhände gelangen, ist es nur ein kurzer Weg zum Mund.

Die gesundheitlichen Bedenken der chemischen Nachbehandlung dürfen aber nicht darüber hinwegtäuschen, daß Zitrusfrüchte ein ebenso schmackhaftes wie beliebtes Obst sind. Zu allgemeiner Wertschätzung kamen Orangen und Zitronen, weil sie die einstmals gefürchtete Seefahrer- und Soldatenkrankheit Skorbut verhindern oder heilen konnten. Lange Zeit suchten die Ärzte nach dem unbekannten Wirkstoff, den sie vorsorglich als »Vitamin C« bezeichneten (siehe auch Seite 157). Über 60 Jahre ist es nun her, daß die Wissenschaft den hohen Gehalt der Zitrusfrüchte an Ascorbinsäure als Vitamin C kennt.

Ein Problem blieb aber ungelöst. Es ist nicht möglich, Skorbut allein mit Vitamin-C-Pillen wirklich vollständig zu heilen. Vor allem die Schäden an den Blutgefäßen sind auch mit hohen Dosen nicht zu kurieren. Nimmt man statt Vitamin C frische Orangen oder Zitronensaft, heilt der Skorbut schon bei einer geringen Menge. Denn beide enthalten als weiteren Wirkstoff Flavanol. Weder Vitamin C noch Flavanol allein können Skorbut heilen. Ihre Kombination aber wirkt bereits in Spuren. Frische Orangen sind also wegen ihres Gehalts an

Vitamin C_2 (wie das Flavanol auch heißt) viel wirksamer als Vitamin-C_1-Pulver (Ascorbinsäure).

Tip

☺ Orangen reifen im Gegensatz zu Zitronen während Transport und Lagerung nicht nach. Grüne Flecken auf der Schale sind dabei keineswegs ein Zeichen minderer Qualität. In ihrer tropischen Heimat bleiben Orangen meist grüngelblich und sind doch aromatisch, süß und saftig. Die Farbe hängt von der Witterung ab. So zeigt grüngefleckte Ware, daß es vor der Ernte warm war, denn das typische Orange bildet sich nur bei kühlen Nachttemperaturen.

☺ Bei Zitronen ist nicht die hellgelbe Farbe ein Zeichen der Vollreife, sondern der Glanz der Schale. Auch grasgrüne Zitronen können voller Saft sein. Kenner achten zudem auf die Oberfläche: glatte Schalen sind eher dünn und die Früchte sehr saftig. Grobporige verraten ein »dickes Fell«, und sie sind weniger ergiebig.

Von falschen Früchten naschen

Haben Sie schon mal statt frischer Äpfel, Bananen und Zitrusfrüchte künstliche gekostet? Nicht, daß Sie wüßten? Recht so. Dann haben sie Ihnen vermutlich geschmeckt. Denn in den Forschungsabteilungen unserer Nahrungswirtschaft schufen aufgeweckte Köpfe technische Lösungen für Probleme, die es eigentlich gar nicht gibt. Angesichts einer regelmäßigen Vernichtung von Ernte-»Überschüssen« befremdet das Ansinnen, Obst nachzumachen.

Es gibt aber neben dem steten Versuch, billige Rohstoffe durch noch billigere zu ersetzen, durchaus einen »objektiven« Grund für die Herstellung künstlicher Früchte. Echtes Obst ist recht empfindlich und übersteht viele Verarbeitungsschritte wie Tiefgefrieren, Eindosen, Backen oder Extrudieren nicht unbeschadet. Gerade bei Fertigprodukten gestaltet es sich schwierig, den Tiefkühlwaren ein taugliches »Design« zu verpassen. Schließlich sollen diese doch nicht fad schmecken und auch nicht matschig sein, wenn sie aus dem Mikrowellenherd kommen.

Mit Nachdruck hat der Lebensmittelkonzern Unilever »die Absicht verfolgt, natürliche Früchte vorzutäuschen«. Sein Interesse galt Früchten, die »eine verbesserte Widerstandsfähigkeit gegenüber Hitze aufweisen, was beispielsweise beim Backen oder Eindosen von Bedeutung ist«. Diese Bemühungen hatten, so Unilever, bei Birnen, Pfirsichen und Aprikosen, aber auch bei Erdbeeren, Bananen, Avocados, Himbeeren und Zitrusfrüchten Erfolg.

»Die vorgetäuschten Früchte«, kündet eine Patentschrift, »werden besonders zweckmäßig ... in Milchprodukten wie Joghurt, Quark, Sahneeis und Eiscreme« verwendet, außerdem in »Füllungen für Fruchttorten, Obsttorten und Törtchen«, aber auch »in Marmeladen und Fruchtsoßen«. Ganz ohne den Rohstoff »Frucht« geht's aber noch nicht. Zum Imitieren brauchen die Lebensmitteltechniker die Preßrückstände der Saftherstellung oder andere nicht näher definierte Produkte wie zum Beispiel »Himbeerabfälle«.

Da den Preßrückständen jedweder Saft fehlt, muß hier zuerst Ersatz her. Ein Mix aus Wasser, Zitronensäure, Zukker, Aromen und Farbe ergibt mit den Resten der Fruchtverarbeitung den Grundstock. Nun gilt es, die Struktur des Fruchtfleisches nachzubauen. Dazu dienen Dicalciumphosphat, Trinatriumcitrat und Alginate, aus Algen gewonnene Dickungsmittel.

Dieser Prozeß läuft so ab: Die Zitronensäure setzt aus dem Dicalciumphosphat Calcium frei. Das wiederum reagiert mit dem Alginat zu einem festen, fruchtfleischartigen Gel. Leider läuft diese Reaktion zu schnell ab. Deshalb enthält die Rezeptur noch Trinatriumcitrat, damit die Masse schön gleichmäßig erstarren kann.

Das fertige Imitat übersteht im Gegensatz zu echten Früchten problemlos jede Hitzebehandlung. Soll das Produkt außerdem »gefrier-tau-stabil« sein, empfiehlt sich ein Zusatz an Spezialstärken oder Carboxymethylcellulose. Dann kann der Bäcker die Apfeltaschen tiefgefroren von der Fabrik beziehen und im Laden in den Ofen schieben, ohne daß die vermeintlichen »Apfelstücke« breiig werden.

Keine Frucht ist wie die andere. Die einen sind saftig, andere cremig, manche haben eine feste Haut oder zeigen sich innen eher fleischig. Doch dies sind keine wirklichen Probleme für die Lebensmitteltechniker:

• Die feste, dünne Haut von Kirschen läßt sich nachahmen, wenn die Mixtur im Calciumbad extrudiert wird. Der Extruder zerschneidet die Masse nicht, sondern vermischt und verschert sie gründlich miteinander. Statt aus einer Lochscheibe, wie beim Fleischwolf, quillt der Brei hier aber aus einer Düse ins Calciumbad. Darin wird die Außenschicht des herausgepreßten Stranges »gehärtet«. Zerkleinert schmeckt das Ganze dann wie das Fruchtfleisch von Kirschen.

• Avocados und Bananen unterscheiden sich von den anderen Obstsorten durch ihre cremige Beschaffenheit. Dieser Geschmackseindruck läßt sich durch zugesetzte, sprühgetrocknete Fette und etwas Johannisbrotkernmehl erzielen.

• Johannisbeeren sind teuer. Offenbar gilt das selbst für deren Preßrückstände. Die praktische Alternative der Lebensmittelwirtschaft: Einfach spottbillige »Apfelpülpe mit den Aromastoffen schwarzer Johannisbeeren aromatisieren«, so Unilever, und dann mit einer künstlichen Haut »einkapseln«. Im Joghurt soll das Imitat von echten Beeren »nicht leicht zu unterscheiden« sein.

Wenn aus Apfelmus gar Johannisbeeren werden, woraus besteht dann Apfelmus? Etwa aus Äpfeln? Das ist technisch zwar machbar, aber nicht immer erwünscht. Der amerikanische Konzern General Foods bemängelte schon vor Jahren, daß Mus einfach »der technischen Herstellung widersteht«. Seine Alternative: »Apfelmus und dergleichen kann man erfindungsgemäß wirksam simulieren.« Dazu wird jede Menge Wasser mit Glucosesirup, modifizierter Stärke und Milcheiweißpulver vermengt und schließlich etwas Farbe, Aroma und Säure untergerührt. Hinzu kommen noch eine Handvoll »Brotkrümel«. Sie werden nach einem Spezialrezept hergestellt, in der Mikrowelle gebacken und in einer Hammermühle zerkleinert. In den künstlichen Brei eingerührt, rufen diese Krümel genau jenes Mundgefühl hervor, an dem der Konsument normalerweise gekochte Apfelstückchen erkennt. Er glaubt nun, es sei tatsächlich Frucht enthalten.

Ein Problem scheint noch ungelöst: Was geschieht mit dem in Mengen anfallenden Saft, wenn immer mehr Preßrückstände benötigt werden, um künstliche Früchte herzustellen? Ein japanisches Unternehmen hat hier eine Weltneuheit zu bieten: Die Kibun AG macht aus dem Saft – aufmerksame Leser ahnen es bereits – künstliche Früchte: Pfirsiche, Mandarinen, Trauben, Melonen, Kiwis, Mangos oder Ananas. Und alle sind selbstverständlich hitzestabil.

Statt Alginaten verwendet das Unternehmen sogenanntes Konjakmehl. So heißt ein Extrakt aus den Knollen eines Aronstabgewächses. Das Konjakmehl wird mit der Aminosäure Arginin oder mit Soda und viel Wasser erhitzt, gequollen, eventuell – je nach Frucht – mit weiteren Zusätzen wie Pektin, Gelatine oder Zitronensäure versetzt, tiefgefroren und wieder aufgetaut. Fertig ist der fruchtige Obstsalat.

Ist Ihnen der Appetit jetzt vergangen? Schade. Diese elegante und umsatzträchtige Methode dürfte wenigstens bei den Aktionären der Kibun AG für gute Laune sorgen. Kein Wunder, denn Kibun heißt »Stimmung«.

Konfitüre – da kommt nicht nur Frucht ins Glas

Farbenfroh glänzt die Masse im Glas. Appetitlich schimmern feinverteilte Fruchtpartikel durch. »Konfitüre nach Hausfrauen Art« liest der Kunde. Beruhigend zu wissen, in einer Zeit, in der in jedem Bissen Chemisches lauert. Das Kleingedruckte läßt auf eine typische Süßware schließen: »Zucker, Früchte, Glucosesirup«.

Nach Hausfrauen Art? Der »Glucosesirup« verrät jedoch die Handschrift der Industrie (siehe Seite 234). Auch das Wort »Früchte« dürften viele Kunden anders verstehen als die Konfitürenhersteller. Die meinen damit nicht nur frisches Obst. Denn wer wirtschaftlich produzieren will, muß seine Anlagen während des ganzen Jahres auslasten, auch außerhalb der Erntesaison. Aus diesem Grund bestimmen heute vorwiegend haltbare Obsterzeugnisse die Rezeptur. Zum Teil sind sie mit Calciumchlorid behandelt, um das Gewebe zu »härten«. Deshalb schmecken in der fertigen Konfitüre richtige Fruchtstückchen durch. Der Hersteller kann wählen zwischen sulfitbehandeltem Obstbrei und Saftpulver, hitzesterilisierten Konserven und Tiefkühlobst. All das erscheint auf dem Etikett ganz unverfänglich als »Früchte« oder »Saft«.

Die Unterschiede zwischen den Rohstoffen lassen sich durch die Geliermittel ausgleichen. Sie sind wahre Alleskönner: »Die fruchtverarbeitende Industrie braucht Pektine«, meint ein Anbieter, welche »die Fruchtstücke schon bei hoher Temperatur gleichmäßig binden«. Denn dauert das Erstarren zu lange, schwimmen die Fruchtteilchen nach oben, die Konfitüre wirkt unansehnlich, und der Kunde erkennt mit bloßem Auge den reinen Geleeanteil. Bleibt alles gleichmäßig verteilt, erweckt das den Eindruck von mehr Frucht in der Marmelade.

Neben der richtigen Optik erwartet die Branche vom Geliermittel »einen vorbildlichen Abriß«. Der ist wichtig beim Abfüllen. Zieht die zähflüssige Masse Fäden so wie Honig, verklebt der Dosierautomat. Moderne Spezialpektine passen den »Abriß« exakt dem Takt der Füllstutzen an.

Und sie lösen noch ein »Problem«: Wirkt die selbstgemachte Marmelade nicht stumpf und unansehnlich? Ist das Gel nicht bisweilen breiig? Die richtigen Pektine garantieren ein glattes, geschmeidiges Gel mit glänzender Oberfläche. Und auch bei viel zugesetzter Flüssigkeit bilden sich im angebrochenen Glas auf der Konfitüre keine Pfützen mehr. Besser als hausgemacht?

Es ist wohl eine Untertreibung, wenn die Wirtschaft ihre Pektine als »natürlichen Apfelextrakt« offeriert. Denn die Rohstoffe sind Reste der Saftherstellung: Zitrusschalen oder Apfeltrester, in Säure ausgekocht und eingedickt. Mit Alkohol oder Aluminiumverbindungen holt man die gelösten Pektine aus dem Konzentrat.

Anschließend werden sie »entestert«, also auf chemischem Wege zurechtgestutzt. Das verändert Geliergeschwindigkeit, Festigkeit des Gels, Brillanz, Mundgefühl und Wasserbindung. Reicht das nicht aus, wird Ammoniak angekoppelt, damit entstehen neuartige hochwirksame Verbindungen, die sogenannten amidierten Pektine.

Dank moderner Zusatzstoffe bleibt beim industriellen Konfitürekochen nichts dem Zufall überlassen. Manchmal genügt Zitronensäure zur Steuerung des Geliervorgangs. Bessere Resultate liefern Calciumsalze, die der Gesetzgeber zugelassen hat. Zu den am besten gehüteten Geheimnissen gehören aber die Schaumverhüter: Um die störenden Schäume beim Marmeladekochen zu vermeiden, gibt es spezielle Zusätze wie harmlose Mono-Diglyceride oder die chemisch schon anspruchsvolleren Dimethylpolysiloxane.

Und warum erfährt der Kunde nichts davon? Das Lebensmittelrecht hält manches Mal eine Verbraucherinformation für unnötig. Gewöhnlich muß gerade das, was der Verbraucher nicht erwartet, wie Schaumbremsen, Calciumsalze oder geschwefelter Fruchtbrei nicht namentlich deklariert werden. Selbst Angaben wie »laut Gesetz ohne Konservierungsstoffe« sind auslegungsbedürftig. Denn einzelne Zutaten dürfen dennoch Konservierungsmittel enthalten.

Tip
☺ Wer seine Marmelade selbst kocht, weiß natürlich, was drin ist. Dies gilt auch bei Verwendung von Gelierzucker, denn seine Gelierhilfen müssen deklariert werden. Meist enthält er Pektine und Zitronen- oder Weinsäure.

Einmal Pommes, bitte!

Über Pommes sollte es kaum Geheimnisse geben. Das Prinzip ist bekannt: Kartoffeln schälen, stifteln und in Fett ausbacken. Das bedeutet viel Arbeit für Frittenbuden und Haushalte. Werden die Pommes aber vorgefertigt, bedarf es einiger Tricks, bis sie wie »selbstgemacht« schmecken.

Längst sind es nicht mehr flinke Hände, die die Kartoffeln schälen, sondern Dampfbirnen. Eine solche Schälbirne wird mit Kartoffeln gefüllt, der Deckel schließt sich, heißer Wasserdampf strömt ein. Ein Überdruck von 10 bis 15 bar kocht binnen Sekunden die Oberfläche gleichmäßig an. Beim Entspannen des Drucks platzen die Schalen. Die Birne wird entleert, die Schalen runtergebürstet. Ebenso zuverlässig arbeiten seit Jahrzehnten die Laugenschäler, die allmählich aus der Mode kommen. Ein heißes Bad in konzentrierter Natronlauge zersetzt die Schalen. Nach kurzer Einwirkungsdauer lassen sie sich abspülen. Zur Neutralisierung der Lauge sprüht man noch Zitronensäure und zur Farbstabilisierung schweflige Säure auf.

Es folgen Spülen, Sortieren und Schneiden. Nur die längeren Stücke taugen für Fritten. Der Rest – und das ist zusammengenommen fast die Hälfte der ursprünglichen Kartoffel – wird entweder verfüttert, zu Kroketten verarbeitet oder im Extruder zu »Fritten« verpreßt.

Das Schneiden will bedacht sein. Fritten für den Supermarkt weisen einen Querschnitt von zehn mal zehn Millimetern, die für Imbißbuden jedoch nur von sechs mal sechs Millimetern auf. Das spart Kartoffeln, verkürzt die Fritierzeit und ergibt bei gleichem Gewicht einen größeren Haufen. Nach dem Schneiden wird mehrfach blanchiert. Die Hitze zerstört Enzyme, verbessert das Kaugefühl und verringert die spätere Fettaufnahme. Das Blanchierwasser spült die Kartoffelstärke ab. Sonst wird das Fett in der Friteuse zu schnell verbraucht.

Im Blanchierwasser stecken die meisten Geheimnisse: zum Beispiel Sulfit (E 224) und Phosphat (E 450a). Diese Mixtur verhindert »wirksam die Bildung unansehnlicher dunkler Stellen, verleiht den Kartoffeln eine goldgelbe Farbe und verlängert deutlich deren Haltbarkeit durch ihre keimhemmenden Eigenschaften«. Das Mittel »verzögert den Schimmelbefall und die Ausbildung eines dumpfigen Geruchs«. Eine vielseitige Konservierungshilfe, denn sie fördert auch »die Bildung der erwünschten knusprigen Kruste«. Die meisten Frittenfabriken verweigern bisher die Deklaration dieser Zusatzstoffe, denn unser Lebensmittelrecht verlange dies nicht.

In einer Branchenofferte lesen wir, statt mit Sulfit könne der Hersteller das Phosphat »mit fast allen Chemikalien kombinieren, die üblicherweise zur Kartoffelbehandlung verwendet werden«. Dazu gehören Ascorbinsäure und Citrate als sogenannte Vergrauungsinhibitoren, Calciumchlorid zum Härten der Oberfläche (das sorgt für »Knusprigkeit«), Überzugsmittel, die eine sauerstoffundurchlässige Schutzhülle bilden, oder Enzyme wie Glucoseoxidasen, um anhaftende Stärke zu entfernen.

Nach dem Fritieren bei 130 bis 185 Grad Celsius in der Bratanlage wird auf minus 30 Grad tiefgekühlt, eine verschwenderische, aber qualitätserhaltende Maßnahme. Stickstoff beim Abpacken verzögert den Fettverderb und sorgt für ein schützendes »Luft«-Polster.

Für Backofenfritten empfiehlt sich ein extra Trocknungsvorgang, zum Beispiel mit Mikrowellen, um beim Verzehr einen mehlig feuchten Kern zu gewährleisten. Außerdem ist ein gleichmäßiges Besprühen mit einer Glucoselösung ratsam. Dadurch bräunen die Fritten im Backofen vor den Augen des anspruchsvollen Kunden optimal.

Und trotz allem schmecken sie. Oder sollten wir nicht besser unserer Lebensmittelwirtschaft bestätigen: eben deshalb schmecken sie! Denn ohne angewandte Chemie und Physik für vorgefertigte Produkte gäb's nicht so viele knusprige Kartoffelgerichte, die an Großmutters Küche erinnern sollen.

Tip

☺ Pommes gelten allseits als ungesundes »Junk Food«. Ernährungsexperten kritisieren die »versteckten« Fette und die Erhitzung. Merkwürdig: Dann müßten sie auch Butterstullen ablehnen, denn auch sie basieren auf Gebackenem und einer Portion Fett. Außerdem weiß jedes Kind, daß man von Fritten fettige Finger kriegt. Zumindest selbstgemachte Fritten sind ebensowenig »ungesund« wie Pausenbrote oder Bratkartoffeln. Auch der Zusatzstoffgehalt sticht nicht: In den meisten Bäckerbroten ist mehr »Chemie« enthalten als in Kartoffel-Fertig-Produkten (siehe Seite 11).

Die Tricks der Pulvermacher: Kartoffelpürees

Wesentlich schneller noch als Fertigpommes läßt sich Kartoffelpüree aus dem Beutel zubereiten. Sind die Mühen am heimischen Herd wirklich noch nötig? Kartoffeln nach Hause schleppen, schälen, kochen, stampfen und schaumig schlagen? Beim Fertigpulver ist das Öffnen der Verbundfolie noch das Schwierigste. Sichtbar wird ein unscheinbarer Inhalt, der in Minutenschnelle mit Wasser zu einer Riesenportion Kartoffelbrei schwillt.

145

»Wie hausgemacht«, sagt die Werbung dazu. »Industriege-
macht« sollte es ehrlicherweise heißen. Zunächst müssen in
der Fabrik mal wieder Kartoffeln geschält werden. Und das
geht genauso, wie zuvor bei den Pommes beschrieben: mit
Schälbirnen oder Laugenschälern. Dann kommt das kompli-
zierte »Verpulvern«.

Diese Prozedur ist deshalb schwierig, weil die Zellen, aus
denen jedes pflanzliche Gewebe besteht, nicht verletzt werden dürfen. Sonst tritt die Stärke aus, und das Ergebnis
schmeckt wie Tapetenkleister.

Ein aufwendiges Verfahren löst jedoch das Dilemma: Kartoffeln in etwa ein bis zwei Zentimeter dicke Scheiben schneiden, ausgiebig spülen, um die Stärke von den Schnittflächen
zu bekommen. Eine Viertelstunde bei 70 Grad Celsius vorkochen und dann schlagartig auf 20 Grad abschrecken. Das
stabilisiert die Zellstruktur für das nun folgende Garen, bei
dem die inzwischen gekühlten Scheiben eine halbe Stunde
weich kochen müssen. Beim Zerquetschen lösen sich dann
die intakten Zellen voneinander ab.

Dem Püree werden nun Zusatzstoffe untergemischt wie
Monoglyceride für ein breiiges Mundgefühl, Antioxidantien
(zum Beispiel Ascorbinsäure mit Zitronensäure), um die
Haltbarkeit zu verbessern, oder Farbstoffe für einen appetitlichen Teint. 150 Grad Celsius heiße Walzen trocknen die fertige Mischung in Sekunden.

Das Alternativverfahren fängt ganz harmlos an: Kartoffeln
schälen, kochen, pürieren und mit Zusatzstoffen vermengen.
Aber dann kommt der Griff in die Trickkiste: Der Brei wird
mit der doppelten Menge eines bereits getrockneten Pulvers
verrührt und gekühlt stehengelassen. Das Pulver saugt die
Feuchtigkeit aus dem frischen Brei.

Dieses Verfahren verhindert den ansonsten unvermeidlichen kleistrigen Geschmack des Fertigprodukts. Anschließend wird der feuchte Mix bei etwa 200 Grad Celsius mit Heißluft getrocknet und so schnell wie möglich gekühlt. Ein nachgeschaltetes Sieb trennt die gröberen Krümel ab, um sie erneut dem nächsten Frischbrei zuzuführen. Nur das feinste Pulver ist praktisch »fertig«. Es wird nur noch mal nachgetrocknet und dann unter Stickstoff oder Vakuum verpackt. Das fertige Pulver hat was erlebt. Jeder Krümel wurde im Durchschnitt sechs- bis neunmal mit Brei befeuchtet und wieder getrocknet.

Daß solches nicht unbedingt Feinschmeckers Geheimtip ist, wissen auch die Hersteller. Das Münchner Unternehmen Pfanni gesteht »deutliche Qualitätsnachteile« bei »industriell hergestellten Trockenkartoffel Pürees« ein. Andere beklagen eine »wäßrige Konsistenz« und ein »sandiges, wattiges Mundgefühl«. Nicht so bei der »haushaltsmäßigen Herstellung«. Da sei, so Pfanni, der frische Brei »schaumig-locker«. Als Ursache machten die Münchner einen »deutlich feststellbaren Anteil von nicht zerkleinerten Kartoffelklümpchen« aus, der den typischen Hausmachergeschmack hervorrufe.

Das ließ die Pulverprofis nicht ruhen. Ihre Lösung: Man schnitzele aus Kartoffeln Stückchen mit einem Querschnitt von fünf mal sieben Millimetern, gare sie sechs Minuten in Dampf, trockne sie, zerkleinere das spröde Material in einer Hammermühle und siebe die Brösel nach Größe. Geschmacklich am befriedigendsten sind Krümel mit einem Durchmesser von einem halben bis zu einem Millimeter. Pfanni empfiehlt, diese Hausmacherkrümel dem üblichen Kartoffelbreipulver zu zwölf Prozent unterzumischen. »Ergebnis ist ein Kartoffelpüree von ausgezeichnetem Geschmack und einer typischen Konsistenz, wie aus frisch gestampften Kartoffeln.« Na bitte!

> **Tip**
>
> ☺ Sollte der selbstgemachte Kartoffelbrei »leimig« statt schaumig schmecken, so läßt sich das vermeiden, indem Sie Ihren Mixer nicht auf höchster Stufe laufen lassen. Zu schnelles Rühren zerstört die Zellen, die Stärke tritt aus und verkleistert. Die Kartoffelpresse liefert ein schmackhafteres Ergebnis als das Stampfen. Die gepreßten Kartoffeln werden dann kurz mit sehr heißer Milch cremig-schaumig aufgeschlagen.

Der tränenfreie Abschied von der Zwiebel

Wie heißt das Geheimnis des Verkaufserfolgs von Fertigprodukten? Nicht nur Bequemlichkeit, auch Zeitersparnis. Die Vorstellung, dem freizeithungrigen Homo sapiens noch ein paar Handgriffe abnehmen zu können, motiviert die Entwicklungsabteilungen innovativer Unternehmen täglich aufs neue. Nimmermüder Fleiß schafft immer anspruchsvollere Lösungen für zunehmend belanglosere Fragen.

Es blieb jedoch dem Hause Maggi vorbehalten, »ein seit langem bestehendes Problem in überraschend einfacher und sicherer Weise« zu lösen: »das unangenehme, mit Tränenreizung verbundene Schneiden der rohen Zwiebeln«. Ein letztes Mal greifen wir zum Taschentuch und wischen uns eine Träne der Dankbarkeit aus den Augenwinkeln.

Den ehemals komplizierten Vorgang des Zwiebelschneidens, man braucht dafür immerhin ein scharfes Messer und ein Küchenbrettchen, erledigt Maggi, so seine einschlägige Patentschrift, für uns: Zunächst werden die Zwiebeln maschinell auf 6 x 6 x 3 Millimeter Kantenlänge gewürfelt. Dann kommt auf 90 Kilogramm Zwiebelwürfel »eine trokkene Vormischung aus 80 g Natriumdisulfit, 270 g Weinsäure, 150 g Zitronensäure, 100 g fein pulverisierte Mischung aus Galactomannan und Xanthan (1:1), 1000 g Kochsalz und 3800 g Zucker«.

Diese Mixtur wird »3 Minuten lang vermischt und anschließend mit einer Fettmischung aus 4400 g Pflanzenöl (Sojabohnenöl), 100 g handelsüblichem Monoglycerid und 100 g Zwiebelextrakt« verrührt.

Das allmorgendliche Zähneputzen bietet dem aufgeweckten Zwiebelforscher ein reiches Erkenntnisfeld: Es sei üblich, befand Maggi, »Zahnpasten immer in Tuben, welche aus Aluminium oder Kunststoff hergestellt sind, zu vertreiben«. Wohl wahr. Auch »Klebstoffe« würden »in Tuben dem Verbraucher zur Verfügung gestellt«. Bahnbrechende Erfindungen beruhen oftmals auf der Fähigkeit, bekannte Gedanken oder gar Alltäglichkeiten in eine ungewöhnliche Verbindung zu bringen. Wie wäre es, wenn aus der Tube statt Leim oder Zahnpastawürstchen richtige Zwiebelstücke hervorpurzelten? Das ergäbe »beträchtliche Vorteile beim täglichen Gebrauch«, erkannten die Maggi-Manager, »... da man den Inhalt der Tube in genau dosierter Menge den Speisen zusetzen kann, worauf die Behälter wieder dicht verschlossen werden können«. Sonst zwiebelt's auch noch im Kühlschrank.

Was mag einen Forscher bewegen, dessen Arbeit in aller Munde ist? Es ist die Frage aller Fragen: Verdirbt sein Präparat oder verdirbt es nicht? Jetzt nicht mehr. Aber nur soviel mag Maggi Neugierigen verraten: »die Haltbarmachung« werde »durch die funktionelle Kombination von milder Pasteurisierung und nur schwacher Absenkung des pH-Werts mittels relativ geringer Mengen bestimmter organischer Säuren in Verbindung mit dem ebenfalls nur in geringer Menge vorhandenen Öl erreicht«.

Bei soviel Kombinationsgabe glaubt man gerne, daß die so behandelten Zwiebelstückchen problemlos ein halbes Jahr halten, ohne daß sich Bazillen darüber hermachen. Aber wie überstehen die kleinen Zwiebelwürfel unbeschadet die wenig sensiblen Preßgewohnheiten der Tubendrücker? Droht etwa Gefahr, daß die »lockere stückige Form« der Miniwürfel vermatscht? Maggi antwortet: Die »Fettmischung« übt »die gewünschte konservierende und formstabilisierende Wirkung auf die Würfelteilchen aus«, so daß sie »beim Auspressen aus der Tube« nicht etwa »ihre lockere Form verlieren«. Und wozu dann all die übrigen Dreingaben? Maggi: »Sich absonderndes Zwiebelwasser wird durch die Kombination der Zusatzstoffe gebunden, so daß sich keine flüssige Phase bildet.«

Wie man an der Rezeptur unschwer erkennt, enthält die Tube nicht nur eine ganze Zwiebel: Das gute Stück ist per Daumendruck sogar dosierbar, tränendrüsenneutral und mit Zwiebelextrakt geschmackskorrigiert. Wer wollte da noch frischen Zwiebeln nachweinen?

> **Tip**
> 😊 Gegen Zwiebeltränen ist noch kein Kraut gewachsen. Aber manchem hilft kaltes Wasser: Halten Sie die geschälte Zwiebel kurz unter fließendes Wasser und spülen Sie auch während des Schneidens das Messer mit Wasser ab.

Da haben wir den Salat!

Salat, ein Synonym für Vitalität: Auf den gesunden Seiten der Illustrierten wird er regelmäßig angepriesen, um unseren »Vitaminhunger« zu stillen. Er soll den Gaumen der »Kalorienbewußten« befriedigen und die Darmtätigkeit verstopfter Zeitgenossen anregen. Wer's glaubt, kann mit einer »Salatdiät« sogar »in 5 Tagen bis zu 5 Pfund« abnehmen. Sollte *Bild der Frau* etwa den Kalorienverbrauch durch die Zubereitung mit eingerechnet haben, zuzüglich der Transpirationsverluste beim Gang zum Markt? Diese Kalorienbilanz könnte sich ändern. Denn inzwischen gibt's Salat im Plastikbeutel, fix und fertig geschnippelt. Nur noch das Fix- und Fertig-Dressing drüberklecksen, und die individuelle Note stimmt.

Ohne die praktische Beutelschneiderware sähen viele Salatbüffets trostlos aus. Am Institut für Gartenbauökonomie der Uni Hannover verweist man auf die »Verknappung ungelernter Arbeitskräfte«. Der Stundenlohn gelernter Köche ist einfach zu schade für Salatputzen und Gemüseschneiden. Wozu auch. Die Fertigschnipsel bleiben tagelang knackig, statt nach alter Küchensitte welk und braun zu werden.

Schon die Rohware wird gesondert behandelt. Fachleute empfehlen, die Salatköpfe vom Acker weg in Kühlwagen zu verladen. Danach sollten sie bei Temperaturen von unter acht Grad Celsius, nach Möglichkeit sogar zwischen zwei und fünf Grad, weiterverarbeitet werden. In dieser winterlichen Kälte wird das Gemüse geputzt, sortiert, geschnitten, gewaschen, trockengeschleudert, abgepackt und in Kühlfahrzeugen angeliefert. Dies ist das ganze Geheimnis knackiger Mischsalate. Dadurch sind sie tatsächlich frischer als das übliche Gemüse vom Markt.

Leider bewirkt der technische Fortschritt auch ein neues, für den Kunden unsichtbares Problem. Im Zellsaft, der an den Schnittstellen austritt, fühlen sich Bazillen so richtig wohl und gründen flugs Kolonien. Da Gemüse (noch) auf richtigen Äckern heranwächst und diese gedüngt werden müssen –

möglichst mit natürlichem Dünger, sind »Keime« nichts Ungewöhnliches oder Ungehöriges. Die Deutsche Gesellschaft für Hygiene und Mikrobiologie verliert im *Bundesgesundheitsblatt* merkwürdigerweise kein Wort über die breite Verteilung der Gülleflut auf unseren Äckern. Sie fürchtet vielmehr »punktuelle Kontaminationen« durch allfälligen Möwenschiß. Aus einem verirrten Klecks könnte bei der Verarbeitung großer Chargen ein breit verteiltes hygienisches Risiko erwachsen.

Problematisch wird es, wenn Handel, Restaurants oder Haushalte eine ausreichende Kühlung aus Kostengründen oder Nachlässigkeit vergessen. Dann können sich ganz harmlose Gemüsebakterien zum Risiko auswachsen: Sie verwandeln an den Schnittstellen austretendes Nitrat, eine Liebesgabe der Düngemittelhersteller, in riskantes Nitrit.

Abhilfe schafft gründliches Waschen der geschnittenen Ware. Das dezimiert die blinden Passagiere und entzieht den Verbliebenen zugleich die Nahrung. Die Kehrseite der Medaille: Pro Spülung soll etwa ein Fünftel des Vitamin-C-Gehaltes verlorengehen. Die geschnittene Ware wird vom Hersteller schon dreimal und ein weiteres Mal im Haushalt gespült. Zur Verminderung der Verluste setzen qualitätsbewußte Salatverarbeiter auf scharfe Messer, damit die Zellen so wenig wie möglich zerrissen werden. So bieten sie den Mikroben weniger Angriffsfläche. Leider bedeutet ein solch scharfer Schnitt durchs Gemüse noch keinen guten Schnitt beim Verkauf, denn gute Spezialmesser sind recht teuer und beim Preiskampf nur hinderlich.

Die nötige hygienische Sicherheit – vor allem bei weiten Transportwegen und bei Verzicht auf Kühlketten – bringt der richtige Zusatz im Waschwasser. Die Vorzüge stark gechlorten Wassers weiß man vor allem im europäischen Ausland zu schätzen. Als Alternative zu diesem wohl umstrittenen Verfahren bietet sich eine Spülung mit einer Lösung aus Zitronensäure, Weinsäure und Apfelsäure an. Eine Extraportion Ascorbinsäure, also Vitamin C, verhindert die unappetitliche Bräunung. Besonders hartnäckige Fälle lassen sich mit Sulfit bekämpfen, das unterhalb der Deklarationsschwelle eingesetzt wird.

Auch die Verpackung verrät Know-how. Ideal sind Beutel aus Polypropylen. Beim Zugreifen suggeriert deren leises Knistern Frische. Und sie bleiben glasklar, auch wenn das Kondenswasser Tröpfchen bildet. Lediglich beim Schutzgas scheiden sich die Geister. Die einen verpacken unter Vakuum, andere setzen auf ein bestimmtes Verhältnis von Kohlendioxid, Stickstoff und Sauerstoff. Wieder andere halten Luft für ebenso wirksam, denn die Pflanzen produzieren das keimhemmende Kohlendioxid selbst.

Der Beutelsalat ist ein Beispiel dafür, daß bequeme Lösungen ernährungsphysiologisch nicht schlechter sein müssen als die haushaltsübliche Zubereitung. Vorausgesetzt, daß alle Spielregeln bei Ernte, Transport, Herstellung und Lagerung penibel eingehalten werden. Sonst können sogar ernste hygienische Probleme auftreten. Deshalb ist man mit der »traditionellen« Zubereitung von frischem Salat in der Küche stets auf der sicheren Seite.

Tip

☹ Der hohe Nitratgehalt im Kopfsalat macht vielen Verbrauchern Kopfzerbrechen. Nitrat kann sich im Körper in Nitrit umwandeln und schließlich zu den krebserregenden Nitrosaminen reagieren. Da sich diese Reaktion im Reagenzglas mit viel Vitamin C stoppen läßt, wurde vielfach empfohlen, statt Essig Zitronensaft zum Anmachen der Salatsoße zu verwenden. Der Tip ist wenig durchdacht. Für diesen Effekt müßte man den Zitronensaft schon literweise zugeben. Hier ist nicht der Verbraucher, sondern der Landwirt gefragt: moderne Anbautechniken, vor allem weniger Dünger, könnten wirksam Abhilfe schaffen.

☹ Der gute Ruf des Kopfsalates als gesundes Gemüse läßt sich ernährungswissenschaftlich kaum begründen. Vor allem im Winter, während der Treibhaussaison, entspricht er eher einem Papiertaschentuch in einem Glas Wasser. Denn Wasser (95 %) und Faserstoffe (1,5 %) sind abgesehen vom Nitrat (maximal 3,5 g/kg) seine wichtigsten Inhaltsstoffe. Von den vielen Verbrauchertips macht nur der allgemeine Rat Sinn, im Winter auf Kopfsalat zu verzichten. Wie wär's statt dessen mit Feld-, Sellerie-, Chicorée- oder Krautsalat?

Wie man Tomaten verpulvert

Etwas Warmes braucht der Mensch. Wie wär's mit einem Teller Suppe? Eine Tomatensuppe ist ganz was Feines. Manchmal so fein, daß sie sogar als Pulver in Alubriefchen gehandelt wird. Damit ist die Zubereitung kinderleicht: Beutel öffnen, mit Wasser verrühren, einmal kurz aufkochen, und der Hungrige darf eine fixe »Feinschmeckeridee der Meisterklasse« auslöffeln!

Ein unbefangener Betrachter würde wohl die enorme Saugfähigkeit am meisten bestaunen: Nur 50 Gramm Pulver ergeben mit Wasser zwei volle Teller Suppe. Auch der Packungsaufdruck verblüfft: »Nach Gärtnerinnen-Art wird hier mit dem Suppenlöffel geerntet«. Ob der Hersteller seiner Marketingabteilung für derart dämliche Etikettenlyrik eins hinter die Löffel geben möchte? Jeder blamiert sich, so gut er kann. Ein Wettbewerber schafft's: »Frisch gepflücktes Basilikumkraut« sei in seiner Tütensuppe »nach alter Hausfrauenart weitgehend frisch erhalten«. Vermutlich hat eine Erntemaschine das Basilikum einfach abrasiert. Welcher »alten Hausfrauenart« sich dann der Suppenpulver-Mixer bediente, bleibt das Geheimnis des rötlichen Gekrümels.

Kein Geheimnis ist jedoch eine Industrie-Rahmenrezeptur, und die spricht für sich. Man nehme für ein Kilo Tomatensuppen-Instantpulver:

Tomatenpulver, 140 g: Die besseren Tomaten werden gepellt und eingedost; die restlichen zerkleinert, erhitzt, von Schalen und Samenkernen befreit und dreifach konzentriert. Dieses Konzentrat wird mit viel Energie im Sprühturm zu Pulver getrocknet und unter Stickstoffbegasung in Kunststoffsäcke abgefüllt.
Zucker, 115 g: Reife Tomaten schmecken süß. Mit Zucker schmecken alle, aber auch wirklich alle Tomaten wie »sonnengereift«. Außerdem befriedigt Zucker ketchupverwöhnte Kindergaumen.
Salz, 100 g: Bringt viel »Geschmack« für wenig Geld.
Brösel, 50 g: Diese schwer erkennbaren oblatenähnlichen Krümel quellen in heißem Wasser zu einer tomatenfleischartigen Konsistenz. So schmeckt man »echte« Tomatenstückchen mit dem eigenen Gaumen. Die Brösel bestehen vor allem aus Mehl, Stärke und etwas Tomatenpulver.
Capsanthin & Capsorubin, 5 g: Die aus Paprika gewonnenen Farbstoffe verleihen der Suppe den »Tomatenteint«.
Kräuter, 5 g: Gefriergetrocknete Kräuter sind wichtig fürs Auge. Man soll die Kräuter auch sehen, deren Aromen man schmeckt.

Zitronensäure, 25 g: Sie wird großtechnisch von Schimmelpilzen erzeugt, mit Kalkmilch aus der Nährlösung gefällt, danach mit Schwefelsäure wieder freigesetzt und mit Ionenaustauschern gereinigt. In der Suppe unterstützt sie die »fruchtige« Note des Tomatengeschmacks.

Trinatriumcitrat, 15 g: Die mit Natronlauge umgesetzte Zitronensäure dient hier als Säureregulator.

Aromaextrakte, 3 g: Die analytisch kaum durchschaubare Mixtur aus physikalisch-chemisch-biotechnologisch gewonnenen Aromastoffen verleiht der Mischung Tomaten- und Kräuternoten (siehe Seite 198).

Proteinhydrolysat, 25 g: Das ist »Würze«, also in Salzsäure aufgelöste Eiweißreste (siehe Seite 208).

Natriumglutamat, 20 g: Dieser umstrittene Geschmacksverstärker wird erforderlich, wenn's am Geschmack hapert (siehe Seite 201).

Inosinat, 1 g: Verstärkt seinerseits den Geschmacksverstärker Glutamat.

Guanylat, 1 g: Verstärkt den Verstärker Inosinat.

Spezialfett, 100 g: Das fertige Fett wird in Tankzügen bei etwa 65 Grad Celsius flüssig angeliefert und unter Stickstoff gelagert. Vor dem Zumischen wird es auf Kühlwalzen zum Erstarren gebracht, abgeschabt und zudosiert. Das Fett soll Geschmack und »Mouthfeel« verbessern. Es enthält gewöhnlich nicht kennzeichnungspflichtige Antioxidantien und Emulgatoren wie E 307, E 312, E 472.

Quellstärke, 220 g: Sie ist verantwortlich für die enorme Saugfähigkeit des Pulvers, das durch sie nach dem Aufquellen eine soßenartige, sämige Konsistenz erhält. Statt gewöhnlicher Stärke werden physikalisch oder enzymatisch modifizierte Stärken bevorzugt.

Maltodextrin, 175 g: Das ist ein billiger Füllstoff, damit's nach mehr im Tütchen aussieht. Die enzymatisch oder mit Salzsäure »vorverdaute« Stärke wird manchmal mit Milchzucker gestreckt.

Ein Kilo dieser kulinarischen High-Tech-Kreation reicht satt für etwa 50 Teller, die wie leckere Tomatensuppe schmecken. Glauben Sie aber nicht, daß der Hersteller Ihnen ein so ausführliches Rezept auf der Packung verraten würde. Dort steht kleingedruckt statt dessen so etwas: Tomaten, Stärke, Maltodextrine, Zucker, Fett (z. T. gehärtet), Salz, Weizenmehl, Säuerungsmittel, Aroma, Geschmacksverstärker, Kräuter und Gewürze, Paprikaextrakt.

> **Tip**
> ☺ Es ist zwar keine Kunst, aus frischen Tomaten eine Suppe zu kochen, wem es trotzdem zu lange dauert, der kann es ja mal mit Tomatenmark versuchen: Zwiebeln (eventuell mit Speck) anschwitzen, etwas Tomatenmark zugeben, zum Andicken ein wenig Mehl, gut durchdünsten, mit Wasser aufgießen, mit Salz, Thymian und einer Prise Zucker würzen, noch ein paar Minuten köcheln lassen, mit Sahne abschmecken und nach Belieben geriebenen Parmesan darüberstreuen.

Vitaminpillen statt Obst und Gemüse?

Die Erkenntnis, daß der Verzehr von frischem Obst und Gemüse mit einer geringeren Darmkrebsrate einhergeht, brachte die Pharmaindustrie auf die Idee, Vitaminpillen könnten für die Gesundheit ähnlich positive Wirkungen haben. Besondere Hoffnung setzen sie dabei auf die Vitamine, die »Radikale« fangen sollen.

Die sogenannten Radikale sind sehr reaktive Moleküle, die ständig und ganz natürlich in unserem Körper entstehen. Die Pharma-Werbung und unseriöse Medien haben sie zu chemischen Bösewichten hochstilisiert, die nur durch Streß,

Rauchen und Umweltgifte entstünden. Einmal gebildet, würden sie nur darauf lauern, Haut und Haare frühzeitig altern zu lassen, Krebs, Infarkt und diverse Frauenleiden auszulösen. Das praktische Hilfsangebot folgt prompt: Teure Vitaminpräparate können eben diese Radikale abfangen und so das Altern stoppen, das Immunsystem stärken und vor Siechtum schützen. Die Angstkampagnen hatten Erfolg. Vitaminpillen, -tabletten und -pulver sind zum Renner in Apotheken und Drogerien geworden. Sie bescheren den Herstellern Milliardenumsätze.

Vermögen Vitamine wirklich Wunder zu wirken? Die Medizin setzte vor Jahrzehnten große Hoffnungen in die Vitamine A, C, E und Beta-Carotin, einer Vorstufe von Vitamin A. Der Optimismus von damals ist jedoch längst verflogen, Ernüchterung macht sich breit. Die Ergebnisse vieler neuer Studien an Zehntausenden von Menschen lassen massive Zweifel an der günstigen gesundheitlichen Wirkung von Vitaminpräparaten aufkommen.

»Es war die größte Enttäuschung meiner Laufbahn«, gestand der Chefmediziner Dr. Charles Hennekens von der Harvard-Universität, als er im Frühjahr 1996 das Ergebnis seiner Physicians Health Study vorstellte. Bei dieser Studie hatten 22.000 Ärzte aus den USA unter Hennekens' Aufsicht zwölf Jahre lang Beta-Carotin (oder ein Placebo) geschluckt. Der vitaminähnliche Stoff half aber weder gegen Krebs noch gegen Herzinfarkt noch gegen irgend etwas anderes. Hennekens' ernüchterndes Fazit: »Es gibt absolut keinen Nutzen.«

Ebenfalls in den USA wurde die sogenannte CARET-Studie durchgeführt. An ihr nahmen 18.000 Patienten teil, allesamt Menschen, deren Lungen durch Zigaretten oder Asbest belastet waren. Sie erhielten eine Kombination aus Vitamin A und Beta-Carotin, in der Hoffnung, diese Vitamingaben würden die Rate von Lungenkrebs senken. Das Gegenteil war der Fall: Teilnehmer, die Beta-Carotin plus Vitamin A geschluckt hatten, starben häufiger an Lungenkrebs als solche, die nur Placebos statt Vitaminpillen bekamen. Bei der Vitaminkombination stieg die Lungenkrebsrate um 28 Prozent, und die Lebenserwartung sank um 17 Prozent. Als dieses verheerende Zwischenresultat vorlag, wurde die Studie Anfang 1996 abgebrochen.

Das Ergebnis der CARET-Studie stützt das Resultat der Finnland-Studie, die bereits 1994 vorzeitig beendet werden mußte. Knapp 30.000 finnische Raucher hatten im Rahmen dieser Studie acht Jahre lang Beta-Carotin, Vitamin E oder Placebos eingenommen. Auch hier lag die Lungenkrebsrate bei den Teilnehmern, die Beta- Carotin erhielten, um 18 Prozent höher als bei den anderen Untersuchten. Zugleich starben mehr Menschen aus der zusätzlich mit Beta-Carotin versorgten Gruppe an Herzinfarkt. Insgesamt lebten die Raucher am längsten, die keine Extra-Vitamingaben erhielten.

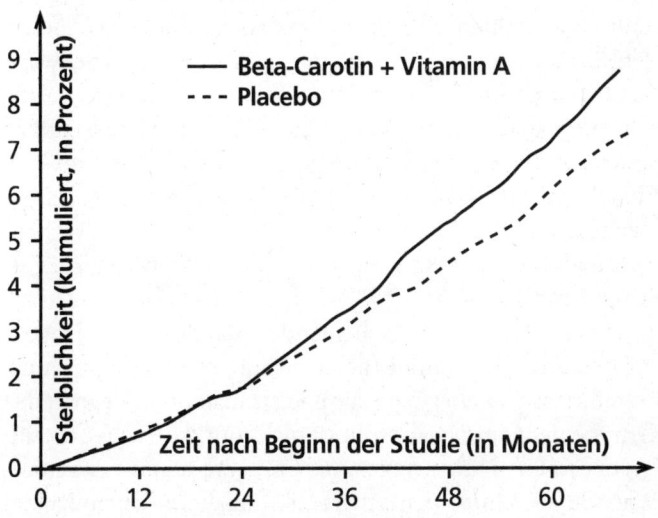

Bei der Vitamin-Lobby kam angesichts dieser dramatischen Resultate Panikstimmung auf. Mit abenteuerlichen Ausreden versuchte man, das Ergebnis der Studie herunterzuspielen. So seien finnische Raucher eben nicht repräsentativ für uns Deutsche. Außerdem würden acht Jahre Vitaminpillen schlucken natürlich nichts nützen, wenn jemand schon 20 Jahre Raucher gewesen sei. Schließlich reichten zwei Vitamine allein nicht aus, man müsse schon ein komplettes Multivitaminpaket zusammen mit einer Spurenelement-Mixtur einnehmen, um die positiven Kombinationseffekte erfahren zu dürfen.

In ihrer verzweifelten Lage stilisierte die Vitamin-Lobby die Ergebnisse einer anderen Untersuchung zum Gegenbeweis hoch. Die Linxian-Studie aus Nordzentralchina blieb bis heute das Kernstück der Beweisführung für die positiven Wirkungen von Vitaminen: 30.000 chinesische Vegetarier erhielten bei dieser Studie vier bis acht Vitamine und Mineralien in vielfältigen Kombinationen. Aber alles Kombinieren half überhaupt nichts: Keiner Versuchsgruppe haben die Vitamine und Mineralien etwas genutzt. Statistiker rechneten dennoch aus dem Datenmeer der Erfolglosigkeit eine Kombination von Präparaten heraus, die rein theoretisch hätte helfen müssen. Das Ergebnis dieser Studie ist um so enttäuschender, wenn man weiß, daß die Menschen in Linxian – im Gegensatz zu Finnland – unter Mangelernährung leiden. Trotzdem stellen Geschäftemacher dieses peinliche Ergebnis als Beweis der Wirksamkeit von Vitaminpillen dar.

Tatsächlich werden entscheidende Fakten unterschlagen, wenn man den gesundheitlichen Schutzeffekt von Obst und Gemüse nur auf ein paar Vitamine zurückführt. Allein in der Gruppe der Carotinoide gibt es nicht nur das Beta-Carotin, sondern 300 weitere Stoffe mit bis heute kaum bekannten Wirkungen. Unter den Abertausenden Phytochemikalien, wie die biologisch wirksamen Begleitstoffe in Obst und Gemüse heißen, sind in jeder Frucht, in jeder Knolle, in jedem Blatt Dutzende von Substanzen für diverse gesundheitliche Effekte – im guten wie im bösen – verantwortlich.

Das Geschäft mit der Angst vor Radikalen müht sich nach Kräften, beim Kunden ein schauriges Bild zu zeichnen. Normalerweise kommt der Körper mit aggressiven Molekülen, den Radikalen, gut zurecht – mehr noch: ohne sie wäre unser Leben gar nicht möglich. Wenn unser Körper Energie gewinnt, indem er den Sauerstoff aus der Atemluft in Wasser umwandelt, geschieht das stets mit Hilfe von Radikalen. Natürlich kann auch im menschlichen Körper eine überschießende Radikalbildung ablaufen.

Die größte Gefahr geht dabei aber nicht von Umweltgiften, Zigarettenrauch oder Streß, sondern von einem natürlichen Stoff aus: dem freien Eisen im Blut. Zuviel davon kann sogar tödlich sein. Deshalb ist das Eisen in unserem Blut stets gut in speziellen Eiweißen eingeschlossen und besitzt zusätzlich eine Form, in der es kaum Radikale bilden kann. Nehmen wir jedoch eine Überdosis Vitamin C zu uns, wird das Eisen in seine aggressive Form umgewandelt. Und das kann zu einem Herzmuskelschaden und schließlich zum Tode führen. Über Todesfälle durch Extra-Vitamin-C (Megadosen mit einem Gramm) bei jungen Menschen hat die Fachpresse schon berichtet.

Die Lebensmittelindustrie setzt Radikalfänger wie Vitamin C (sogenannte Antioxidantien) seit Jahrzehnten erfolgreich ein, um die Haltbarkeit von Nahrungsmitteln zu verlängern. Erfolgreich, weil sie weiß, daß sie nur in geringer Dosis Radikale fangen. In höherer Dosis schlägt die Wirkung ins Gegenteil um: Sie beschleunigen den Verderb. Deswegen setzt der Hersteller exakt die Dosis zu, die zu maximaler Haltbarkeit führt. Daher muß der Verbraucher bei unseren industriell hergestellten Lebensmitteln weder mit einer Überdosis noch mit einem Mangel an »Radikalfängern« rechnen.

Angesichts der zahlreichen Studien, die Vitaminpräparaten bestenfalls Wirkungslosigkeit, wenn nicht gar Schädlichkeit attestieren, sind in der Europäischen Union Bestrebungen im Gange, zum Schutze der Bevölkerung Höchstmengen für Vitaminpräparate festzulegen und Warnhinweise zu verlangen, wie sie auf Zigarettenpackungen längst üblich sind. Besonders die Franzosen sind durch einen Bericht ihrer obersten Gesundheitsbehörde alarmiert. Deren Chef Jacques Bernier warnte: »Wenn Vitamine über längere Zeiträume regelmäßig eingenommen werden, werden die Risiken sichtbar. Wir sehen heute toxische Effekte bei immer kleineren Dosen.«

Der New Yorker Vitaminforscher Victor Herbert geht noch einen Schritt weiter: »Das Verkaufen von Megadosen antioxidativer Vitamine, um etwa Krebs zu bekämpfen, das Immunsystem zu verbessern und das Altern zu verzögern, verbunden mit der Darstellung, daß die Produkte nachweislich diese Wirkungen haben und außerdem sicher seien, ist ein Multi-Milliarden-Betrug.«

Tip

☺ Vitaminmangel ist in unserer Gesellschaft eine exotische Ausnahme. Gewöhnlich kommt er nur bei vegan ernährten Kindern vor. Durch eine extrem einseitige vegetarische Ernährung mangelt es bei ihnen nicht selten an Vitamin B_{12}. Hier sind B_{12}-Gaben manchmal sogar lebensrettend.
Die Behauptung, unsere Gesellschaft leide an einem

»subchronischen« Mangel, dient werblichen Zwecken. Nie war die Zufuhr so reichlich, nie wurden so viele Vitamine zu technischen Zwecken industriell verarbeiteten Lebensmitteln zum Beispiel zur Verbesserung von Haltbarkeit oder Farbe zugesetzt.

☹ Überschüssige Vitamine können im Körper, bevor sie ausgeschieden werden, erheblichen Schaden anrichten. Deshalb lohnt es sich für Verwender von Vitaminpräparaten, einmal auszuprobieren, ob durch langsames Absetzen der Vitamingaben ihre gesundheitlichen Beschwerden verschwinden.

☺ Es bestehen aber keine Einwände gegen eine Einnahme von Vitaminen auf ärztliche Weisung im Krankheitsfall. Bei bestimmten Beschwerden können einzelne Vitamine helfen. Dies ist jedoch eine typische Arzneiwirkung und hat nichts mit einem Mangel zu tun. Bei einer »vorbeugenden« Einnahme überwiegen die schädlichen Wirkungen.

SPS: Die Geheimbotschaft pflanzlicher Kost

Seitdem die verheerenden Ergebnisse jüngster Studien über Vitamine bekannt wurden, sinkt deren Stern am Gesundheitshimmel. Dafür erleben nun andere Substanzen einen kometenhaften Aufstieg: die »sekundären Pflanzenstoffe« (SPS). Eine erstaunliche Entwicklung, denn als sekundär bezeichnet die Ernährungswissenschaft im Prinzip all die Stoffe, denen sie bisher jeden gesundheitlichen Wert abgesprochen hat. Nur die Vitamine ließ sie gelten.

SPS sollen angeblich nicht nur die Grippe, das ganz gewöhnliche Altern und den Infarkt verhindern, sondern auch – Sie haben es sicher schon geahnt – den Krebs. Bald wird sich herausstellen, daß die in unseren Lebensmitteln vorhandenen Mengen dieser Substanzen nicht ausreichen, um unsere Gesundheit zu schützen. Damit schlägt die Stunde der Pharmaindustrie. Und rein zufällig sponsern Hersteller von SPS jene Experten, die den Nutzen eben dieser Produkte in schillernden Farben ausmalen.

Natürlich sind die zahllosen Begleitstoffe in unseren Lebensmitteln weder wirkungslos noch sind sie alle dazu geschaffen, den Menschen optimal zu ernähren. Ein beträchtlicher Teil von ihnen dient ja dazu, Fraßfeinde abzuwehren – zu denen auch der Mensch gehört. Zu diesen Abwehrstoffen zählen zum Beispiel alle Pflanzengifte. Strychnin, Atropin oder hochwirksame Pfeilgifte sind also auch sekundäre Pflanzenstoffe.

Mit anderen Substanzen schützen sich Pflanzen ebenfalls vor Feinden, wenn auch subtiler als mit Giften. Ihre Zellen enthalten Stoffe, die bei Beschädigung dafür sorgen, daß die Wertstoffe noch im Maul des Fressers in unverdauliche Substanzen umgewandelt werden. Zu solchen Schutzstoffen zählen auch die Polyphenyloxidasen, die Obst an einer Schnittstelle braun werden lassen. Sie bewirken, daß bestimmte Inhaltsstoffe des Obstes, die Polyphenole, mit Eiweiß zu ungenießbaren Verbindungen reagieren. Reine Pflanzenfresser verfügen deshalb über zusätzliche »Aufschlußeinrichtungen« für ihre Nahrung, die Allesfressern wie Wildschweinen oder Menschen fehlen. Deshalb haben Wiederkäuer einen Pansen, um mit der Pansenflora die unerwünschten Substanzen unschädlich machen zu können.

Eine andere »sekundäre« Zutat im Abwehrcocktail sind die Enzymblocker. Sie hemmen die Verdauungssäfte, so daß die Nährstoffe unverdaut bis in den Dickdarm gelangen, meist spürbar an heftigen Blähungen. Vor allem die Randschichten des Weizens zeichnen sich durch solche Enzymblocker aus, die zugleich die Hauptverantwortlichen für Getreideallergien sind. Selbst das Backen kann ihnen nichts anhaben. Vielleicht sollte man bei Allergien nicht immer die »künstlichen Farbstoffe« verdächtigen, sondern auch mal an die vermeintlich »gesunde« Kost denken. Bei Verzehr von Weißmehl sind die gesundheitlichen Risiken erheblich geringer (siehe Seite 15).

Welch verheerende Folgen zuviel Rohkost haben kann, konnte Professor Claus Leitzmann von der Universität Gießen zeigen: Jede dritte jüngere Frau, die sich möglichst roh und vegetarisch ernährte, hatte keine Monatsregel mehr. Wie viele unter den Rohköstlerinnen mit unregelmäßiger Menstruation leiden ebenfalls unter Unfruchtbarkeit? Hätte eine Studie mit Kundinnen einer Hamburger-Kette ähnliche Ergebnisse erbracht, wäre die moralische Empörung nicht auszudenken.

Betrachten wir einmal die positiven Seiten der sekundären Pflanzenstoffe etwas genauer: Tatsache ist, daß bei einer eher pflanzlichen Ernährung Krebserkrankungen der Verdauungsorgane seltener beobachtet werden. Das muß weder am Gemüse liegen noch an dessen Rohzustand. Schließlich können tierische Lebensmittel eine ganze Reihe (vermeidbarer) Stoffe enthalten, die als krebsfördernd gelten.

Pflanzliche Kost wird oft fermentiert oder ausgiebig gekocht. Beides zerstört die unerwünschten SPS. Deshalb sind Eintöpfe bekömmlicher als Rohkostplatten. Hinzu kommt: die wirklich wichtigen Stoffe liegen meist in gebundener Form vor, schließlich soll es dem Fraßfeind so schwer wie möglich gemacht werden, das »Wertvolle« aus den Blättern, Stengeln und Knollen herauszuholen. Erst eine Fermentation setzt diese Stoffe frei. Das ist der Grund, warum die positiven

Wirkungen des Weintrinkens eben nicht durch Traubenverzehr erreicht werden (siehe Seite 280). Und warum Roggenbrot bekömmlicher ist als Roggenflocken im Müsli. Und warum die Asiaten ihre Sojabohnen so aufwendig aufarbeiten und fermentieren.

Die Pflanze stellt die SPS aber nicht nur zur Abwehr von Maden, Mäusen und Rohköstlern her, sondern verfolgt noch ganz andere Ziele: Sie braucht sie zur Kommunikation. Pflanzen werben einladend mit Farben und Düften, wenn sie Bienen als Bestäuber suchen oder Vögel, die im Herbst die Beeren ernten, damit sie die darin enthaltenen Samen verbreiten. Mit Lockstoffen lotsen die von Schädlingen befallenen Pflanzen gezielt Schlupfwespen als Helfer gegen Feinde herbei. Aber sie kommunizieren nicht nur mit Tieren, sondern auch untereinander. So warnen sich Kartoffelstauden durch die Bildung von Methyljasmonat vor Schädlingen.

Wissenschaftler sprechen hier von »chemischen Pflanzensprachen«. Seit Jahrzehnten versuchen sie diese Sprachen zu entschlüsseln. Eine Arbeitsgruppe der Freien Universität Barcelona widmet sich den Terpenoiden, einer Stoffklasse, der viele pflanzliche Duftstoffe angehören. Der Leiter, Josep Penuelas, meint: »Terpenoide sind eine der vielfältigsten chemischen Sprachen im Netzwerk der Kommunikation zwischen Pflanzen und anderen Organismen.« Da Terpenoide aus Modulen von fünf Kohlenstoffatomen aufgebaut sind, entsteht durch Kombination eine ungeheure Vielfalt von Strukturen, oder »Worten«, um im Bild zu bleiben. Ein Teil der Terpenoid-Worte ist allen Pflanzen gemeinsam. Daneben gibt es aber auch »Dialekte«, die charakteristisch sind für jede Pflanzenfamilie und jede Art.

Auch andere Stoffklassen wie die Flavonoide eignen sich als Sprache. Viele gelbe, rote und blaue Farbstoffe in Pflanzen sind Flavonoide. Dazu Penuelas: »Pflanzen unterscheiden sich also nicht so sehr von Tieren in der Art ihrer Kommunikation untereinander und mit andersartigen Organismen; sie besitzen Sprachen mit Worten und Botschaften.«

Jedem Touristen im Mittelmeerraum fällt sofort der intensive Duft auf: Pflanzen wie Salbei, Oregano oder Lavendel unterhalten sich per »Luftpost«. Sie versenden flüchtige Verbindungen, von denen wir einen Teil riechen können, an ihre Umwelt. Uns Menschen liefern sie von jeher Aromen und Gewürze. Der markante Wohlgeruch dieser Kräuter ist typisch für heiße und trockene Regionen. Da verdunsten die Botenstoffe viel leichter. Unsere Breiten sind für eine solche Art der Kommunikation weniger geeignet. Es regnet einfach zuviel.

In unseren Gegenden werden die Stoffe vermehrt über die Blattoberfläche abgegeben, die der Regen in den Boden spült. So macht es zum Beispiel der Walnußbaum. Sein Abwehrstoff Juglon unterdrückt das Wachstum von Konkurrenten unterhalb seiner Laubkrone. Der Apfelbaum wiederum gibt seine Botenstoffe über die Wurzeln direkt in den Boden ab. Damit verhindert er beispielsweise das Auskeimen von Apfelkernen im Einzugsbereich seiner Wurzeln. Das erklärt das Phänomen der »Bodenmüdigkeit«, also warum dort, wo ein Apfelbaum geschlagen wurde, kein anderer mehr gedeiht.

Pflanzen kommunizieren auch mit Mikroben. Allgemein bekannt ist die Lebensgemeinschaft der Knöllchenbakterien mit Schmetterlingsblütlern wie Erbsen oder Bohnen. Die Knöllchenbakterien in ihren Wurzeln sind in der Lage, den Stickstoff aus der Luft zu binden, was diesen Pflanzen erlaubt, auch auf nährstoffarmen Böden zu gedeihen.

In einem Ökosystem gibt es viele verschiedene Pflanzen und Mikroben. Jedes Lebewesen hat eine andere biochemische

Ausstattung, was nichts anderes heißt, als daß jede Pflanze etwas anderes besonders gut kann. Auf einem Acker oder einer Wiese herrscht deshalb nicht nur eine harte Konkurrenz um Licht, Nährstoffe und Wasser, sondern auch Arbeitsteilung. Es bilden sich Allianzen, man »arrangiert sich« und es entsteht ein stabiles Gleichgewicht. Dazu ist ein umfangreiches Kommunikationsnetz erforderlich.

Es leuchtet ein, daß sekundäre Pflanzenstoffe nicht unterschiedslos »Gesundheit pur« darstellen, sondern eine Vielfalt von Aufgaben haben, die sich gerade nicht an den Verkaufswünschen von Ernährungswissenschaftlern, Vollwertideologen oder Geschäftemachern orientieren. Selbstverständlich beeinflußt ein Teil der angesprochenen Substanzen auch den menschlichen Stoffwechsel – im guten wie im bösen, je nach Dosis. Um den Nutzen voll ausschöpfen zu können, bedient sich die Menschheit seit Zigtausenden von Jahren bei der Zubereitung ihrer Speisen gezielt der Erhitzung und der Fermentation. Würden die vollmundigen Gesundheitsverheißungen auch nur annähernd der Realität entsprechen, hätte die Menschheit nicht mühsam eine Haute Cuisine entwickelt, sondern würde sich in ihren Ernährungsgepflogenheiten kaum von Wildschweinen unterscheiden.

Tip

☺ Machen Sie lieber nicht jeden modischen Ernährungstrend mit. Viele traditionelle Speisenzubereitungen haben sich im Gegensatz zu einer übertriebenen Rohkost längst bewährt. Essen Sie nichts, was Ihnen nach Ihrer Erfahrung nicht bekommt – und sei es angeblich noch so gesund. Jeder Körper ist anders. So wie es keine »gesunde« Schuhgröße gibt, gibt es auch keine Ernährung, die für alle Menschen gleichermaßen vorteilhaft wäre.

VI. Sauer macht lustig:
Essig, Öl und Oliven

Wer gut schmiert, der gut fährt, lautet eine alte Lebensregel im Umgang mit der Obrigkeit. Mittlerweile erfolgte ein Bedeutungswandel. Das richtige Öl in der Küche soll nun den Stoffwechsel schmieren, Haut und Adern geschmeidig halten und auch sonst für das Seelenheil bedeutsam sein, um gut durchs Leben zu fahren. Die »letzte Ölung« für den Salat, bevor er verspeist wird, bewegt das Gewissen der Ernährungsbewußten bereits mehr als die Frage, ob ihr Lippenstift an Häschen oder Mäuschen klinisch getestet wurde. Also höchste Eisenbahn, um die Maßstäbe wieder zurechtzurücken. Da die Werbung natürlich am besten weiß, welches Öl am gesündesten ist, schaun wir mal bei der Gewinnung eines solchen Superöls zu.

Raffiniert, wie Salatöl entsteht

Zur Vorbereitung werden die Sojabohnen, Distelsaaten oder Maiskeime gereinigt und mit Dampf oder Wärme konditioniert. Der richtige Wassergehalt erleichtert die folgende Extraktion. In explosionsgeschützten Extraktionsanlagen wird das Öl mit Leichtbenzin herausgelöst. Pressen ist einfach zu unwirtschaftlich, weil zuviel Öl im Preßkuchen zurückbleibt. Bei der Sojabohne, der wichtigsten Ölsaat in Deutschland, mit ihrem niedrigen Fettgehalt von etwa 20 Prozent wäre eine Pressung vergebliche Liebesmühe. Die Extraktion dagegen erlaubt eine vollständige Gewinnung des Fettes.

Das Leichtbenzin-Öl-Gemisch, der Chemiker spricht von der »Miscella«, wird destilliert. Dadurch läßt sich das Lösungsmittel zurückgewinnen. Übrig bleibt ein Öl, das so nicht für unsere Ernährung geeignet ist. Deshalb müssen solche Öle raffiniert werden, das bedeutet: *entlecithinieren, entschleimen, entsäuern, bleichen* und auch noch *desodorieren*. All das dient dem Zweck, möglichst sämtliche Begleitstoffe des Öls zu entfernen, weil sie irgendwie stören. Entweder sie schmecken schlecht, oder sie sind bei der weiteren Verarbeitung, überwiegend zu Margarine (siehe Seite 102), technisch hinderlich.

Die *Entlecithinierung*, erforderlich vor allem bei Soja- und Rapsöl, ist denkbar einfach. Durch Zugabe von Wasser läßt sich der Großteil der Lecithine abtrennen. Später werden sie aufbereitet und als Emulgatoren beispielsweise der Margarine zugesetzt.

Während der anschließenden *Entschleimung* zersetzt Phosphorsäure die restlichen Lecithine, Wachse oder Eiweiße. Sie würden sich sonst im Laufe der Zeit als »schleimiger« Niederschlag am Flaschenboden absetzen. Dem Öl tut diese Behandlung nicht sonderlich gut. Sie fördert die Bildung freier Fettsäuren, die widerlich kratzig schmecken.

Hier hilft das *Entsäuern* durch Zugabe von Natronlauge. Die freien Fettsäuren reagieren mit der Lauge zu Seifen, die sich als »Soapstock« absetzen.

Tip
☺ Die Schlieren, die sich manchmal bei einem kaltgepreßten Öl am Flaschenboden absetzen, signalisieren nicht einen beginnenden Verderb, sondern bestehen aus Lecithin und verwandten Verbindungen. Bei Raffinaten werden sie vollständig entfernt, weil sich manche Kunden davor ekeln.

Bleichen erfolgt durch Zusatz von Bleicherden. Diese binden vor allem Farbstoffe wie Carotine und Chlorophyll. Der abgefilterte Rückstand landet auf der Mülldeponie. Jetzt ist das Öl schön farblos, wie der Verbraucher es angeblich verlangt – der Geschmack läßt aber noch zu wünschen übrig. Außerdem müssen die letzten Reste des Lösungsmittels entfernt werden.

Da leistet die *Desodorierung* ganze Arbeit: 250 Grad Celsius heißer Wasserdampf reißt alle flüchtigen, riechbaren Stoffe mit sich. Nach dieser Prozedur könnte das Öl schon in den Handel gelangen.

Gewöhnlich soll ein gutes Salatöl »kühlschrankfest« sein. Schließlich stört es den Käufer, wenn sein Öl in der Kälte dickflüssig wird und nicht mehr richtig aus der Flasche läuft. Sogar das dünnflüssige Sojaöl kann betroffen sein. Es enthält bisweilen etwas Linolensäure, die seine Haltbarkeit stark einschränkt. Deshalb wird das Öl auch schon mal wie Margarine teilgehärtet, um es zu stabilisieren. Das schränkt aber seine Kühlschranktauglichkeit ein. Infolgedessen werden die entstandenen höherschmelzenden Anteile wieder entfernt. Das Verfahren heißt »Winterisierung«. Das Öl wird dabei gekühlt und die festen Bestandteile abzentrifugiert. Ein Zusatz von Lösemitteln erleichtert das Ausflocken der störenden Fettbestandteile.

Dank der Raffination ist heute der Baumwollstrauch einer der wichtigsten Öllieferanten. 4000 Jahre lang wurden die ölhaltigen Baumwollsamen achtlos weggeworfen, die übrigblieben, nachdem die Samenhaare entfernt und zu Baumwolle versponnen waren. Weil die Samen den Giftstoff Gossypol enthalten, verbot sich auch ihre Verwendung als Viehfutter. Heute werden sie durch ein Bad in konzentrierter Säure von restlichen Härchen befreit, mit Lösungsmitteln extrahiert und das Gossypol durch eine zweifache Raffination entfernt. Dabei entfärbt sich das zuvor braunschwarze Öl vollständig.

So wie Baumwollsaatöle wären auch Kokosfette ohne Raffination ungenießbar. Das Fleisch der Kokosnuß wird in den Erzeugerländern über offenem Feuer getrocknet. Der Rauch belastet das getrocknete Kokosfleisch, die Kopra, stark mit krebserregendem Benzpyren. Erst eine Raffination erlaubt den gefahrlosen Genuß von Kokosfett.

Was auf der einen Seite einen Vorteil darstellt, wenn Öle vor dem Verzehr gewissermaßen chemisch gereinigt werden, kann andererseits einen Schwund wichtiger Begleitstoffe bewirken. Ein Mangel an »Vitaminen«, insbesondere Tocopherol (Vitamin E) ist auszuschließen, denn das setzen die Hersteller zur Erhöhung der Haltbarkeit ausreichend zu. Vielmehr geht es um andere Begleitstoffe, die für die biologischen Effekte der Öle verantwortlich sind: zum Beispiel das Oleuropein im Olivenöl für den Schutz vor Herz-Kreislauf-Erkrankungen (siehe Seite 179). Umgekehrt gibt es sogar den Fall, daß erst durch die Raffination ein Wirkstoff entsteht. Beim Sesamöl bildet sich das Sesamol, ein ziemlich starkes Antioxidans, das die Haltbarkeit des Öles deutlich verbessert.

In natürlichen, nicht raffinierten Ölen sind als Begleitstoffe vor allem biologisch wirksame Glykolipide zu erwarten. Obwohl man weiß, daß diese Substanzen das Immunsystem beeinflussen, fehlen bisher Untersuchungen über ihr Vorkommen in Raffinaten. Fürchtet etwa die Fettwirtschaft, die auf Raffination ihrer Öle und Fette angewiesen ist, die Ergebnisse solcher Studien? Immerhin wirken sich Öle sehr unterschiedlich auf die Gesundheit des Menschen aus, ohne daß dies mit der Zusammensetzung der Fettsäuren erklärt werden könnte. Untersuchungen mit Ratten zeigten beispielsweise, daß die Begleitstoffe den Appetit stärker beeinflussen als das Fett selbst. Die verantwortlichen Substanzen in den Ölen sind bis heute noch nicht identifiziert –

dies wäre aber für die Ernährung des Menschen von außerordentlicher Bedeutung.

Währenddessen »lernt« der Bürger landauf landab, daß er vor allem mehrfach ungesättigte Fettsäuren verzehren soll. Leider zeichnet die Wissenschaft hier ein wesentlich weniger erfreuliches Bild als die Ernährungsmedizin. Denn da gilt ein Zuviel dieser Substanzen als schädlich. Weil ungesättigte Fettsäuren sehr anfällig gegen Oxidation sind, schädigen sie das Immunsystem und erhöhen die Infektanfälligkeit. Dies wird auch als Ursache dafür diskutiert, warum eine erhöhte Fettzufuhr manchmal mit einer erhöhten Krebsrate verbunden ist. Eine Reihe wissenschaftlicher Untersuchungen stützt diesen Befund, ohne daß er Eingang in die Ernährungsberatung gefunden hätte.

Vor allem die dreifach ungesättigte Linolensäure, nach der Meinung der Ernährungsweisen besonders wertvoll, ist umstritten. Während eine Gabe von Linolensäure bei einigen Untersuchungen einen Schutz vor Arteriosklerose und Infarkt zeigte, ergab sich bei anderen Studien, daß sie diese Erkrankungen fördert. Außerdem wurden bei Tierversuchen nach dem Verfüttern von Linolensäure Leberschäden beobachtet, ähnlich wie durch chronischen Alkoholmißbrauch. Auch wenn die Diskussion noch nicht abgeschlossen ist, wäre es doch klug, den Konsum derart umstrittener Fette nicht durch Empfehlungen zu fördern.

Besonders negativ sind die Befunde gerade bei dem Öl, das wegen seines Reichtums an mehrfach ungesättigten Fettsäuren als besonders gesund gilt: dem Distelöl. In Tierversuchen wurde im Vergleich zu Sojaöl eine Schädigung des Gehirns Heranwachsender beobachtet, ihre Lernfähigkeit war beeinträchtigt. Auch Leberprobleme gehören zum klinischen Bild. Mit Distelöl ließ sich im Tierversuch sogar Altersdiabetes auslösen.

Distelöl wurde früher so gut wie nie zur Ernährung verwendet, sondern als Maschinenöl oder Grundstoff für die Lackherstellung eingesetzt. Es fand seinen Weg in die deutsche Küche erst aufgrund ernährungstheoretischer Spekulationen. Ein anderes Öl jedoch, dessen gesundheitlicher Wert seit Jahrtausenden außer Frage stand, hatte bisher nördlich der Alpen einen schweren Stand, obwohl es eigentlich alle Forderungen einer gesunden Küche erfüllt: das Olivenöl.

Tip
☺ Lassen Sie sich nicht durch die ständige Ernährungspropaganda beirren: Wie gesund Öle und Fette sind, hängt weniger von ihren Fettsäuren ab, sondern vielmehr von ihren Begleitstoffen. Im Unterschied zu raffinierten Ölen enthalten kaltgepreßte oder schonend zentrifugierte Öle ihre natürlichen Begleitstoffe noch.

Olivenöl – die Stunde der Wahrheit

Die Küche des Mittelmeerraums lockt nicht nur Feinschmecker. Auch die Mediziner wissen sie zu schätzen, vor allem wenn es um die Vorbeugung und Behandlung von Herz-Kreislauf-Erkrankungen geht. Mediterrane Eßgenüsse fördern die Gesundheit, daran zweifelt niemand mehr, über die Ursache der positiven Wirkung streiten die Gelehrten noch. Vieles deutet auf Olivenöl: Es ist die verbindende Zutat einer beachtlichen Anzahl von Speisen, von der Côte d'Azur bis zur Levante.

Jahrtausendelang blieb die Herstellung von Olivenöl unverändert. Oliven, von Hand gepflückt, wurden gewaschen und sorgfältig verlesen. Die Früchte mußten reif, frisch und sauber sein, ohne Druckstellen oder Verletzungen. Denn jede Beschädigung setzt Enzyme frei, die das Öl schneller verderben lassen. Die handverlesene Ernte kam umgehend in den Kollergang: einen Steintrog, in dem sich zwei schwere, hochkant stehende Steinräder – groß wie Mühlsteine – drehten und die Früchte zu Brei zerquetschten. Nach dem Kneten zu einer gleichmäßigen Paste floß das Öl unter dem Druck von Stempelpressen langsam ab. Es mußte noch ein paar Wochen stehen, bis sich Fruchtwasser und Trübstoffe abschieden.

Noch heute erzeugt man so rare Spitzenqualitäten, die Feinschmecker sogar nach Jahrgängen und Lagen unterscheiden, geradeso als wär's Wein: von leicht und samtig über fruchtig bis zum delikaten Nußgeschmack. Öle, die wir als Urlaubserinnerungen an die romantische kleine Ölmühle in der Toskana oder den malerischen Olivenhain Arkadiens mit nach Hause bringen, haben oft nur sehr wenig gemeinsam mit jener Massenware, die wir hierzulande in den Regalen finden. Wenn Einkäufer aus deutschen Handelshäusern den Preis drücken, wer kann es sich da noch leisten, gute Qualität zu bieten?

Am meisten läßt sich sparen, wenn maschinelle Rüttler die mühsame Arbeit des Pflückens übernehmen. Sie schütteln sämtliche Oliven von den Bäumen in darunter aufgespannte Netze – egal ob die Früchte reif sind oder nicht. 250 Kilogramm können auf diese Weise pro Stunde geerntet werden, dagegen schafft ein routinierter Pflücker 10 bis 20 Kilogramm pro Stunde. Allein für einen Liter Öl werden rund 5 Kilogramm Oliven benötigt. Moderne Ölmühlen verzichten auch auf das Pressen ihrer »kaltgepreßten« Ware. Nach dem Zerkleinern der Oliven in sogenannten Malaxeuren zu einem fließfähigen Brei schleudern mehrstufige Zentrifugen Öl, Fruchtwasser und Feststoffe separat aus.

Dieses Verfahren ist nicht nur erheblich billiger, auch die Ausbeute läßt sich gegenüber klassischem Pressen beträchtlich steigern. Zentrifugenöle sind aber nicht unbedingt schlechter als ihre gepreßten Vorbilder. Über die Qualität entscheidet in erster Linie die Makellosigkeit der Oliven. Öle aus überreifen oder beschädigten Früchten gerade aus maschinellen Ernten müssen nachbehandelt beziehungsweise teilraffiniert werden.

Tip

☺ Achten Sie beim Einkauf von kaltgepreßtem Olivenöl darauf, daß es als »Natives Olivenöl extra« ausgewiesen ist, so wurde die Bezeichnung von der Europäischen Gemeinschaft festgelegt. Es handelt sich dabei um die höchste Qualitätsklasse, früher als »Jungfernöl« oder »extra vergine« bezeichnet. Dieses Öl darf nicht durch Lösungsmittelextraktion gewonnen sein.
Als zweite Wahl unter den »kaltgepreßten« Olivenölen gilt das »Native Olivenöl«. Es unterscheidet sich vom »Nativen Olivenöl extra« durch einen höheren Gehalt an freien Fettsäuren, durch geringere Fruchtigkeit und eventuelle kleine Geschmacksfehler.
☹ Eher irreführend sind die Bezeichnungen »Olivenöl« oder sogar »Reines Olivenöl«, wie billige Massenware in unseren Supermärkten häufig deklariert ist. Dahinter verbirgt sich ein Verschnitt aus raffiniertem und nativem Olivenöl. Ein Tropfen natives Olivenöl reicht aus, um dem Raffinat den Namen »Olivenöl« zu verleihen. Ersparen Sie das Ihrem Geldbeutel. Die gesundheitlichen und geschmacklichen Vorteile sind dahin, und für ein Raffinat ist es einfach zu teuer.

☹ Der deutsche Verbraucher muß sich leider auf die Etiketten verlassen, wenn er hierzulande gutes Olivenöl kaufen will. Garantien gibt es (bisher) keine. Als Hinweis mag gelten: ein nicht raffiniertes, hochwertiges Olivenöl kann eigentlich nicht unter 10 Mark pro Liter angeboten werden – und das ist schon viel zu billig. Weder die Farbe (von goldgelb bis grünlich) noch der Geschmack (von intensiv bis mild und typisch – aber nie ausdruckslos) geben verbindliche Sicherheit.

☺ Olivenöl, auch kaltgepreßtes, kann selbstverständlich erhitzt werden. Im Mittelmeerraum nimmt man es sogar zum Fritieren von Pommes frites. Wenn Sie Olivenöl mögen, können Sie es vielseitig verwenden: zum Kochen, Backen, Braten, Fritieren oder zum Anmachen von Salaten.

Auch der Preßrückstand wird nicht weggeworfen, sondern gewöhnlich mit Lösungsmitteln wie Hexan ausgelaugt. Solche Öle sind nur nach einer durchgreifenden Raffination genießbar, die das Hexan restlos entfernt. Etwa 20 Prozent der Weltproduktion von Olivenölen werden auf diese Art gewonnen. Nachdenklich stimmt, daß die Extraktionsöle aber nirgendwo verkauft werden. Das teure »Kaltgepreßte« reizt anscheinend nicht nur den Gourmet, sondern auch die Panscher. »Verfälschungen oder zumindest falsche Qualitätsangaben waren schon immer häufig«, berichtet die Schweizer Lebensmittelüberwachung. Die Raffinationsmethoden würden »ständig verfeinert, um für den Analytiker weniger Spuren zu hinterlassen«. So entstünden aus den minderwertigen Raffinaten analysenfeste »Kaltpreß«-Öle. Als klassisch gilt auch das Strecken mit billigem Rapsöl oder mit Teesamenöl, das vom Teestrauch stammt, dessen Blätter den Schwarztee liefern.

»Heute werden raffiniertere Methoden verwendet«, ergänzen die Amtschemiker aus Zürich. Besonders Findige züchteten neue Sonnenblumen-, Erdnuß- und Distelsorten, deren Fette denen der Olive erstaunlich ähneln. Zur perfekten Tarnung entfernen die Fälscher jene natürlichen Spurenstoffe, die fremde Fette verraten könnten. Fazit der Züricher Spezialisten: »An der Entwicklung erschreckt die Geschwindigkeit, mit der Olivenölhersteller auf die Analytiker reagieren, und wie diese eher undurchsichtige Branche immer wieder mit neuen Tricks aufwartet.« Wie tröstlich, daß wenigstens die Schweizer Lebensmittelüberwachung versucht, solche Praktiken aufzudecken.

Mit Olivenöl lacht das Herz

Leider widerspricht der Genuß von Olivenöl den üblichen Ratschlägen an Infarktpatienten. Die sollten nämlich, so die Lehrmeinung, möglichst wenig Fett essen, und wenn sie schon »sündigen«, dann nur mit »mehrfach ungesättigten Fettsäuren«, wie sie zum Beispiel in Distelöl oder Diätmargarine zu finden sind. Davon bietet das Olivenöl nur wenig. Aber verblüffenderweise ist in Europa die Herzinfarktrate gerade dort am niedrigsten, wo am fettesten gegessen wird: auf Kreta. Das Gemüse schwimmt im Olivenöl, Grundnahrungsmittel wie Schafskäse oder Hammel sind voll tierischen Fettes. Fett macht auf der Mittelmeerinsel 43 Prozent der Kalorien in der Nahrung aus. Die kretischen Bauern trinken, um das Maß voll zu machen, sogar zum Frühstück ein Gläschen Olivenöl.

Um endlich die breite Kluft zwischen Ernährungstheorie und Realität zu überbrücken, wurden die bisher als wertlos angesehenen Fettsäuren des Olivenöls flugs zur Gesundkost erklärt. Was sollen davon all die Menschen halten, denen man bisher im Brustton der Überzeugung teure Diätmargarinen und fragwürdige Distelöle aufgeschwatzt hat? Doch auch die neue Theorie vom Nutzen der besonderen Fettsäuren im Olivenöl hat keine solide wissenschaftliche Basis. Sie wird ebenso lautlos verschwinden wie ihre Vorgänger. Zugleich wird auch schon der nächste kostspielige Unfug am Modehimmel der Ernährungsmedizin auftauchen.

In diesem Zusammenhang mag es um so überraschender erscheinen, daß der herzschützende Wirkstoff in der Olive längst bekannt ist. Er heißt Oleuropein und gehört zur Stoffklasse der Iridoide, die auch in vielen Heilkräutern vorkommen, zum Beispiel in Baldrian, Augentrost oder Enzian. Es war eine echte Sensation, als Professor V. Petkov aus Sofia im Jahr 1972 seine Forschungsergebnisse veröffentlichte: Bereits die geringe Menge von zehn Milligramm Oleuropein pro Kilogramm Körpergewicht senkte bei Versuchshunden den Blutdruck um 60 Prozent. Die Substanz fördert die Durchblutung des Herzens, erweitert die Herzkranzgefäße, beseitigt Herzrhythmusstörungen und wirkt zudem krampflösend. Petkovs Arbeit wurde sogar in Deutschland mit Preisen ausgezeichnet.

Oleuropein ist eine sehr reaktive Substanz, die sich in eine ganze Palette weiterer Wirkstoffe wie Ligstrosid, Verbascosid oder Dihydroxyphenylethanol (DPE) umwandeln läßt. Wahrscheinlich wartet bei der Erforschung dieser Stoffe noch ein pharmakologischer Schatz auf den Wissenschaftler, der ihn zu heben versteht. Dennoch wurde dieser sehr erfolgversprechende Weg nicht weiter beschritten. Wahrscheinlich beruht das Desinteresse darauf, daß sich die Arzneistoffe der Olive nicht in der üblichen Weise kommerziell nutzen lassen: Einerseits ist der Schutz des Herzens durch Olivenöl inzwischen bekannt, so daß kein Patent darauf erteilt werden könnte; andererseits finden sich diese Stoffe genaugenommen in jeder Flasche gutem Olivenöl. Für Oleuropein-Tabletten aus der Apotheke gäbe es also keinen Markt.

Nicht nur für die Ernährungsforschung, auch für eine andere Interessengruppe sind die Erkenntnisse von den herzschützenden Wirkungen des Oleuropein äußerst unangenehm: für die Fettwirtschaft. Denn Oleuropein ist nur in traditionell hergestellten, nicht aber in raffinierten Olivenölen vorhanden. Die Fettwirtschaft, egal ob sie Pflanzenöle oder Margarine verkauft, ist aber auf die Produktion von raffinierten Fetten und Ölen angewiesen. Ohne Raffination ist zum Beispiel Margarine nicht herstellbar. Wer die wichtigen Erkenntnisse von der schützenden Wirkung des Olivenöls verschleiern will, muß das medizinische Publikum mit Fettsäure-Hypothesen ablenken. Daher dreht sich das Karussell der Theorien um einfach ungesättigte, mehrfach ungesättigte, omegaungesättigte und spezial-ungesättigte Fettsäuren. Der Gehalt an diesen Substanzen läßt sich für jedes Produkt beliebig manipulieren – das ist technisch machbar.

Oliven sind für viele Völker ein Grundnahrungsmittel mit einer jahrtausendealten Tradition, so wie bei uns das Brot oder in Asien die Sojabohne. Deshalb verwundert es nicht, daß die Früchte des Ölbaums weitere gesundheitliche Geheimnisse bergen. So dient das Olivenöl der Behandlung von Candidaverpilzungen im Darm. Doch bevor Sie nun zur Ölflasche greifen, sollte die Verpilzung erst einmal korrekt festgestellt werden. Hinter dieser Modediagnose verbergen sich nämlich gar nicht selten ganz andere Probleme, wie zum Beispiel eine Unverträglichkeit von Milchzucker.

Als Ursachen der Verpilzung gelten Antibiotika, Zucker und Müsli beziehungsweise Frischkornbrei. Gerade rohes Getreide hat sich zu einem Risikofaktor ersten Ranges entwickkelt. Weizenvollkorn enthält sogenannte Enzyminhibitoren, also Stoffe, die die reguläre Verdauung der Stärke behindern. So gelangen erhebliche Mengen intakter Stärke bis in den Dickdarm. Das verschafft unserer Darmflora ungewohnte Nahrung. Sie spaltet nun wie eine Zuckerfabrik die Stärke in Traubenzucker. Damit liefert sie den Candidapilzen das ideale Futter.

Dank der Forschungsarbeiten einer Arbeitsgruppe um Isao Kubo in Berkeley (Kalifornien) wissen wir inzwischen sogar, warum Olivenöl hilft: Ein Teil der Begleitstoffe zersetzt sich in Aldehyde, die eigentlich die Oliven vor Pilzerkrankungen schützen sollen. Zufälligerweise wirken diese Stoffe auch gegen die Candidapilze beim Menschen. Die Forscher wollen die entsprechenden Aldehyde als unbedenkliche Konservierungsstoffe für Lebensmittel nutzen. Schließlich haben sich unraffiniertes Olivenöl und damit auch seine Wirkstoffe schon seit Jahrtausenden in der menschlichen Ernährung bewährt.

Wer in Sachen »gesundes Herz« nur ans Fett denkt, irrt. Nachdem die Fettforschung in den letzten Jahrzehnten in Sachen Infarkt nicht viel zuwege brachte, haben Wissenschaftler mittlerweile – neben dem Oleuropein und seinem Umwandlungsprodukt DPE – ganz andere Stoffe in unserer Nahrung identifiziert, die vor Infarkt schützen. An erster Stelle sind hier die Flavonoide zu nennen, die vor allem in Rotwein, schwarzem Tee, Äpfeln, Zwiebeln oder Grünkohl enthalten sind; dann das Beta-Ionon, welches durch ausreichend langes Kochen von Gemüse entsteht. Die Ironie der Geschichte: Beta-Ionon wird aus Beta-Carotin gebildet, das viele Menschen in Form von Vitamintabletten schlucken. So ist es kein Wunder, daß sich Beta-Carotin in zahlreichen Studien als wirkungslos erwiesen hat (siehe Seite 158).

Betrachtet man die Ernährungsgewohnheiten der Menschen in Europa, so entsteht der Eindruck, daß jede Kultur »ihre«

Schutzstoffe vor Krankheiten in der für sie typischen Nahrung findet. Peinlich für die Ernährungswissenschaft, daß es sich dabei vor allem um Stoffe handelt, die sie bisher gar nicht beachtete. Nicht Frühstücksei und Butterstulle gefährden das Herz, sondern all die verlogenen Theorien, die Menschen von einer genußreichen, bewährten Ernährung abbringen wollen.

Eingelegte Oliven – reingelegte Kunden

Liebhaber südländischer Gerichte kennen sie: ob im griechischen Bauernsalat, als Garnitur auf einer Pizza oder zum Drink – die Speiseoliven erobern unsere Küchen. Eingelegt in Essig und Öl, entkernt und mit Paprikastückchen oder Mandeln gefüllt gehören sie mittlerweile zum Delikatessensortiment eines jeden Supermarktes. Mit den Oliven, aus denen Olivenöl gewonnen wird, haben sie aber recht wenig gemeinsam. Speiseoliven sind spezielle Züchtungen, die sich zur Herstellung von Öl wenig eignen.

Speiseoliven brauchen eine recht aufwendige Verarbeitung, bevor wir sie essen können. Frisch vom Baum gepflückt, egal von welcher Sorte und Farbe, schmecken Oliven einfach zu bitter. Verantwortlich für den absolut ungenießbaren Zustand sind Stoffe wie das zuvor erwähnte Oleuropein. Um Oliven genußfähig zu machen, müssen sie zuerst entbittert werden. Dafür gibt es verschiedene Vorgehensweisen:

1. Die »griechische« Methode für schwarze Oliven kommt dem klassischen Verfahren der Antike wohl am nächsten: die Fermentation in Salzlake. Sie besteht darin, daß vollreife violette Früchte in Salzlake eingelagert werden. In luftdicht verschlossenen unterirdischen Tanks und bei gleichbleibender Temperatur reifen sie darin etwa sechs Monate. Die anfangs

blauvioletten Oliven verfärben sich währenddessen hellrot, aber aus der Lake genommen dunkeln sie an der Luft schnell zu schön schwarzen Oliven nach.

Heute gibt es allerdings ein Schnellverfahren, bei dem die Oliven mit bestimmten Hefen in Polyester- oder Glasfibertanks heranreifen, während in die Lake ständig Luft eingeblasen wird. Sorbinsäure sorgt schließlich für eine bessere Haltbarkeit der Früchte.

2. Bei der »*kalifornischen*« Methode werden die rohen Oliven chemisch entbittert. Dabei läßt sich auch der gewünschte Farbton einstellen, wahlweise grün oder schwarz. Im Gegensatz zur griechischen Methode verwendet man unreife Früchte von grünlichgelber bis kirschroter Färbung. Diese unreifen Oliven sind noch bitterer als die reifen. Dreimal werden sie mit Natronlauge entbittert, danach ausgiebig gespült und anschließend mit Salzsäure neutralisiert – fertig sind die grünen Oliven. Um dunkle Oliven herzustellen, wird Luft ins Waschwasser eingeblasen. Damit oxidieren die natürlichen Farbstoffe der Oliven, und sie werden braunschwarz. Dann wird erwärmt, mit Eisengluconat fixiert und in Salzlake eingelegt. Bei Bedarf fügt man diverse Aromen zu und sterilisiert hiernach mit Dampf.

3. Die »*spanische*« Methode dient vor allem dazu, grüne Speiseoliven herzustellen. Da es schwierig ist, den hohen Gehalt an Bitterstoffen in unreifen grünen Oliven allein durch eine Fermentation abzubauen, werden diese dreimal mit Natronlauge eingeweicht und gespült. Mit einem Zusatz synthetischer Milchsäure und dem Erwärmen auf 33 Grad Celsius dauert der Abbau der Bitterstoffe und die Entwicklung des Aromas nur noch eine Woche. Allerdings ist dann eine Hitzebehandlung oder eine chemische Konservierung mit Sorbin- oder Salicylsäure ratsam.

Im Grunde sind chemisch gereifte Oliven ein Imitat und eine Irreführung des Kunden. Solche Erzeugnisse sind einer traditionell fermentierten Ware niemals gleichzustellen. Leider muß das Herstellungsverfahren nicht deklariert werden, so daß der Kunde letztlich wieder einmal auf seinen Gaumen – und seine im Urlaub erworbenen kulinarischen Erfahrungen angewiesen ist.

Gib ihm Saures: Essig

Was der eine für verdorbenen Wein hält, gilt dem anderen als Delikatesse: der Weinessig. Denn strenggenommen handelt es sich beim Weinessig um nichts anderes als um Wein, der endgültig sauer geworden ist. Natürlich kannten deshalb auch die Kulturen der Antike den Essig als Würze, als Konservierungsmittel und als Arznei.

Zur Herstellung von Essig erfordert es aber nicht einmal Wein. Den Essigbakterien paßt jedes alkoholische Getränk, wenn es nur nicht zu hochprozentig ist: Bier, Wein, Most oder verdünnter Schnaps. Da diese Bakterien überall vorkommen, im Blütennektar, auf Gemüsen, zuckerhaltigen Pflanzenteilen oder ganz einfach in der Luft, geraten sie leicht in ein solches Getränk. Dort stimuliert sie der Alkohol sofort zur Arbeit. Mit Hilfe von Luftsauerstoff wandeln sie ihn in Essigsäure um. Aber nicht nur das. Sie bilden zahlreiche Stoffwechselprodukte, entwickeln ein reiches Bukett an Aromastoffen und verleihen so dem Essig seinen unverwechselbar aromatischen Geschmack.

Die Meinungen über den gesundheitlichen Wert des Essigs gehen weit auseinander. Der griechische Arzt Hippokrates empfahl ihn als Arzneimittel; ein Rat, der von den Römern übernommen wurde. Der römische Schriftsteller Columella schrieb die Kunst der Essigbereitung nieder, und es sind allerlei Zutaten bekannt, mit denen damals der Weinessig verfeinert wurde: Meerzwiebeln, Honig, Feigen oder Vogelbeeren.

Das einfache Volk genoß als Erfrischungsgetränk gegen die Sommerhitze die Posca, ein mit Wasser verdünnter Weinessig. Die römischen Soldaten griffen bei ihren anstrengenden Fußmärschen zu Essiglimonade, dem Potus.

So gelangte der Essig zu den Germanen, sozusagen als zwangsläufige Folge der Ausbreitung des Weinbaus. Das deutsche Wort *Essig* ist denn auch dem lateinischen *acetum* entlehnt. Im Mittelalter sank sein gesundheitliches Ansehen. Die einzige Medizinhochschule der damaligen Zeit, die »Schule von Salerno« in Italien, ließ die angehenden Ärzte vor 1000 Jahren den Merksatz pauken: »Essig entkräftet, betrübet und vermindert den Samen.« So ziemlich das Gegenteil unseres heutigen »sauer macht lustig«.

Die gesundheitlichen Wirkungen des Essigs sind so ungeklärt wie eh und je. Nur in einem Punkt liegt eine wirklich neue Erkenntnis vor: Biochemiker glauben jetzt erklären zu können, warum Schwangere manchmal Heißhunger auf Saures bekommen. Bei der Essigsäuregärung wird ein Stoff namens Pyrrolchinolinchinon erzeugt. Diese Substanz ist wichtig für die werdende Mutter. Nach dem jetzigen Stand des Wissens muß sie dem Körper, ebenso wie Vitamine, mit der Nahrung zugeführt werden.

Die moderne Wissenschaft hat es ermöglicht, Essig synthetisch herzustellen. Dieser Essig aus der Retorte enthält mutmaßlich keinerlei gesundheitlich bedeutsame oder geschmacklich vorteilhafte Begleitstoffe. Er ist sauer, sonst nichts. Die sogenannte »Essigessenz« wird zum Beispiel durch Oxidation von Acetaldehyd in Gegenwart von Mangan oder durch Reaktion von Methanol mit Kohlendioxid synthetisiert. Und das hat nun wirklich nichts mehr mit der biologischen Gärung zu tun, sondern ist ein Ergebnis angewandter Chemie.

Dabei hat die industrielle Produktion mit Essigbakterien eine lange Tradition. Sie entstand bereits im 14. Jahrhundert in der Gegend von Orléans. Dort wurden liegende Fässer zu drei Viertel mit einem Gemisch aus Wein und Essig, der Essigbakterien enthielt, gefüllt. In die Fässer waren von oben Löcher gebohrt, um eine ungehinderte Sauerstoffzufuhr zu gewährleisten. Auf der Oberfläche der Flüssigkeit bildete sich eine »Kahmhaut«, eine dünne Schicht, die nicht beschädigt werden durfte. In regelmäßigen Abständen wurde neugebildeter Essig entnommen und die Kahmhaut mit neuem Wein »unterfüttert«. Der abgezogene Essig mußte dann in Holzfässern bis zu einem Jahr lang reifen, um seinen vollen Geschmack zu entwickeln. Heute hat das Orléans-Verfahren, das Weinessige unerreichter Qualität hervorbringt, nur noch eine geringe Bedeutung.

Statt dessen wurden »Schnellessigverfahren« angewandt: Die Gärflüssigkeit rieselt über Buchen- oder Eichenholzspäne, die mit Spezialbakterien imprägniert sind, während von unten Sauerstoff entgegengeblasen wird. Auch dieser Essig sollte zur Reifung längere Zeit lagern. Das Schnellessigverfahren liefert Essige mittlerer Qualität.

Die Aufzählung wäre ohne moderne biotechnische Verfahren unvollständig. Man nehme Spiritus aus einem beliebigen Reststoff gewonnen, wie Melasse, Sulfitablauge oder Preßrückstände der Fruchtsaftindustrie, vergälle ihn aus Steuergründen mit reiner Essigsäure, gebe zur Verdünnung Wasser hinzu und versetze ihn mit allerlei Nährstoffen, die die Essigbakterien neben dem Alkohol benötigen: Ammoniumphosphat, Glycerin, Mangansulfat, Hefeabkochungen. Diese Methode liefert Essige minderer Qualität.

Nach der Gewinnung des Essigs – gleichgültig nach welchem Verfahren – wird er in der Regel gefiltert, mit Kieselgur oder Betonit geschönt, um eventuelle Trübungen zu entfernen, und zur Erhöhung der Haltbarkeit erhitzt (pasteurisiert). Abgesehen vom Weinessig können alle Sorten mit Zuckerkulör eingefärbt werden. Ein Zusatz von Schwefeldioxid zur Konservierung und von Glutamat zur Geschmacksverbesserung ist ebenfalls zulässig.

Ein Essigsortiment

Branntweinessig: Er wird in der Regel nach dem modernen biotechnischen Verfahren aus destilliertem Alkohol gewonnen. Die EU subventioniert die Destillation minderwertiger Weine zu Alkohol. Prinzipiell kommt aber auch Sprit aus anderen Rohstoffen wie Kartoffeln in Frage. Branntweinessig ist gewöhnlich die einfachste Qualität eines Gärungsessigs.

Weinessig: Das Spitzenprodukt dieser Warengattung darf nur aus Wein durch Gärung hergestellt werden. Leider fehlen verbindliche Regeln für die Qualität des verwendeten Weines.

Balsamessig: Der echte Aceto Balsamico wird aus dem konzentrierten Most speziell angebauter Trauben

---

gewonnen. In Holzfässern lagert eine einfache Qualität 3 Jahre. Zu den Feinschmecker-Essigen zählt ein Balsamico erst, wenn er 10, 20 und mehr Jahre Reifung hinter sich hat. Von diesen dickflüssigen Essigen reichen bereits ein paar Tropfen, um Speisen zu vervollkommnen.

Obstessig darf nur aus Most, zum Beispiel aus Apfelwein, hergestellt werden. Der Geschmack entscheidet über die Qualität.

Malzessig ist eine britische Spezialität. Als vor Jahrzehnten die Verwendung von alkoholischen Getränken durch eine Erhöhung der Alkoholsteuer zu teuer wurde, probierten es manche Hersteller in ihrer Not mit gekeimter und zum Teil gedarrter Gerste. Sie wurde gemaischt und zu Essig vergoren. Die Steuern haben sich geändert, der Essig ist geblieben.

Kräuteressig ist ein aromatisierter Essig. Die Art des verwendeten Essigs muß auf dem Etikett angegeben sein. Allerdings bietet die Aromatisierung mit Kräutern oder auch Fruchtsäften (»Himbeeressig«) die Möglichkeit, mindere Essigqualitäten zu kaschieren.

VII. Gewürze & Aromen:
Der Kampf
um den guten Geschmack

Als anspruchsvolle Genußmenschen wollen wir mehr als nur das Salz in der Suppe oder den Curry auf der Currywurst. Wir suchen den Gaumenkitzel, der uns zu immer neuen Genüssen verführt. Die Lebensmittelwirtschaft hat unsere geheimsten Wünsche wieder einmal durchschaut und entwickelte in aller Stille Abertausende verschiedener Aromen. Von vertrauten Geschmäckern wie »Rinderbraten«, »Paella« oder »gekochte Erbsen« bis hin zu Kunstkreationen wie »Cola« oder »Tropical Fruit« gibt es so ziemlich alles, was ein unerschrockener Food Designer für sein Wirken braucht. Allen Design-Versuchen zum Trotz haben sich aber die klassischen Gewürze bis heute behauptet. Und das nicht ohne Grund.

Warum sind wir so scharf auf Gewürze?

Wir Menschen sind die einzigen Lebewesen, die Speisen gerne würzen. Doch exotische Gewürze waren oftmals erheblich teurer als die Nahrung selbst. Warum weckt gerade das, was ohne jeden Nährwert ist, unsere Begierde? Die übliche Antwort lautet: Weil es uns dann besser schmeckt. Das erklärt aber längst nicht alles.

Zum Beispiel Safran: Das teuerste unserer Gewürze wird aus den Blütennarben einer Krokus-Art gewonnen, die vom Mittelmeerraum bis Indien angebaut wird. Trotz des hohen Preises ist sein Aroma jedoch nur schwach ausgeprägt. Wer zum ersten Mal Safranreis verzehrt, dürfte ziemlich enttäuscht sein. Der Geruch von Safran wird als »eigenartig« beschrieben, auf der Zunge wirkt er leicht bitter. Zwar färbt er alle Speisen schön gelb, aber dafür gab es schon immer erheblich billigere und ebenso gelbe Gewürze, wie zum Beispiel Kurkuma.

Seit Menschengedenken wird mit dem Safran ein Aufwand getrieben, der seinesgleichen sucht: Ein Kilo echter Safran verlangt rund 150.000 Blüten, deren rotgelbe Narben einzeln per Hand herausgezupft werden müssen. Dazu benötigt ein geschickter »Rupfer« etwa zehn Tage, was ihm umgerechnet rund 1600 Mark einbringt. Damit ist es noch nicht getan: Erst nach kurzem Rösten und Pulverisieren entwickelt sich das eigentümliche Aroma. Chemiker haben den Vorgang entschlüsselt: Unter Hitze zerfällt der rotgelbe Farbstoff, das Protocrocin, in das bittere Pikrocrocin. Dieses setzt den eigentlichen Wirkstoff Safranal frei. Der gelbe Farbstoff des Safrans heißt Crocin.

Alles, was teuer ist, weckt den kriminellen Erwerbstrieb. Kein Gewürz wurde so listenreich verfälscht wie Safran. Schon im Altertum gab es viele »Tips«, wie sich Safran mit eingekochtem Most, Bleiglätte oder Mennige »beschweren« läßt. Im Jahre 1305 mußten in der Stadt Pisa die Aufseher der Lagerhäuser einen »Safran-Eid« schwören. Und die deutschen Städte führten im Mittelalter besondere Gesetze und Kontrollen ein, die Safranfälscher entlarven sollten – vergebens: Um 1440 wurden die Betrügereien so zahlreich, daß schließlich die Todesstrafe auf Gewürzfälschen stand. Die Ertappten wurden lebendig begraben oder verbrannt. 1551 erließ der Reichstag in Augsburg ein für das Heilige Römische Reich Deutscher Nation gültiges Gesetz gegen »geschmierten Safran«, wie damals die Panschereien hießen.

Was also trieb diesen Markt, schuf diese Gier nach Safran? Einen Hinweis geben uns die Toxikologen. Einer der berühmtesten von ihnen, Professor Louis Lewin, der am eigenen Leib 50.000 Gifte und Drogen ausprobiert haben soll, schrieb 1929: Safran könne »nach längerer Einatmung seiner flüchtigen Bestandteile Vergiftungen erzeugen«. Lewin fährt fort: »Nach älteren Berichten sollen schwere Erkrankungen, selbst der Tod, durch zufälliges Schlafen auf oder bei frischem Safran herbeigeführt worden sein.« Im Altertum wurde die tödliche Dosis des Safrans auf zwölf Gramm geschätzt. Heute besteht aber kaum die Gefahr einer Vergiftung, weil reiner Safran in einer größeren Menge immer noch fast unbezahlbar ist. Jene »Sonderangebote«, die deutsche Urlauber gleich tütenweise aus dem Ausland mitbringen, sind stets Fälschungen.

Offenbar ist Safran eine äußerst potente Droge. Denn er wirkt nicht nur giftig, sondern auch euphorisierend. Nicht zufällig verglichen Arzneikundige vergangener Jahrhunderte ihn mit Opium: Sie bescheinigten dem Safran eine zugleich »schmerzstillende und krampflösende Wirkung«. Andere berichteten von »heiteren Delirien« bis zu »unbändigem Lachreiz«.

Im »Lehrbuch der biologischen Heilmittel« von Gerhard Madaus aus dem Jahre 1938 heißt es, daß Safran-Pflückerinnen »manchmal ohnmächtig werden und Uterusblutungen bekommen«. Dieser Effekt erinnert verblüffend an die Nebenwirkungen beim Hopfenzupfen. Safran wurde wie der Hopfen in der Volksmedizin als Beruhigungsmittel, bei Krämpfen und Asthma angewandt.

Somit scheinen pharmakologische Wirkungen dieses eher langweilig schmeckende »Gewürz« attraktiv zu machen: Safran verändert unsere Stimmung. Das würde die Bereitschaft erklären, enorme Summen für ein Produkt auszugeben, das keinerlei Nährwert besitzt. Daß Safran zu allen Zeiten und von allen Völkern geschätzt wurde, zeigt uns, daß wir es mit einem biologischen und nicht mit einem soziologischen Phänomen zu tun haben.

Die Geschichte müßte weitere Hinweise liefern, die unsere Gier nach psychotropen Wirkstoffen aus Gewürzen dokumentieren. Wir unterschätzen leicht die einstige Bedeutung der Gewürze. Im Mittelalter wurde hierzulande pro Kopf etwa die hundertfache Menge konsumiert als heute. Die Europäer bezahlten sehr viel Geld für exotische Drogen. Kaiser, Könige und Kurie beklagten, daß der gesamte Gewürzhandel fest in türkischen und arabischen Händen lag. Keinem christlichen Schiff war die Fahrt auf dem Roten Meer gestattet, keinem christlichen Händler auch nur die Durchreise zu den Anbaugebieten möglich. Die enormen Summen, die in den Osten flossen, sind ein Hinweis darauf, wie abhängig die Menschen von diesen würzenden »Drogen« waren.

Gepfefferte Preise

Der erste Versuch Europas, sich zumindest aus der wirtschaftlichen Abhängigkeit zu befreien, begann mit den Kreuzzügen um das Jahr 1100. Die Kreuzritter schufen einen Brückenkopf auf arabischem Boden. Nutznießer dieser militärischen Aktion waren die Venezianer. Sie kontrollierten im gesamten Mittelmeerraum den Handel mit Gewürzen wie Safran, Pfeffer, Muskat, Zimt und Weihrauch. Ihr Monopol erlaubte es ihnen, die arabischen Einkaufspreise im Verkauf zu verfünffachen. Um 1411 brachten venezianische Schiffe jährlich Gewürze im Wert von 540.000 Dukaten nach Europa. Die Ladungen kamen aus Alexandria, wo die sogenannte »Gewürzstraße« arabischer Händler endete, die von Südarabien parallel zur Küste des Roten Meeres dorthin führte.

Eines der wichtigsten Importgüter aus dem Orient war der damals sehr teure Pfeffer. Nicht umsonst hießen Reiche

»Pfeffersäcke«. Augsburger und Nürnberger Kaufleute, die das Gewürz bei den Venezianern kauften, verfünffachten ihrerseits den Preis. Pfeffer wurde in riesigen Mengen verbraucht. Einige Experten führen dies auf die fehlenden Kühlmöglichkeiten zurück. Man würzte, so meinen sie, um den ekligen Geschmack verdorbenen Fleisches zu übertünchen. Dagegen spricht jedoch, daß heute in armen Ländern, in denen nur wenige einen Kühlschrank besitzen, Fleisch nicht mit Pfeffer behandelt, sondern rasch verbraucht wird. Der Verzehr verdorbenen Fleisches würde sonst zu starken Vergiftungen führen.

Die eigentlichen Gründe für den Pfefferkonsum liegen zunächst in den Scharfstoffen. Sie sind überaus wirksam gegen Darmparasiten. Darum wird in Ländern mit geringer Hygiene so scharf gewürzt. Außerdem hebt Pfeffer die Stimmung. Was wir als »Schärfe« wahrnehmen, ist nichts anderes als eine Schmerzempfindung. Wenn sich der Körper an das Brennen im Mund gewöhnt hat, so deshalb, weil das Gehirn Endorphine zur Dämpfung des Schmerzes an Gaumen und Zunge bildet. Diese Wirkstoffe sind körpereigene Opiate, die zugleich unsere Stimmung aufhellen. Menschen, die besonders scharf essen, werden geradezu »süchtig« nach diesem Endorphin-Kick.

Auch die Herstellung des beliebten schwarzen Pfeffers – er ist in den Tropen, etwa den Monsunwäldern Asiens, heimisch – gibt uns Hinweise auf weitere Wirkstoffe. Die schwarzbraune Farbe ist das Ergebnis einer Fermentation, bei der unreifer, grüner Pfeffer getrocknet wird. Rudolf Hänsel, Professor an der Freien Universität Berlin, vermutet, daß bei der Fermentation der Wirkstoff Tryptophan – in der Natur ein wichtiger Vorläufer von Opiaten – in melaninartige Stoffe umgewandelt wird. So entsteht beispielsweise Opium aus zwei Tryptophan-Bausteinen.

Der weiße Pfeffer wird aus reifen, roten Pfefferkörnern gewonnen, die man in Wasser einweicht und dann die Schalen entfernt. Die reifen, roten Pfefferkörner haben nichts mit dem »roten« oder »rosa« Pfeffer zu tun, der gelegentlich in Möchtegern-Restaurants von affektierten Köchen in die Speisen gemengt wird. Dieser »Mode-Pfeffer« stammt von einem Baum mit dem Namen Schinus und ist alles andere als ein Gewürz: Seine rosaroten Beeren sind ziemlich giftig.

Zurück zur Geschichte: Es liegt auf der Hand, daß der Bedarf an exotischen Gewürzen die Handelsbilanz Europas nachhaltig schädigte. Angesichts des steten finanziellen Aderlasses wuchs der Wunsch, sich diese Gewürze auf billigerem Wege zu beschaffen. Der erste, der einen solchen Vorstoß wagte, war Christoph Kolumbus. Er verfehlte sein Ziel und verirrte sich nach Amerika, wo er auf den neuentdeckten »westindischen Inseln« vergeblich nach den begehrten Würzpflanzen suchte. Er fand nur eine scharfe Abart der Paprikaschote. Die Ironie der Geschichte will es, daß die Gewürze durch Genußmittel der Neuen Welt wie Tabak oder Kakao abgelöst wurden.

Erfolgreicher war ein anderer Seefahrer. 1499 kehrte der Portugiese Vasco da Gama aus Indien mit einer ersten Ladung von Pfeffer zurück. In den folgenden Jahren durchbrachen portugiesische Schiffe das bis dahin bestehende arabisch-venezianische Handelsmonopol für exotische Gewürze. Alsbald lieferten sich die seefahrenden Nationen Europas blutige Gewürzkriege rund um den Globus. Erst jagten die Holländer den Portugiesen das Geschäft ab. Sie beherrschten den Handel mit Muskatnüssen, der fast so wichtig war wie das Geschäft mit dem Pfeffer. Zuletzt gewannen die Briten die zahlreichen Kolonialkriege um die Gewürze. Aber der Preisverfall hatte schon begonnen, und Muskatplantagen wichen dem Anbau von Kaffee, Tee und Tabak.

Halluzinogene Nüsse

Auf den Erfolg der Muskatnuß als Gewürz hatte dies keinen Einfluß. Aber nicht nur die Samenkerne, sondern auch die getrockneten Samenmäntel, die als Muskatblüte oder Macis bezeichnet werden, erfreuen sich großer Beliebtheit. Doch die Früchte des in den Tropen weit verbreiteten Muskatnußbaumes haben keineswegs nur würzende Eigenschaften, sie sind außerdem ebenso giftig wie Safran. Drei Nüsse können bereits tödlich wirken. In den sechziger Jahren störte das die Hippies nicht. Wenn ihnen das Haschisch ausging, griffen sie zu Muskat. Die Nüsse verursachen Lachkrämpfe und Halluzinationen.

Auch die seherische Nonne des Mittelalters, Hildegard von Bingen (1098 bis 1179), schwärmte: »Wenn ein Mensch die Muskatnuß ißt, öffnet sie sein Herz und reinigt seinen Sinn und bringt ihm einen guten Verstand.« Sie empfahl, »Muskatnuß und zu gleichem Gewicht Zimt und etwas Nelken« zu pulverisieren und daraus mit »Semmelmehl und etwas Wasser Törtchen« zu bereiten. Das »dämpft alle Bitterkeit des Herzens und ... es macht deinen Geist fröhlich«.

Moderne Toxikologen beschreiben die Folgen des MuskatKonsums so: »Zwei bis fünf Stunden nach der Einnahme setzt die Wirkung ein, die sich von einer leichten Bewußtseinsveränderung bis zu intensiven Halluzinationen erstrekken kann. Während visuelle Halluzinationen weniger häufig sind als bei LSD- oder Mescalin-Intoxikationen, kommt es zu deutlichen Veränderungen des Zeit- und Raumgefühls.« Wirkstoffe der Muskatnuß sind vor allem Myristicin, Elemicin und Safrol, die »nachweislich eine psychotrope Wirkung besitzen«, so Professor Günther Ohloff, ein Nestor der europäischen Aromaforschung. Myristicin wird von der Leber in ein Amphetamin umgewandelt, das doppelt so wirksam ist wie die Droge Mescalin.

Heute ist Muskat nach dem Pfeffer unser beliebtestes Gewürz. So nutzt unsere Kultur die Erfahrungen der letzten Jahrtausende – auch ohne das dazugehörige Wissen. Die Erkenntnis der Hildegard von Bingen lebt sogar noch heute in sehr erfolgreichen Produkten fort: in den Cola-Mixturen (siehe Seite 255). Deren wohl wichtigster Wirkstoff ist eben jenes Myristicin. Cola wurde vielleicht deshalb zum Welterfolg – jenseits von Gewürzkriegen und diversen Delirien.

Tip

☺ Exotische Gewürze sind heute zwar bezahlbar, dennoch bleiben sie kleine Kostbarkeiten. Sie werden länger Freude daran haben, wenn Sie Gewürze wie zum Beispiel Ingwer, Koriander, Piment und Zimt ungemahlen einkaufen. Denn feinpulverisierte Ware verliert schnell an Geschmack. Besser ist es, Sie reiben oder mahlen die Gewürze bei Bedarf oder kochen sie im Ganzen mit.

Aromastoffe – Premium-Bluff aus der Retorte

Die Gewürzkriege sind lange vorbei – die Feldherrn des guten Geschmacks haben ein neues Schlachtfeld entdeckt: unseren Gaumen. Denn der Gaumenkitzel, der richtige Geschmack entscheidet über Wohl und Weh neuer Produkte. Nicht mehr die teuren edlen Gewürze sollen beim Krieg um die Marktanteile entscheiden, sondern die Aromen.

Der Chemiekonzern Hoechst zum Beispiel rät seinen Kunden, den Lebensmittelherstellern, zu »Food Design« und »Aroma Tuning«: »Mit unseren Geschmacksmodulen werten Sie Ihre Produkte im Wettbewerb kulinarisch auf«, verheißt der Zusatzstoff-Fabrikant seinen Abnehmern.

Wer im Wettlauf um den Verbraucher vorne liegen will, läßt forschen. In aller Welt untersuchen Psychophysiker systematisch die Eßinstinkte des Menschen: Sie interessieren sich für die Reaktionen seiner Geschmacksnerven und sein Gefühlsleben während des Essens. Auf dieser Grundlage wird Ketchup aromatisiert, das Abschmelzverhalten von Schokolade auf den verwöhnten Gaumen eingestellt oder das Knuspern von Chips optimiert.

Indes, nicht bei allen Produkten war das Konzept so erfolgreich, daß wir nicht mehr aufhören können wie bei den Chips. Und es gehört schon eine gehörige Portion sinnesphysiologischen Wissens dazu, um eine profane Kartoffelscheibe so zu gestalten, daß daraus ein unwiderstehliches »Eßerlebnis« entsteht. Zum Beispiel mit 2-Methoxy-3-äthylpyrazin, denn das riecht intensiv und appetitanregend nach frischen Bratkartoffeln. Danach kommt die typische »Chipsnote«, beispielsweise mit 2-Äthyl-3,6-dimethylpyrazin. Und ein überaus wirksames Aroma namens 2-Methoxy-3-isobutylpyrazin bringt als richtiger Scharfmacher sogar viel Pußta-Romantik Marke »ungarisch« in die Tüte. Wir schmecken bereits 200 billionstel Gramm davon auf 100 Gramm Chips.

Damit das Produkt präzise auf die Psyche der Konsumenten abgestimmt ist, erforschen Psychophysiker auch noch das Mundgefühl, optimieren den Wärmeeindruck, messen die Geräuschentwicklung beim Knuspern und die Vibrationen des Unterkiefers. Ein guter Kartoffelchip muß richtig krachen, wenn man draufbeißt. Bei spannenden Fernsehsendungen wie Krimis oder Actionthrillern brauchen die Aggressionen ein Ventil. Eine Tüte Chips muß her. Gnadenlose Kieferkraft zersplittert die Kartoffelscheibchen im Mund. Damit wird man mit dem Bösewicht spielend fertig, es entspannt ungemein. Kauforscher wie Alina Szczesniak vom US-Konzern General Foods sprechen den Knabbereien gar ein »dramatisierendes Element« zu.

Fertiggerichte, Imitate oder neuartige Produkte sind ohne Geschmacksdesign undenkbar. Denn es kommt darauf an, unserem Gaumen perfekt die Illusion einer richtigen Mahlzeit zu vermitteln. Und das ist nicht etwa die Leistung eines Drei-Sterne-Kochs, sondern ein gemeinschaftliches Kunst-Werk von Psychophysikern, Chemikern und Technologen.

Und nicht zu vergessen, den Juristen. Sie haben der ganzen Sache ein sauberes Mäntelchen umgehängt, so daß der Verbraucher nicht erkennt, mit welchen Tricks er geleimt wird. Die sogenannten »natürlichen Aromastoffe« müssen nicht einmal von den Früchten abstammen, nach denen sie schmecken. So gewinnt man zum Beispiel aus Zedernholzöl ein »natürliches Aroma«, das nach Himbeeren schmeckt. Und andere »natürliche Aromen«, die nach Pfirsich, Nuß oder Apfel riechen, werden mit Hilfe von Schimmelpilzen erzeugt.

Nicht viel anders die »naturidentischen Aromen«. Sie sind mitnichten »naturidentisch«, sie heißen nur so. Ein echtes Aroma besteht aus vielen verschiedenen Duftstoffen. Unsere Nase kann sie aber nicht unterscheiden, sie weiß nicht, daß der Geruchseindruck »Erdbeere« oder »Kaffee« von über 100 verschiedenen Aromastoffen hervorgerufen wird. Dieser Tatbestand erlaubt es, aus anderen Duftstoffen Mixturen herzustellen, die ebenfalls nach »Erdbeere« oder »Kaffee« riechen, ohne daß diese von Natur aus in Erdbeeren oder Kaffeebohnen enthalten wären. Naturidentisch heißt nur, daß die verwendeten Stoffe irgendwo in der Natur vorkommen und synthetisch hergestellt wurden.

Bis 1994 informierte das Etikett noch über die verschiedenen Aromen. Zumindest erfuhren die Verbraucher, was als

»künstlich«, »naturidentisch« oder »natürlich« eingestuft wurde. Heute reicht als Deklaration schlicht und ergreifend »Aroma«. Der Gesetzgeber ist offenbar der Meinung – aus welchen Gründen auch immer – daß der Kunde nicht zuviel über die Geheimnisse im Supermarktregal erfahren sollte. Hauptsache, es schmeckt und ist billig.

So billig diese Produkte auch sein mögen, sie haben ihren Preis: Sie kosten Nerven, genauer gesagt unsere Geschmacksnerven. Die Sensibilität der Wahrnehmung hat gelitten, unsere Sinne suchen stärkere Attraktionen. Um heute noch »bitter« zu erschmecken, muß der Geschmacksreiz fast doppelt so stark sein, als es vor etwa 20 Jahren notwendig war. Bei sauer und salzig muß um etwa die Hälfte mehr zugeteilt werden, bei süß immerhin ein knappes Drittel.

Wenn die Suppe Kopfzerbrechen macht: Migräne durch Glutamat

Kennen Sie die fünf Grundgeschmacksarten auf unserer Zunge? Süß, salzig, bitter, sauer und – wie heißt sie noch, die fünfte? Nein, nicht »scharf«. Schärfe wird, wie wir bereits wissen, nicht von unseren Geschmacksnerven wahrgenommen: Sie ist ein reines Schmerzempfinden. Die fünfte Geschmacksart heißt »Umami«. Das ist kein Scherzwort, sondern ein Fachausdruck, der aus dem Japanischen in die deutsche Sprache überging. Es bedeutet soviel wie »Wohlgeschmack« oder »Vollmundigkeit«.

Umami wird gern mit salzig verwechselt, denn die beiden Geschmacksrichtungen sind nicht so einfach auseinanderzuhalten. Es ist allerdings viel subtiler als Salz, schmeckt wie eine salzfreie Brühe, also eher fade und viel zu langweilig, um für sich allein unseren Gaumen kitzeln zu können. Tatsächlich intensiviert Umami aber den Geschmackseindruck, das Mundgefühl, und sorgt dadurch für ein volles, rundes und fühlbares Aroma.

Der wichtigste Geschmacksverstärker ist das Glutamat, das Natriumsalz der Glutaminsäure. Es stimuliert die Nerven, die den Kontakt mit Speisen im Mund melden, und erhöht damit den Genuß. Glutamat fördert das Empfinden von Fülle und Tiefe im Mund. Es vermittelt dabei eher ein sanftes, abgerundetes Gefühl als den Eindruck einer klar lokalisierten Berührung. Zugleich unterstreicht es fleischige, würzige, brüheartige Noten. Bei Süßwaren ist Glutamat jedoch weitgehend wirkungslos. Für sie gibt es andere Verstärker wie zum Beispiel Maltol.

Viele Lebensmittel enthalten von Natur aus reichlich Glutaminsäure. Auch im menschlichen Körper kommt sie häufig vor. Gewöhnlich ist sie, wie das Glied einer Kette, Teil einer Eiweißverbindung, so daß wir ihren Geschmack nicht wahrnehmen. In den meisten Lebensmitteln liegt nur ein verschwindend kleiner Teil Glutamat ungebunden vor, der als Würzmittel wirken könnte. Ausnahmen davon sind Käse, vor allem reifer Parmesan, und Tomaten. Ihr hoher Gehalt an freiem Glutamat ist einer der Gründe, warum Tomatenkonzentrat und Parmesan so gern zum Kochen verwendet werden. Sie bringen Umami in die italienische Küche. Asiens Köche verwenden seit Menschengedenken glutamatreiche Extrakte aus bestimmten Meeresalgen. Aus dem gleichen Grund finden dort auch Shiitake-Pilze und Bonito-Fische ihren Weg in die Suppe.

Ihren Namen verdankt die Glutaminsäure dem Gluten, dem Weizeneiweiß, aus dem sie der deutsche Chemiker H. Ritthausen 1866 erstmals isolierte. Ihr Effekt als Geschmacksverstärker blieb ihm jedoch verborgen. Erst im Jahre 1908 entdeckte Professor Kikunae Ikeda von der Universität Tokio die Glutaminsäure als Wirkstoff der traditionellen Algenextrakte der japanischen Küche. Nachdem ihre Bedeutung für unseren Geschmack erkannt war, wurde bereits ein Jahr später in Japan Glutamat aus Weizeneiweiß großtechnisch hergestellt.

Das Eiweiß wird in Salzsäure zerkocht, um es in seine Aminosäuren aufzuspalten. Erhöht man die Salzsäurezugabe, wird die Glutaminsäure aus der Lösung verdrängt und setzt sich am Boden ab. Sie wird abgetrennt, in Wasser gelöst und mit Natronlauge versetzt, um die Säure als Natriumsalz zu gewinnen. Schlußendlich folgt noch eine Entfärbungsaktion mit Aktivkohle.

In den sechziger Jahren erwuchs dem Rohstoff Weizen eine scharfe Konkurrenz durch Bakterien, die ebenfalls Glutaminsäure produzieren, allen voran das *Corynebacterium glutamicum*. Man züchtet es auf Melassen der Zuckerherstellung oder auf Glucosesirup. Eine Zugabe von Harnstoff liefert den Mikroben den erforderlichen Stickstoff für die Bildung der Aminosäure. Die Zellen werden geerntet und das Glutamat dann genauso abgetrennt und gereinigt wie bei der Säuremethode.

Inzwischen wurde die Wirtschaftlichkeit des Verfahrens optimiert. Dazu galt es allerdings vorher ein Problem zu lösen: Damit die Mikroben besonders viel Glutaminsäure produzieren, benötigen sie viel Biotin. Andererseits blockiert Biotin aber die Ausscheidung von Glutamat aus den Bakterienzellen in die Nährlösung. Deshalb werden jetzt durch Zugabe von Polyoxyäthylenestern oder von Penicillin die Zellwände für die Glutaminsäure durchlässig gemacht. Seither läßt sie sich abtrennen, ohne die Bakterienmasse ernten zu müssen.

Weltweit werden jährlich über 300.000 Tonnen Glutamat verkauft. Dies ermutigte dazu, mit Hilfe der Gentechnik den Fleiß der Bakterien anzuspornen. Bereits 1980 erhielt der Marktführer Ajinomoto ein japanisches Patent zur gentechnischen Herstellung des Geschmacksverstärkers. Schließlich, so das Unternehmen, bestünde »ein Bedürfnis für neue Mikroorganismen, die die Produktion von L-Glutaminsäure in hoher Ausbeute ermöglichen«. Deshalb wurde geeigneten Bakterien, wie die Firma erläutert, ein »Hybridplasmid eingeführt, in das ein DNA-Fragment mit genetischer Information für die L-Glutaminsäure-Bildung insertiert worden ist«.

Heute gehören die Geschmacksverstärker zu den unverzichtbaren Hilfsmitteln unserer Lebensmittelwirtschaft. Egal ob Fertiggerichte, Tiefkühlkost, Chips, Suppen oder Soßen, ob Wurst- oder Fleischwaren – überall und mit beinahe jedem Bissen begegnen sie uns. Die Eigenschaften des Glutamats erlauben einen sparsamen Umgang mit teuren Rohstoffen wie Fleisch, Shrimps oder Käse, ohne daß es dem Kunden auffallen würde. Auf diese Geschmacksverstärker kann eigentlich niemand verzichten, der Lebensmittel in einem Land wie der Bundesrepublik herstellen muß, in dem der Preis und nicht die Qualität über Wohl und Weh eines Produkts entscheidet.

Die Wirkung von Glutamat ist nicht auf unseren Gaumen beschränkt. Glutamat reizt zum Mehrverzehr. Bei älteren Tieren stimuliert Glutamat die Freßlust. Deshalb wird es auch zur Mast empfohlen. Ob das, was fürs liebe Vieh gilt, auch für den Menschen zutrifft, wurde vor einigen Jahren experimentell an jungen Franzosen, vermutlich Studenten, und Bewohnern eines Altenheims geprüft. Die Versuchspersonen aßen im Laufe der Zeit »zunehmend mehr und schneller, was als zunehmende Schmackhaftigkeit durch wiederholte Verabreichung interpretiert wurde«, faßt Professor

France Bellisle von der Pariser Université Pierre et Marie Curie sein Ergebnis zusammen.

Erhalten neugeborene Versuchstiere Glutamat, leiden sie später an Unfruchtbarkeit, Kümmerwuchs und verstärktem Fettansatz. Bis heute blieb jedoch unklar, wie Glutamat beim Tier Fettsucht hervorruft. Schuld daran ist nicht unbedingt der Mehrverzehr, da die Zunahme an Körpergewicht und die Bildung von Fettpolstern nicht mit der aufgenommenen Futtermenge im Zusammenhang stehen. Deshalb vermuten Physiologen einen Masteffekt, vergleichbar der Wirkung von Sexualhormonen.

Die bekannteste, aber auch umstrittenste Nebenwirkung von Glutamat ist das sogenannte »China-Restaurant-Syndrom«: Nach Besuch asiatischer Restaurants, die bekanntlich sehr verschwenderisch mit Glutamat »würzen«, klagten Gäste über Taubheit im Nacken und in den Beinen, über Druckgefühl im Brustkorb, Kopfschmerzen, Übelkeit und Brennen der Haut.

Diese Nebenwirkungen sind vor allem zu erwarten, wenn glutamatreiche Suppen auf leeren Magen gegessen werden. Bei empfindlichen Personen genügen bereits ein bis zwei Gramm Glutamat. Nach den Vorstellungen jener internationalen Gremien, die weltweit den ADI (Acceptable Daily Intake) genannten Grenzwert festlegen, galten bis 1987 das Vierfache dieser Menge (8 Gramm) täglich für einen Erwachsenen als unbedenklich. Betroffene durften die »sicher harmlose Dosis« allerdings auf keinen Fall auf einmal und mit leerem Magen einnehmen. Daraus ergab sich ein praktischer Verbrauchertip: vor jeder Mahlzeit unbedingt etwas essen.

Von Amts wegen gilt Glutamat in beliebiger Menge sogar als »harmlos«. Das ist um so erstaunlicher, als die Medizin zahlreiche Nervenleiden wie die Parkinson- und Alzheimer-Krankheit, Epilepsie oder die im Volksmund »Veitstanz« genannte Chorea auf Störungen des Glutamat-Stoffwechsels im Gehirn zurückführt. Glutaminsäure erfüllt dort wichtige Steuerfunktionen. Zwar ist das Gehirn in aller Regel gut vor riskanten Nahrungsbestandteilen geschützt, so daß eigentlich nichts passieren sollte. Für die Mehrzahl der Menschen ist das wohl richtig. Andererseits zeigen die Erfahrungen von Ärzten, daß bei empfindlichen Personen durchaus unerwartete Nebenwirkungen auftreten können. So wurden bei Kindern epileptische Anfälle, aber auch Migräne und Hyperaktivität beobachtet.

Da Glutaminsäure im Gehirn eine wichtige Rolle spielt, verkauften Apotheken Glutamat als »Gedächtnispille« oder »Intelligenzsäure« an Eltern, die damit die schulischen Leistungen ihrer Sprößlinge fördern wollten. In der Tat hatten Forscher Ende der fünfziger Jahre die Präparate 150 geistig behinderten Kindern und Jugendlichen verabreicht – jedoch erfolglos. Anschließend durchgeführte Tierversuche erbrachten eigentlich nur ein Ergebnis: Lernschwierigkeiten, mal mit Passivität, mal mit Hyperaktivität gepaart.

Inzwischen ist der Ruf des Glutamats so schlecht geworden, daß die Hersteller nach Auswegen suchten. Manche verwenden nun »Hefeextrakt« mit einem besonders hohen Gehalt an Glutamat und anderen Geschmacksverstärkern. Der Effekt ist der gleiche, das Etikett aber wirkt »gesünder«. Das gleiche gilt für »Würze« oder »Brühe«, sie sind ebenfalls ziemlich glutamatreich, ohne daß dies erkennbar wäre. So bekommt jeder, was er will: der Anbieter den erhofften Umsatz, der Kunde sein »sauberes« Etikett.

Tip

☺ Ein guter Koch braucht kein Glutamat. Eine Ausnahme stellt jedoch die asiatische Küche dar. Dort wird Glutamat aber anders eingesetzt: In Verbindung mit Reis bleiben die Nebenwirkungen weitgehend aus. Außerdem essen die Chinesen ihre glutamatreichen Suppen nicht am Anfang, sondern am Ende der Mahlzeit – also nicht auf leeren Magen.

☺ Wenn Ihnen Ihre Gewürze und Kräuter wie Liebstöckel (»Maggikraut«), Sellerie oder Majoran nicht reichen, dann geben Sie zu Ihrer Sauce oder Suppe leicht angebräunte Zwiebelwürfelchen hinzu.

☺ Wer Zeit und Lust hat, kann es ja mal mit einer echten Gemüsebrühe versuchen. Die müßten Sie allerdings selbst herstellen, denn im Handel haben wir noch keine wirklich »echte« gefunden.

Für einen Liter Brühe benötigen Sie je 50 Gramm Möhren, Lauch, Petersilienwurzeln und 100 Gramm Sellerieknollen, sowie 100 Gramm von einem Gemüse nach Saison oder Geschmack, zum Beispiel Erbsen, Bohnen, Blumenkohl oder Brokkoli. Außerdem kommen noch hinzu: etwas Butter, 2 bis 3 Knoblauchzehen und 1 Nelke, 1 Lorbeerblatt, Kräuter frisch oder getrocknet wie Liebstöckel, Majoran, Petersilie, ein paar Pfefferkörner, Salz und zum Schluß 1,2 Liter Wasser. Zuerst das kleingeschnittene Gemüse in Butter andünsten, mit Wasser auffüllen, Kräuter und Gewürze hinzugeben und eine halbe bis eine Stunde leicht köcheln lassen, abseihen, und fertig ist die klare Gemüsebrühe.

100 Jahre Fix- und Fertigwürzen

Die Suppenwürze feierte 1989 ihren 100. Geburtstag. Ihrem Erfinder Julius Maggi und seinem Konkurrenten Carl Knorr gebührt das Verdienst, aus eiweißhaltigem Bohnenmehl ein billiges »Fleisch«-Aroma simuliert zu haben. Das Original, dem sie nacheiferten, war der Liebig-Fleischextrakt, benannt nach seinem Erfinder, dem Chemiker Justus von Liebig. Industriell begann der Hamburger Ingenieur Giebert dessen Idee 1864 zu nutzen – in Uruguay. Er profitierte dort von einem ungewöhnlichen Abfallprodukt: saftigen Rinder-steaks. Die gab es in Südamerika im Überfluß, denn das Vieh wurde meist nur wegen der Häute, der Hörner, der Knochen und des Talgs geschlachtet. Weil es damals noch keine Kühl-schiffe gab, wurde aus 25 Kilogramm Fleisch ein Kilo Extrakt für das hungrige Europa gewonnen.

Heute verwenden die Hersteller rentablere Rohstoffe, etwa das Kochwasser von Corned Beef. Da das Pentagon die mei-sten Corned-Beef-Dosen ordert, hängt das Extraktangebot letztlich von den Aktivitäten der US-Army ab. Zur Not kennt die Lebensmittelwirtschaft aber auch Produkte aus ausgelaugtem Fleisch, Rinderlebern, Knochentrümmern und Fleischabfällen.

Gesundheitsbewußte Vegetarier ficht das nicht an. Sie grei-fen lieber zur Hefepaste, einem anderen natürlichen Fleisch-saftimitat mit unverwechselbarem Beigeschmack. Der kommt von einem Abbauprodukt des Vitamins B_1. Am ele-gantesten und schonendsten wird es durch die »Selbstver-dauung« der Hefe, die Autolyse, gewonnen: Zunächst läßt der Produzent die Hefe auf Zucker oder Melasse mit allerlei Nährzusätzen wachsen. Dann folgt ein Hitzeschock oder eine Zugabe von Salz mit einem Lösungsmittel wie Trichlor-äthylen. Nach 24 Stunden hat sich die Hefe zersetzt. Für bessere Qualitäten werden die unlöslichen Zelltrümmer abgetrennt und das Autolysat eingedickt.

Die Mehrheit der Bundesbürger »verfeinert« ihre Speisen bevorzugt mit der »echten« Flüssigwürze oder mit Brühwürfeln ohne hefiges G'schmäckle. Wer aber glaubt, damit die ungestüme Kraft des Rindermuskels als Konzentrat zu tanken, irrt ebenfalls. Keine Rede von Fleischeslust. Die Grundlage bilden Sojaschrote und Maiskleber. Sojaschrot fällt an, wenn das Öl mittels Leichtbenzin aus der Bohne gelöst wird; Maiskleber ist ein Abfallprodukt der Zuckergewinnung (Glucosesirup).

Tip

☺ »Vegetarische Würze« oder »Öko-Gemüsebrühe« ist vielfach nichts anderes als gewöhnliche »Würze«. Während gegenüber dem »Normalverbraucher« die rein pflanzliche Herkunft seiner Brühe aus naheliegenden Gründen verschwiegen wird, lobt man diese Eigenschaft gegenüber den Vegetariern natürlich besonders aus und verlangt nicht selten für das gleiche Produkt einen erheblich höheren Preis.

Die Herstellung von Fertigwürzen verläuft ebenso simpel wie radikal: Das pflanzliche Eiweiß wird mit viel konzentrierter Salzsäure gekocht, bis es sich auflöst, und anschließend mit Natriumcarbonat oder konzentrierter Natronlauge neutralisiert. Dabei entsteht jede Menge Kochsalz. Die Lösung wird filtriert und gelagert. Als besonders wohlschmeckend gilt »gereifte«, sprich abgestandene Ware.

Seit kurzem wird auch ein enzymatisches Verfahren angeboten, ein Resultat der modernen Biotechnologie. Dazu eignet sich vorzugsweise tierisches Eiweiß, das mit einer Enzym-kombination aus Schimmelpilzen und Schweine-Innereien aufgelöst wird.

Während die Nebenwirkungen der enzymatischen Methode nahezu unbekannt sind, läßt das Salzsäure-Verfahren nach-weislich unerwünschte Stoffe entstehen. Einige mußten unter dem Druck der Öffentlichkeit vermindert werden. So die Chlorpropanole, die bisher nur wenigen Fachleuten geläufig waren, dann aber als Rattengift, Pille für den Mann und Plastikgrundstoff. Anders die chlorierten Sterine. Sie kennt jeder Esser, ohne sie jedoch in Speisen zu erwarten: Normalerweise leuchten sie in den Flüssigkristallen seines Taschenrechners.

Den »Würzen« kann man kaum mehr entgehen. Wir schluk-ken sie mit Fertiggerichten, in Restaurants und Kantinen. Sie verdecken Qualitätsmängel und schaffen auch dort Gau-menkitzel, wo sich normalerweise jeder gesunde Appetit verweigern würde.

Tip

☹ Woran erkenne ich »Würze«? Mittlerweile nur noch selten. Die kritische Berichterstattung der letzten Jahre hat etwas bewirkt: eine Gesetzesänderung! Die Zutat »Würze« muß nicht mehr namentlich deklariert werden. Es genügt der allgemeine Hinweis »Aroma«.

☹ Was ist der Unterschied zwischen gekörnter Brühe, Brühwürfel und Flüssigwürze? Im Grunde gar keiner. Sie wird entweder getrocknet (gekörnte Brühe) oder mit Fett verkittet (Brühwürfel) oder mit Zuckerkulör tief-braun gefärbt (Flüssigwürze). Gemüsekrümel verschaf-fen dem Produkt ein natürlicheres Appeal.

☺ Bevor gute alte Küchentricks ganz in Vergessenheit geraten, versuchen Sie einmal, Ihre Bratensoße mit einem Stück Lebkuchen zu würzen. Es gibt heute noch Lebkuchenfabrikanten, die dafür speziell einen Soßenkuchen herstellen. Ein kleines Stück davon in etwas Wasser oder Rotwein quellen lassen, verquirlen, dann zur Soße geben und weiterkochen. Besonders gut schmeckt diese Kuchenwürze in Sauerbraten und Wildgerichten, aber auch in Semmelknödeln, Rotkohlgemüse und vielem mehr.

VIII. Dem Affen Zucker geben: Süßigkeiten

Zucker macht das Leben süß, auch wenn wir das nicht so gerne zugeben wollen. Schon zum Frühstück kommt Honig und Konfitüre aufs Brötchen, im Sommer lassen wir uns zu einem Eisbecher verführen, und an Weihnachten bringen uns Lebkuchen sowie andere Spezereien in die richtige Festtagsstimmung. Nicht zu vergessen die vielen süßen Nachspeisen. Gelegentlich vernaschen wir wider alle Vernunft eine ganze Tafel Schokolade auf einen Schlag. Woher kommt dieses fast süchtige Verlangen? Wieso befällt uns immer wieder ein solcher Süßhunger? Es steckt jedenfalls wesentlich mehr dahinter als pure Naschlust.

Vom Heißhunger auf Süßes

»Apfel, Nuß und Mandelkern« sangen unsere Großeltern, als sie noch brave Kinder waren, zur Weihnachtszeit. Heute locken Obst und Nüsse die Kids kaum noch hinterm Ofen, pardon, hinterm Computer hervor. An Weihnachten gibt's statt Äpfeln jede Menge Süßwaren, bis zum Überdruß.

Dressieren wir nicht unseren Nachwuchs fast ausnahmslos mit Süßem? Werden damit nicht Artigsein belohnt, Trotzköpfe besänftigt und entnervendes Geplärr abgestellt? Füllt Zuckerzeug nicht später Schultüten und Bonbonnieren? Ernährungspsychologen sagen deshalb meist: Zuckergenuß ist erlerntes Verhalten! Die Erziehung ist, wie so oft, an allem schuld. Denn ein Verzicht auf Süßes stellt viele von uns vor eine innere Zerreißprobe. Der Verstand möchte wohl verweigern, nur der Appetit spielt nicht mit.

Soweit die Psychologie. Aber sie erklärt nicht, warum nahezu alle Säuger von Geburt an Süßes mögen. Das fanden neugierige Forscher heraus. Sie träufelten neugeborenen Menschenbabys ein wenig Zuckerlösung auf die Zunge und beobachteten dabei deren Mimik. Diese verglichen sie mit den Reaktionen auf Saures, Bitteres oder pures Wasser: Die Säuglinge lächelten nur bei Süße. So ausgeprägt ist die Wirkung des Zuckers. Wir erlernen also die Lust auf Süßes nicht, sie ist angeboren. Unsere Gesellschaft bedient sich ihrer lediglich, wenn sie Kinder belohnt.

Zucker beeinflußt nicht nur den Körper, sondern vor allem die Psyche. Er regt im Gehirn die Bildung eines Botenstoffs an, der Wohlbefinden erzeugt. Dieser Effekt untergräbt sämtliche Appelle an unsere Vernunft. Wenn wir Süßes naschen, stellt unser Körper Insulin bereit, um den rasch ins Blut strömenden Zucker im Stoffwechsel zu verarbeiten. Aber: Insulin fördert auch die Aufnahme von Tryptophan durch das Gehirn. Der Stoff stammt aus dem Eiweiß der Nahrung. Unser Gehirn verwandelt es schließlich in ein Hormon, das Serotonin. Fast alle Psychopharmaka manipulieren den Serotoninstoffwechsel, der unsere Stimmung steuert. Wohlbefinden wie Lebensgefühl steigen mit mehr Serotonin. Depressive leiden hingegen an einem Mangel.

Wird Tryptophan in Verbindung mit Zucker verabreicht, löst das milde Euphorie aus. Gewöhnliche Lebensmittelbestandteile können also, entsprechend kombiniert, »Laune machen«. Eben deshalb essen viele Menschen so gern Süßes: weil es die Stimmung zumindest kurzfristig anhebt, ohne den Verstand wie bei Alkohol zu trüben.

Machte der Körper erst einmal diese Erfahrung, verlangt er immer wieder nach der anregenden Kombination. Der nachfolgende Stimmungsabfall verstärkt den Wunsch – süßer

Nachschub muß her. Damit hätten wir ein Rätsel unseres Ernährungsverhaltens gelöst.

Offen bleibt, warum wir gerade an Weihnachten so ausgiebig naschen und nicht etwa mitten im Mai. Verschafft die heimelige Stimmung an Heiligabend dem Zuckerzeug größere Anziehungskraft? Tatsächlich verhält es sich umgekehrt. Erst das Naschwerk sorgt dafür, daß wir an Weihnachten in festliche Hochstimmung geraten, denn es wirkt wie gesagt euphorisierend.

Viele Menschen werden traurig und müde, wenn sich die kurzen Tage des Spätherbstes einstellen – und hungrig auf Süßes. Es zieht sie zu Gebäck, Schokolade oder Marzipan. In dieser Zeit ist ihr Serotoninspiegel niedriger, weil ihnen das helle Tageslicht fehlt. Sobald es dämmert, setzt der Serotoninabbau ein. Die Stimmung sinkt, bis die »Leidtragenden« am nächsten Morgen ins helle Tageslicht treten. Je länger es dunkel war, desto niedriger ist ihr Serotoninpegel. Deshalb nimmt im Herbst der Hunger auf Süßes zu und schwindet im Frühjahr mit der wachsenden Helligkeit. So wird auch verständlich, warum Müdigkeit und Winterdepression durch viel Schlaf nur schlimmer werden. Das Serotonin sinkt dabei noch weiter ab. Das fehlende Licht ist also der Grund, warum die Süßwarenorgie in die dunkelste Zeit des Jahres fällt.

Sind wir deshalb Sklaven eines zuckerabhängigen Stoffwechsels? Wie läßt sich der Abbau des Serotonins stoppen und der Weg aus dem Stimmungstief finden? Mit hellem Licht aus speziellen Lampen lassen sich Winterdepressive erfolgreich behandeln. Nach Eintritt der Dämmerung steigt die Empfindlichkeit des Körpers für Licht, es reichen dann schwächere Lichtquellen. So erhellt sich uns auch die tiefere Bedeutung des Lichterbaumes und der mitternächtlichen

Christmetten. Auch sie unterstützen die Hochgefühl erzeugende Wirkung des Zuckers. Manch religiöser Brauch nutzt solche biochemischen Prozesse.

Licht und Zucker sind nur zwei Faktoren, die das Serotonin steuern. Es gibt weitere, etwa körperliche Betätigung. Muskelarbeit steigert das Wohlbefinden, meßbar durch einen erhöhten Serotoninspiegel. Als moderne, sitzende Büromenschen versuchen wir, den Mangel an körperlicher Bewegung auszugleichen. Beispielsweise zieht es uns in der Freizeit zum Skifahren ins gleißende Licht der Schneefelder, um so einen biochemischen Ausgleich für unser unterversorgtes Gemüt zu finden.

Neben Zucker gibt es noch ein weiteres Genußmittel, das den Serotoninspiegel beeinflußt: Alkohol. Schon deshalb wird er nicht nur an Weihnachten konsumiert. Alkohol stoppt wie Licht den Abbau von Serotonin. Das erklärt die Spätlese zur Feier des Tages, das weihnachtliche Festbier zum Braten und die Weinbrandbohnen. Es erklärt auch, warum Alkohol vorzugsweise erst abends getrunken wird, wenn der Serotoninabbau einsetzt, und nicht morgens. Besonders bewährt hat sich die Kombination mit Zucker: »Wer Sorgen hat, hat auch Likör« heißt ein geflügeltes Wort von Wilhelm Busch.

Im Frühjahr, wenn der Appetit auf Naschwerk wieder abnimmt, sinkt auch das Körpergewicht, und die Schläfrigkeit weicht neuem Tatendrang. Nun sollen Frühjahrskuren helfen. Dabei schmilzt der Winterspeck, entstanden durch herbstliche Nascherei, ganz von selbst. Zumindest auf den ersten Blick. Ein Scheinerfolg von ein, zwei Kilo stellt sich ein. Im nächsten Herbst jedoch geht der Genußzyklus wieder von vorn los. Im November wären Schlankheitsdiäten fürs Idealgewicht deshalb ziemlich sinnlos. Benötigen wir also Zucker und Alkohol für unser irdisches Glück, möglichst das ganze Jahr über? Nein, aber das Wissen über diesen Mechanismus hilft uns, unseren Appetit zu verstehen und ihn leichter zu steuern.

Tip

☺ Sollte Sie wieder einmal ein zu großer Heißhunger auf Schokolade, Gebäck und Likör befallen, hilft vielleicht folgender Rat: Raus an die frische Luft. Wenn Sie wollen, können Sie sich dabei auch sportlich betätigen. Manchen hilft sogar ein kürzerer Schlaf durch früheres Aufstehen.

☺ Unter den Nahrungsmitteln haben neben Zucker und Alkohol vor allem Tee (schwarz oder grün) und Kaffee (nicht coffeinfrei) ebenfalls eine stimmungsaufhellende Wirkung. Das in beiden Getränken enthaltene Coffein steigert den Serotoninspiegel im Gehirn genausogut wie Zucker.

☺ Manche Menschen haben einen Hang zu hellem Licht. Sie brauchen nicht nur eine Leselampe, sondern eine hell erleuchtete Wohnung. Andere wiederum brauchen nur wenig Licht, oftmals aber ein ganz bestimmtes wie zum Beispiel Kerzenlicht im November. Probieren Sie einfach aus, unter welcher Art von Beleuchtung Sie sich am wohlsten fühlen.

Die Schokoladenseite des Genießens

Den Weg zur Schokolade wies Kolumbus mit seiner Entdeckkungsfahrt nach Amerika. Aber aufgespürt hat den Kakao ein anderer: der Spanier Hernando Cortez, und zwar in Montezumas Reich, dem heutigen Mexiko. Dort lag die

Urheimat des Kakaobaumes. Für Cortez wurde die Kakao-bohne schlagartig interessant, als er hörte, daß die Azteken sie als Geld verwendeten. Für zehn Bohnen bekam man damals ein Kaninchen, für hundert einen Sklaven.

Gleichzeitig lernten die spanischen Eroberer Mexikos auch eine merkwürdige Spezialität des Landes, die von den Azte-ken »Xocoatl« genannt wurde, als »herbsaures Wasser« ken-nen, obwohl sie teils schaumig, teils breiig war. Die zerriebe-nen gerösteten Bohnen des Kakaobaumes verliehen ihr eine anregende Wirkung. Heute wissen wir, daß dafür sein Gehalt an Theobromin verantwortlich ist. Chemisch ist es dem Cof-fein des Kaffees nahe verwandt, aber weitaus verträglicher.

Die Azteken hatten den Kakao ihrerseits durch Eroberung ergattert, und zwar von den Tolteken, die sie im 12. Jahrhun-dert unterwarfen. Diese betrachteten ihn als göttliches Geschenk: der Wind- und Mondgott Quetzalcouatl habe ihnen den Kakao persönlich dargebracht. In Europa wurde aus dem göttlichen Geschenk dann eine »Götterspeise«. Denn das bedeutet der botanische Name *Theobroma*, den der Gelehrte Carl von Linné dem Kakaobaum verlieh.

Was in der Kolonie gut und teuer war, mußte der spanische Hof natürlich auch probieren. Recht scharf und herbsäuer-lich mag es geschmeckt haben, falls sich die Spanier nach der aztekischen Hausmacherrezeptur richteten: einer Mixtur aus Kakao, gerösteten Bohnen und Mais, verlängert mit Wasser und gewürzt mit Chilipfeffer und Paprika. Doch erst als am spanischen Fürstenhof ein Höfling statt Bohnen mit Chili etwas Zucker zum Kakao mengte, fanden die Europäer Gefallen daran.

Der immergrüne, etwa 15 Meter hohe Kakaobaum mit dem klangvollen aztekischen Name »Cacahuatl«, von uns zu

»Kakao« verballhornt, wird heute zur leichteren Ernte in den Plantagen auf fünf Meter zurechtgestutzt. Die Äste wachsen nicht nach oben, sondern waagerecht. Eine Besonderheit kennzeichnet auch die kleinen weißen oder roten Blüten: sie sitzen unmittelbar am Stamm und den dicken Hauptästen und nicht – wie bei unseren Bäumen und Sträuchern – an den Zweigen.

Wenn sich nach einem halben Jahr die gurken- oder kürbisähnlichen Früchte rotbraun verfärben, sind sie reif. Das schleimig-gallertartige Fruchtfleisch birgt bis zu 50 weiße Samenkerne: die begehrten Kakaobohnen. Je nach Sorte erntet man davon im Jahr pro Baum ein Pfund bis zwei Kilo. Den geringsten Ertrag liefern die »Criollo«-Bäume Lateinamerikas. Dafür entschädigen sie durch einen hocharomatischen und feinen Kakao. Die Schokoladenindustrie verschneidet mit diesem schmackhaften Edelkakao die bitteren, dafür aber billigeren Massenertragssorten aus Afrika.

Die abgeschnittenen Früchte werden geteilt, das Innere mitsamt den Bohnen herausgeschabt und auf große Haufen geschichtet. Die Fermentation setzt ein: die Masse beginnt spontan zu gären. Im Fruchtfleisch bildet sich Alkohol, der zu Essig weiter vergärt. Nach einer Woche ist der biochemische Prozeß abgeschlossen und der Rohkakao praktisch fertig. Er wird noch getrocknet, in Säcke gefüllt und verschifft. Jetzt sind die strengsten Gerbstoffe abgebaut, das typische Kakao-Aroma bildet sich aus und die weißen Bohnen haben bereits eine braune Farbe angenommen. Essen kann man sie aber noch nicht, sie sind noch zu herb und von der Gärung her etwas säuerlich.

Die Schokoladenfabrik reinigt dann die Kakaobohnen und unterzieht sie anschließend einer sorgfältigen Röstung. Dabei verflüchtigt sich der Essig, der noch aus der Fermentation stammt. Der Gehalt an Gerbstoffen vermindert sich weiter, das Aroma wird intensiviert und die Farbe vertieft. Und nebenbei wird das tropische Gut von ungebetenen Mitessern befreit: Die Rösttemperatur tötet garantiert alle Schädlingsgelege und Maden ab. Danach teilen sich die Verarbeitungswege, je nachdem, ob Kakaopulver oder Schokolade gewünscht wird.

Kakaopulver: Zur Herstellung von Kakaopulver entölt man die gerösteten Bohnen. Zunächst werden sie in Mühlen so fein zerkleinert, bis eine gleichmäßige und fließfähige Kakaomasse entsteht. Die Hauptarbeit besorgen anschließend Pressen mit einem kaum vorstellbaren Druck von 900 Atmosphären. Ein weißgelbliches Fett tritt aus, die Kakaobutter. Zurück bleibt der beinharte, braune Preßkuchen. Er ist der Rohstoff für das, was wir als Kakao kaufen.

Die Kunst des Herstellers besteht darin, den Preßkuchen staubfein zu vermahlen, damit die Kakaoteilchen im Getränk schweben und nur langsam auf den Boden sinken. Oft genügt das ultrafeine Vermahlen nicht mehr. Dann wird der Kakao nach einem besonderen Verfahren »aufgeschlossen«. Der Gesetzgeber sieht hierzu eine Behandlung mit Natronlauge, Magnesiumoxid und Ammoniumhydroxid vor. Eine eventuelle Überdosis wird mit Weinsäure oder Citrat abgestumpft. Das Aufschließen vertieft die Farbe, intensiviert den Geschmack und erhöht vor allem die Löslichkeit und Schwebefähigkeit. Die bei Kindern beliebten Instant-Schokopulver, die nur noch mit kalter Milch verrührt werden, bestehen meist nur zu etwa 20 Prozent aus aufgeschlossenem Kakaopulver. Der Rest ist purer Zucker mit ein paar Zusätzen wie Emulgatoren und Aromen.

Schokolade: Dafür wird die ganze Kakaobohne benötigt. Entscheidend für ihren Geschmack ist aber vor allem das

Fett, die Kakaobutter. Ihr Schmelzpunkt liegt bei 30 bis 35 Grad Celsius, so daß sie bei Zimmertemperatur fest ist, im Mund aber zart abschmilzt und dabei sogar noch etwas kühlend wirkt. Ohne dieses Schmelzverhalten gäbe es keine Tafelschokolade. Deshalb wird bei der Schokolade meistens noch Kakaobutter zugesetzt. Nun läßt sich die Kakaobutter nicht nur durch das Auspressen der Bohnen gewinnen. Das Gesetz sieht dafür auch ausdrücklich ein anderes Verfahren vor: die Extraktion mit Benzin. Hier wacht unser strenges deutsches Lebensmittelrecht darüber, daß »ausschließlich Petroleumbenzin 60/75« zum Einsatz kommt. Jedoch braucht niemand vor eventuellen Rückständen in der Schokolade Angst zu haben. Die nachfolgende Raffination ist dermaßen durchgreifend, daß in dem Fett praktisch nichts davon zurückbleibt.

Tip

☺ Wenn Schokolade längere Zeit zu warm lagert, bilden sich manchmal »mehlige« Stellen an der Oberfläche, der sogenannte »Fettreif«. In der Wärme schmilzt die Kakaobutter und beim Abkühlen bilden sich dann weißliche Fettkristalle. Dies bedeutet jedoch keinen Verderb, die Schokolade verliert nur ihr appetitliches Aussehen.

☹ Sicher ist Ihnen schon einmal die Deklaration »Fettglasur« begegnet. Das ist ein Schoko-Ersatz aus aromatisierter und mit Kakaopulver gefärbter Spezialmargarine. Sie täuscht vor allem bei Backwaren oder Eis echte Schokolade vor. Echte Kuvertüre besteht zumindest aus einem Drittel Kakao beziehungsweise Kakaobutter.

Ausgangsstoff der Schokoladenherstellung ist die geröstete und gemahlene Kakaomasse. Sie wird mit Kakaobutter und Zucker zu einem Brei geknetet und gewalzt. Für Milchschokolade wird an dieser Stelle auch das Milchpulver zugegeben. In der eigentlichen »Schokoladenmaschine«, »Conche« genannt, wird die Masse bei einer Temperatur von 80 Grad Celsius salbig gerieben. Nach drei Tagen sind dann die Kakaobestandteile so fein zerkleinert, daß sie nicht mehr als einzelne Partikel im Mund wahrnehmbar sind, sondern förmlich auf der Zunge zergehen. Gleichzeitig hat sich in der Conche aus dem Kakao-Zucker-Gemisch das typische Schokoaroma entwickelt, das durch die Zugabe von Vanillearoma und Salz noch gesteigert wird. Die Schokolade ist damit praktisch fertig. Lediglich das Abfüllen der zähflüssigen Masse bereitet dann noch einige Schwierigkeiten. Aber dafür hat der Gesetzgeber einen Zusatz von Emulgatoren erlaubt. Lecithin und Ammoniumphosphatide verflüssigen die warme Masse, so daß sie problemlos in entsprechende Formen gegossen werden kann.

Die Qualitätsunterschiede bei Schokolade hängen von den Rohstoffen, insbesondere von dem Anteil an wertvollem Criollo-Kakao, und von der Sorgfalt und Dauer des Conchierens ab. Inzwischen läßt sich der ehemals mehrtägige Herstellungsprozeß schon wesentlich beschleunigen. Mit drei hintereinandergeschalteten Plastifizierungsreaktoren, sogenannten Extrudern, gelingt die Schokoladenherstellung heute bereits in 30 Minuten.

Schokoladen zur Wahl

Leider hat der Kunde keine Möglichkeit, das »Innenleben« einer Schokolade zu beurteilen. Eine Deklaration der Rohstoffe, Zusätze, Streckmittel und Verfahrenstechniken ist abgesehen von den »Kakaobestandteilen« nicht erforderlich. Allerdings schuf das Lebensmittelrecht einen gewissen Rahmen für diese Produkte. Aus der verwirrenden Vielfalt der Definitionen mögen folgende Grundregeln eine Orientierung bieten:

Zartbitterschokolade muß einen hohen Gehalt von über 50 Prozent Kakao aufweisen. Dadurch ist ihr Zuckergehalt im Vergleich zu den anderen Sorten niedriger.

Milchschokolade: Ihr Kakaogehalt ist mit 25 Prozent recht niedrig, dafür sind etwa 15 Prozent Milchpulver beigemengt. Frische Milch wird gewöhnlich nicht zugesetzt, allenfalls Kondensmilch. Der Rest besteht aus Zucker.

Sahneschokolade: Hier sind stolze 60 Prozent Zucker zulässig. Damit ist sie die süßeste aller Tafelschokoladen. Die Sahne wird meistens als Sahnepulver zugesetzt.

Weiße Schokolade ist nicht braun, weil kein Kakaopulver drin ist. Vom Kakao enthält sie jedoch mindestens 20 Prozent Kakaobutter. Dazu kommen noch etwa 15 Prozent Milchpulver. Daher ihre weißgelbe Farbe. Der Zuckergehalt wurde auf 55 Prozent begrenzt.

Luftschokolade: In die Schokoladenmasse wird gezielt Luft eingeblasen. Bei gewöhnlichen Tafeln wird hingegen strikt darauf geachtet, daß beim Gießen eben keine Luftbläschen entstehen.

Noisette: In der Fachsprache heißt sie Gianduja-Schokolade. Sie enthält mindestens 15 Prozent gemahlene Haselnüsse. Zusammen mit ganzen oder gehackten Nüssen darf der Nußanteil bis zu 60 Prozent der Schokolade ausmachen.

Hohlfiguren: Schoko-Nikoläuse und -Osterhasen werden vorwiegend nach zwei Verfahren hergestellt: entweder gießt man die Figuren als getrennte Hälften, erwärmt deren Ränder und preßt sie zusammen; oder man spritzt die Schokoladenmasse in Hohlformen, die sich durch kreisförmiges Schleudern gleichmäßig an den Innenwänden verteilt. Nach dem Erstarren werden die Formen geöffnet.

Gefüllte Schokolade: Die flüssige Schokolade wird wie üblich in Tafelformen (mit dem »Gesicht« nach unten) gegossen. Nun läßt man sie nur so lange abkühlen, bis eine dünne Schicht erstarrt ist. Dann werden die Formen umgedreht, das noch flüssige »Innenleben« läuft aus. Jetzt kann die Füllung eindosiert und die Tafel mit einer Schicht Schokolade zugedeckt werden.

Lebkuchen – ein Werk des Teufels?

»Knusper, Knusper, Knäuschen, wer knuspert an meinem Häuschen?«, fragt die böse Hexe mit den kannibalistischen Anwandlungen. Als Kinder bestaunten wir die weihnachtlich überzuckerte Lebkuchenhütte mit Neugier, leisem Schauer und Appetit. Seither schwingt beim Lebkuchen etwas Verbotenes, Geheimnisvolles mit, auch wenn es sich nur um profanes Gebäck handelt. Viele Jahrhunderte lang waren Lebkuchen eine Alltagsspeise: Ein Brei aus Honig und Mehl wurde langsam vergoren und gebacken.

Besonders gute Qualitäten lieferte eine Fermentation über mehrere Jahre, so wie beim Wein. Manche Teige waren so fest, daß die Lebzelter (Lebkuchenhersteller) im Herbst Maurer einstellten, welche die steinharte Masse mit ihren Werkzeugen »brachen«, bis sie geschmeidig war.

Heute geht die Herstellung ruck, zuck: Glucosesirup und Zucker werden in Wasser mit einem pH-Regulator gelöst, erhitzt und mit Mehl verknetet. Nach gerade mal zwei bis vier Tagen Reifezeit wird der Grundteig plastifiziert, mit Backtriebmitteln und Aromen versetzt, ausgeformt und abgebacken. Diese Grundrezeptur kann nach Wunsch mit Eipulver, Honig, Gewürzen, Nüssen, Zitronat, Molkenproteinen und etlichem mehr verändert werden.

Der Lebkuchen scheint an vielen Orten der Welt erfunden worden zu sein. Einige sehen seinen Ursprung bei der T'ang-Dynastie im alten China. Dort war im 10. Jahrhundert ein Lebkuchen aus Weizenmehl und Honig als »mi-king« bekannt. Schließlich sei er über die Turkvölker an die Araber und von dort über die Kreuzfahrer nach Europa gelangt. Der Lebkuchen ist aber viel älter und fast so eng mit der Kulturgeschichte des Menschen verbunden wie unser täglich Brot. Die ältesten »Honigkuchen«, die wir kennen, bargen Forscher aus einem 4000 Jahre alten ägyptischen Felsengrab, der letzten Ruhestätte von Pepionkh dem Mittleren. Die altägyptischen Verfahrenstechniker hatten die Grabbeigabe in einer Art Konservendose verpackt, so daß sie uns erhalten blieb.

Die Römer fabrizierten aus Honig, feinem Mehl und Olivenöl einen Opferkuchen namens Libum. Ja, es war Weißmehl, das im Falle von Weizen stets bevorzugt wurde, wenn nicht gerade Hunger herrschte. So beklagte sich der römische Dichter Martial über eine miese Bewirtung: »Von Gebäcken aus feinstem Weißmehl wird die Geliebte dick und fett: Wir, deine Freunde, werden mit Schwarzmehl abgespeist.« Im alten Rom gab es sogar eine eigene Innung der Weißmehlbäcker, der corpus siliginariorum. Sie verbuken das feinste Mehl, das »simila«, ein Wort, das bereits in den orientalischen Sprachen das helle Mehl bezeichnete, so zum Beispiel im assyrischen »samidu«. Aus dem lateinischen »simila« soll sich später unser Wort »Semmel« entwickelt haben.

Zurück zum Libum, dem Opferkuchen zu Ehren des für die Fruchtbarkeit zuständigen Götterpaares Liber und Libera. Er scheint nicht übel geschmeckt zu haben. Chronisten berichten, »Kaiser Vicellius, ein Vielfraß, scheute sogar nicht zurück, diese von den Altären zu stehlen und sofort zu verschlingen.« Vom römischen Wort »libum« für Kuchen soll auch der Name »Lebkuchen« herrühren. Demnach bedeutet es soviel wie »Kuchenkuchen«. Eine Auffassung, die andere Gelehrte natürlich bestreiten. Sie glauben vielmehr, die Silbe »Leb« käme von »Laib«, was seinerseits Brot bedeute. Weshalb nach dieser Lehrmeinung das Wort korrekt mit »Brotkuchen« zu deuten sei.

Wer diesem Disput entgehen möchte, könnte auf »Pfefferkuchen« zurückgreifen. Doch das führt vom Regen in die Traufe. Die einen erklären, früher haben alle exotischen Gewürze schlicht »Pfeffer« geheißen. Die anderen wollen im Wort »Pfeffer« uralte heidnische Gebräuche erkennen. Zur Zeit der Wintersonnenwende – also um Weihnachten – habe man die letzten Lebensgeister des alten Sonnenjahres durch Schlagen mit grünen Zweigen »hinausgepfeffert« und sich Lebkuchenfiguren gereicht. Der fränkische Bischof Eligius von Noyon (588 bis 660) wetterte wiederholt in seinen Predigten gegen diese Unsitte: »Niemand soll zum ersten Tag des Jahres gottlose oder scherzhafte Weiberfiguren oder Hirschlein oder andere Teigfiguren herstellen.«

Von solch heidnischem Treiben kann der »Pfefferkuchen« seinen Namen aber nicht erhalten haben. Denn das Wort ist keineswegs germanischen Ursprungs. Eigentlich stammt es von dem altindischen Ausdruck »pippali« für Beere ab. Dieser gelangte über Persien, Griechenland (peperi) und Rom (piper) in den germanischen Sprachraum. Das Vertreiben böser Geister ist jedoch ein älterer Brauch als die Einfuhr von Pfeffer. Der fragliche Begriff taucht im 11. Jahrhundert in einer Handschrift des Klosters Tegernsee auf: »Pheforzeltun«, also »Pfefferzelten«.

Zwei Jahrhunderte später ist der Begriff »Pfefferkuchen« als Synonym für Lebkuchen fest etabliert. Um das Jahr 1500 verlangte der Bremer Stadtrat, daß Honigkuchen, die den Bremer Schlüssel als Markenzeichen trugen, neben 166 Teilen

Honig und 180 Teilen Mehl 25 Teile weißen Pfeffers enthalten mußten. Ein derart scharfes Gebäck ist für unseren Gaumen schlicht ungenießbar. Damit wäre nicht nur die Herkunft des Namens geklärt, sondern auch der Zeitpunkt eingegrenzt, ab dem die Honigkuchen mit exotischen Gewürzen verfeinert wurden.

In der Renaissance, als die Menschen gern dem Becher zusprachen, war solches Gebäck zum Knabbern sicher sehr beliebt. Mit diesen pikanten Vorläufern unserer Paprikachips ließ sich der Durst der Gäste trefflich anregen. Pfefferkuchen waren damals eine Alltagsspeise aller Deutschen. Ihre einfachen Ausführungen lieferten der Köchin den Bratenfond, trieben als Hausmittel (mit Zitwersamen gebacken) die Würmer aus dem Gedärm und dienten daneben als Grundstoff für die »echten« Lebkuchen. Dazu wurden sie zu Pulver vermahlen, um durch erneute Honigzugabe und nach Abschmecken mit Zimt, Ingwer, Gewürznelken, Muskat, Kardamom jene höherwertige Sorte herzustellen, die unseren heutigen Lebkuchen wieder ein Stück näher ist als die beißenden »Pfefferkuchen«.

Wenden wir uns nun der letzten wichtigen Zutat zu, dem Honig. Er wurde von alters her auf zweierlei Arten gewonnen: Durch Zeidlerei, das heißt durch Nutzung wilder Waldbienen, und durch Imkerei, die Hausbienenzucht. Noch im 10. Jahrhundert war der Wildbienenhonig vorherrschend, jedoch mit dem zunehmenden Roden der Wälder gewann die Imkerei an Bedeutung. Der Wachsbedarf hatte besonders im 11. Jahrhundert infolge der riesigen Vermehrung von Kirchen, Klöstern und Burgen stark zugenommen. Ausreichende Mengen zum Erleuchten der finsteren Gemäuer konnten nur mit intensiver Hausbienenzucht erzeugt werden. Honig, das universelle Süßungsmittel der Vergangenheit, galt zeitweise als Abfallprodukt der Wachskerzenherstellung.

Mit dem Aufkommen des Zuckers in Europa änderte sich der Geschmack, auch wenn ihn sich über Jahrhunderte hinweg nur die Reichen leisten konnten. Die damaligen Ernährungsmediziner wandten sich vom bisher geschätzten Honig ab und begannen seine Schädlichkeit anzuprangern. Zucker sei nicht nur standesgemäß, sondern auch gesünder. Zahlreiche wissenschaftliche Schriften, wie der »Spiegel und Regiment der Gesundheyt« von 1555, warnten die Öffentlichkeit vor der Gefahr: »Honig … ist dargegen jungen Leuten, und fürnehmlich denen, die in Glüendem alter seind, schädlich. Wo man auch des honigs zuvil nimpt, macht es den magen unwillend. Sol auch gesetzlich verboten werden.«

Der Zucker gewann jedoch erst an Boden, als sich der Honig verteuerte. Die Verwüstungen des Dreißigjährigen Krieges sorgten für eine erste Knappheit, und 150 Jahre später lag die Bienenzucht erneut darnieder – vermutlich aufgrund einer Bienenseuche. Der fehlende Honig wurde durch den Sirup aus den einheimischen Zuckersiedereien ersetzt. So entstanden die braunen Lebkuchen. Dazu schwand die Macht der Zünfte und damit das Alleinrecht auf die seit Jahrhunderten festgeschriebenen Rezepturen. Erst jetzt konnten die Lebzelter straflos neue Varianten ausprobieren, neue Zutaten wie Kandisablauf testen.

Während der Honig knapp blieb, verfiel der Zuckerpreis. Der Siegeszug der Kuchen und Feingebäcke, heute würden wir das als »Novel Food« bezeichnen, drängte die zähen Lebkuchen unweigerlich in die Nischen ab. Das Alltagsgebäck rettete sich als weihnachtliche Spezialität. Die Erfindung des weißen Lebkuchens, der mit Kristallzucker statt Kandisablauf hergestellt wird, mag hierzu ihren Teil beigetragen haben. So sind unsere modernen Lebkuchen entstanden, wie wir sie kennen: Eine Süßware, einst als gottloser Brauch verteufelt, vermag als Symbol eines christlichen Festes seine Existenz zu retten.

Lebkuchen und Verwandte

Lebkuchen: Um 1820 entstand der Nürnberger Elisenlebkuchen, benannt nach der Tochter eines Lebküchners. Nürnberg war schon seit jeher eine Hochburg für die Honigkuchenerzeugung. Ringsum im Reichswald gab es eine reiche Honigernte, die von konzessionierten Zeidlern eingebracht wurde. Zudem lag die Stadt an der Route des Gewürzhandels zwischen Italien und den Niederlanden, so daß über viele Jahrhunderte die hochwertigen exotischen Gewürze und Zutaten zur Verfügung standen. Die Elisenlebkuchen zeichnen sich immer noch durch einen besonders hohen Anteil an Nüssen und Mandeln aus.

Printen: Nahezu gleichzeitig mit dem Elisenlebkuchen in Nürnberg wurde in Aachen die Printe geschaffen. Ihr Schöpfer, der Lebzelter Lambertz, ersetzte den Honig durch Krümelkandis und Kandisablauf, das ist ein Sirup der Kandiszuckerherstellung. Er verstärkte den Karamelgeschmack, und die beim Backen teilweise schmelzenden Kandisstückchen machten das Gebäck poröser und lockerer. Der Schokoladenüberzug ließ dann noch einige Jahre auf sich warten. Solange, bis ein kleines naschhaftes Mädchen namens Maria trotz strengsten Verbots in der elterlichen Pralinenfabrik eine Printe in den Kessel mit warmer Schokolade tauchte.

Übrigens ist die Herkunft des Wortes Printe ausnahmsweise unumstritten: es leitet sich von »prenten« ab, einem keltischen Wort für ein geschnitztes Zeichen, das heute noch im englischen Wort »print« für drucken weiterlebt, so wie man ja auch im Neudeutschen Druck-Erzeugnisse als »Printmedien« bezeichnet. Das eigentliche »Drucken« bestand im Aufdrücken eines hölzernen Models auf den Teig, um schöne bildhafte Darstellungen auf dem Gebäck zu erhalten.

Spekulatius: Während Pfefferkuchen in aller Regel ohne Fettzugabe gebacken werden, gibt es auch hier eine Ausnahme: den Spekulatius. Dieses süße, helle und gewürzte Flachgebäck war im Rheinland und in Westfalen schon im 18. Jahrhundert bekannt. Es wurde mit Holzmodeln – ähnlich den Printen – ausgeformt und stellte Bilder dar, meistens Weihnachtsmänner oder Tiere. Der Name kommt vom Heiligen Nikolaus, der einst auch Spekulator hieß. So gelang es dem Klerus dann doch noch, diese »liederlichen Götzenbilder«, die sich seit Jahrtausenden in Europa mit dem Gebäck zum Jahreswechsel verbinden, nach erfolglosen Verboten ins Kirchenjahr zu integrieren.

Dominosteine: Unsere jüngste Lebkuchenspezialität ist wahrscheinlich der Dominostein. Er soll im Jahre 1928 oder 1929 in Sachsen zum ersten Mal angeboten worden sein. Eine wahrhafte Delikatesse: feinster Schnittlebkuchen wechselte ab mit Füllungen aus Marzipan und Konfitüre. Und als ob das noch nicht genug Gaumenkitzel wäre, war er auch noch mit dunkler Schokolade überzogen. Das hat sich mittlerweile stark geändert. Karl Kittelberger, einst Lebkuchenfabrikant, meinte dazu: »In den fünfziger Jahren wurde der Dominostein von einigen Herstellern ›popularisiert‹, als Füllung wurde lediglich das billigere Persipan und anstatt feiner Konfitüre vor allem Apfelgelee zugefügt. Diese Ausführung ist heute marktbestimmend.«

Tip

☹ Lassen Sie sich nicht täuschen: echter Marzipan besteht aus Zucker und Mandeln. Sein erheblich preiswerteres Imitat »Persipan« enthält statt der teuren Mandeln billige Aprikosenkerne, ein Abfallprodukt der Fruchtsaftindustrie.

Kein reines Honigschlecken

Manche sehen in ihm schlicht überteuerten Zucker, anderen ist er Inbegriff gesunder Süße ohne Reue. Schließlich gilt Honig in der Volksmedizin als unverzichtbar – meist um bittere Kräutertees genießbar zu machen. In reiner Form dient er vor allem zur Therapie von Infekten, Entzündungen und Geschwüren. Honig enthält von Natur aus allerlei Stoffe, die Bakterien töten. Denn ohne einen wirksamen Schutz vor Mikroben würde er noch vor dem Eindicken in den Bienenwaben verderben.

Ein Teil dieser Inhaltsstoffe ist bekannt. So finden sich im Honig Spuren der konservierenden Verbindungen Benzoesäure und Ameisensäure sowie das Enzym Glucoseoxidase. Dieses setzt ständig etwas Wasserstoffperoxid frei, das antibiotisch wirkt: Es läßt Bakterien absterben.

Als wichtigste Spurenstoffe des Bienenproduktes gelten die Flavonoide Pinocembrin, ein hitzestabiles Antibiotikum, sowie Kaffeesäure, die Entzündungen hemmt. Deshalb wirkt eine heiße Milch mit Honig meist erleichternd, wenn der Hals schmerzt.

Andere Flavonoide des Honigs töten Viren ab oder werden als Krebstherapeutika erprobt. Das antibiotische Wirkungsspektrum ergänzen Eiweiße, die freie Mineralstoffe maskieren können. Dadurch stehen sie den Mikroorganismen als Nahrung nicht mehr zur Verfügung.

Manchmal enthält Honig aber auch zuviel des Guten. Nämlich dann, wenn der Imker Arzneimittel im Bienenstock eingesetzt hat. So fanden Chemiker in Honigproben bereits Rückstände von Chloramphenicol, Tetracyclinen und Sulfonamiden, also von Antibiotika, die den meisten bisher nur als

Rückstand in Schweinefleisch bekannt gewesen sein dürften. Honig stammt schließlich von Bienen. Aber auch Bienen können mal krank werden. Insofern unterliegt ein Bienenstock den gleichen Spielregeln wie ein Schweinestall oder eine Legebatterie.

Als vor einigen Jahren die Varroa, eine neue Bienenseuche, in unsere Völker eingeschleppt wurde, kam es zu abenteuerlichen Auswüchsen. So wurden den verunsicherten Imkern sogar Beruhigungsmittel wie Phenothiazine angedient – diese illegalen Drogen bekamen früher die Schweine vor dem Transport zum Schlachthof gespritzt.

Geeignete Kontrollen finden in Deutschland kaum statt. Dies ist um so unverständlicher, als die Deutschen Weltmeister im Honigschlecken sind. Schließlich kaufen wir etwa ein Drittel der gesamten weltweit gehandelten Honigernte auf. Wenn beispielsweise die USA die Einfuhr von Kleehonigen aus Kanada wegen Arzneimittelrückständen untersagen, läßt sich unschwer vorhersehen, wer sich diesen Honig dann wohl aufs Frühstücksbrötchen schmieren darf.

Honig ist teuer. Kein Wunder also, daß er von alters her zu den Lebensmitteln gehört, die am häufigsten verfälscht werden. Bei Sortennamen und Angaben zur Herkunft haben manche Anbieter ihre eigenen Vorstellungen von Ehrlichkeit entwickelt. Weil Honig auch Pollen enthält, läßt sich unter dem Mikroskop leicht erkennen, von welchen Pflanzen und damit aus welchem Gebiet der Erde er tatsächlich stammt.

Das ficht manchen Anbieter aber nicht an. So nimmt unser »Tannenhonig« nicht selten in australischen Eukalyptuswäldern seinen Anfang. »Gehäuft traten derartige Verstöße«, kommentiert ein chemisches Untersuchungsamt die Lage, »beim ambulanten Verkauf an der Straße, an Parkplätzen von touristischen Zentren oder in Andenkenläden auf.« Speziell im Schwarzwald ist »authentischer Schwarzwaldhonig kaum zu bekommen«.

Eine andere kommerziell interessante Schummelei ermöglichen sogenannte Reifungsautomaten. Wenn der Imker nicht so lange warten will, bis die Bienen den Honig eingedickt und die Waben verdeckelt haben, wird dem entnommenen unreifen Honig überschüssiges Wasser mit Wärme ausgetrieben.

Geradezu klassisch sind Verfälschungen mit Zucker, heutzutage vor allem mit maßgeschneiderten Glucosesirupen (siehe Seite 234). Solche Verschnitte lassen sich mit dem analytischen Instrumentarium der meisten staatlichen Untersuchungsämter nicht mehr erkennen. Manchmal entdecken Fachleute auch vollsynthetischen Honig. Er wird von den Fälschern sogar speziell für die Analytiker präpariert, etwa durch Zugabe von Pollen und bestimmten Enzymen, an denen nichtsahnende Chemiker dann die Qualität des vermeintlichen Honigs messen.

Die für den Verbraucher sichtbaren Unterschiede wie Cremigkeit, Glanz oder Dünnflüssigkeit taugen nicht mehr als Qualitätsmerkmale. Sie signalisieren weniger Bienenfleiß als technisches Können. Abfülltemperaturen von über 45 Grad Celsius verhindern, daß der Zucker wieder kristallisiert. Der Honig bleibt während der Lagerung flüssig. Noch wirksamer ist eine etwa 20minütige Behandlung mit Ultraschall. Sie tötet zugleich die Hefen ab und erhöht so die Haltbarkeit. Aus der Sicht der Hersteller ist die sogenannte Druckfiltration am besten, weil sich damit gleichzeitig eine brillante, klare Farbe erzielen läßt. Und das Rezept für die Cremigkeit lautet: flüssigen Honig mit feinkristallinem Honig impfen und anschließend rühren.

Auch die Lebensmittelwirtschaft reagiert auf die zunehmende Wertschätzung des Honigs durch den Verbraucher. Sie bietet mittlerweile Produkte wie Kekse oder Schokolade »mit Honig statt Zucker« an. Für die Anbieter hält unser Kennzeichnungsrecht ein besonderes Zuckerl bereit: Weil Honig klebt und deshalb schlecht zu dosieren ist, nimmt man lieber Honigpulver. Dieses enthält aber nicht selten Glucosesirup, letztlich also doch Zucker. Man braucht ihn, um die Trocknung des Honigs zu beschleunigen. Nach Wasserzugabe darf die Mixtur in der Zutatenliste als »Honig« deklariert werden – natürlich ohne Hinweis auf den Glucosesirup.

Bleibt die wichtige Frage: Ist wenigstens der Zucker im echten Bienenhonig gesünder als die süße, weiße Raffinade aus der Zuckerfabrik? Allemal, denn Honig ist teurer und wird deshalb sparsamer verwendet!

Tip

☹ Statt Honig wird in industriellen Rezepturen lieber »Invertzuckercreme« verwendet. Hergestellt aus isomerisiertem Glucosesirup, versetzt mit Säuren, Aroma und Farbe, ersetzt diese »Creme« vor allem in Lebkuchen den Honig. Früher hieß die Fälschung ehrlicherweise Kunsthonig.

Glucosesirup – der Zucker, der keiner ist

Churchill soll einmal gesagt haben, er vertraue nur der Statistik, die er selbst gefälscht habe. Das ist natürlich eine böswillige Unterstellung, denn Churchill war sicher klug genug, diese Einsicht für sich zu behalten. Es überrascht deshalb nicht, daß Statistiken über den Zuckerverbrauch nur die halbe Wahrheit preisgeben. Dem Haushaltszucker erwuchs im Laufe der Jahre vielfältige Konkurrenz: Mais, Weizen oder Kartoffeln heißen die Alternativen. Aber die sind von Haus aus doch gar nicht süß? Mag sein. Dafür enthalten sie Stärke. Und die besteht chemisch betrachtet aus nichts anderem als Traubenzucker, aufgereiht wie die Perlen einer Perlenkette. Wenn wir Kartoffeln oder Brot verzehren, spalten unsere Verdauungsenzyme die Stärke bis zum Traubenzucker auf.

Das faszinierte seit jeher die Technologen. Alsbald versuchten sie das Prinzip nachzuahmen. Jedoch mit allerlei nachhaltigen Abwandlungen. Zunächst die üblichen Vorbereitungen: Abtrennen von Schale, Keimling und Eiweiß mit anschließender Raffination der Stärke. Der eigentliche Dreh besteht daraus, die Stärke so lange in Salzsäure zu zerkochen, bis sie unverkennbar süß schmeckt. Dies war jahrzehntelang ein bevorzugtes Verfahren bei der Herstellung von »Glucosesirup«. Da dieser noch dazu billiger ist als gewöhnlicher Kristallzucker, wurde der »echte« Zucker, wo es möglich war, durch »Glucosesirup« ersetzt.

Inzwischen erfaßte eine neue Revolution unsere Lebensmittel. Gen- und Biotechnologie machen der klassischen Chemie das Feld streitig. Man züchtet zunächst Bakterien und Hefen, tötet sie ab und zerlegt sie in ihre Bestandteile, um ihre Enzyme zu ergattern. In der Hand erfahrener Technologen werden diese Enzyme zu Spezialwerkzeugen, mit denen sich alle nur denkbaren Rohstoffe zerlegen und in neue, maßgeschneiderte High-Tech-Produkte umwandeln lassen (siehe Seite 291).

Mit Enzymen lassen sich Glucosesirupe zurechtschneidern, so als ob man mit einer Schere die gewünschten Zuckerarten exakt heraustrennte. Schnipsel mit einer Länge von vier oder fünf Traubenzuckern heißen Maltodextrine; Traubenzucker paarweise abgetrennt wird zu Malzzucker, und komplett zerlegt gibt's reinen Traubenzucker. Es gelingt sogar, aus der Stärke einen Zucker zu gewinnen, der gar nicht in ihr enthalten ist: die Fructose. Ein Enzym, eine sogenannte Isomerase, baut Traubenzucker zu Fruchtzucker um. Die Methode ist so effizient, daß der handelsübliche Traubenzucker nicht mehr aus Trauben und der Fruchtzucker nicht mehr aus Früchten hergestellt wird.

Das hat etwas Verlockendes. Denn all diese Zucker haben ganz abweichende Eigenschaften. Nicht nur technologisch. Auch im Geschmack gibt's große Unterschiede. Traubenzucker schmeckt süßer als Maltose. Maltodextrine hingegen sind geschmacksneutral. Die Kombination aus Traubenzucker und Fruchtzucker, auch HFCS (high fructose corn syrup) genannt, schmeckt wiederum süßer als der uns vertraute Haushaltszucker. So kann der Verbraucher den tatsächlichen Gehalt an Zucker nicht mehr herausschmecken.

Perfekt wird die Verwirrung durch die Kennzeichnung, denn Produkte mit Glucosesirup dürfen allen Ernstes als »zuckerfrei« deklariert werden. So will es das deutsche Lebensmittelrecht. Nach der Zuckerartenverordnung sind Glucosesirupe, Maltodextrine, Fruchtzucker, HFCS, Traubenzucker, Malzzucker und andere kein »Zucker« im Sinne des Gesetzes – egal ob süß oder nicht.

Deshalb ergeben auch die gewöhnlich feilgebotenen Statistiken über den Zuckerverzehr ein schiefes Bild, denn sie erfassen nur den Rüben- und den Rohrzucker, nicht aber die heute üblichen Industriezucker.

Eiskrem – aber bitte mit Sahne!

Kalte Schleckereien sind keine Erfindung unserer Tage. Schon vor über 3000 Jahren bewahrten die Chinesen Mixturen aus Schnee, Milch und Fruchtsäften in besonderen Kellern bis in den Sommer auf. In der Antike scheint »Gefrorenes« eine weite Verbreitung gefunden zu haben. Der griechische Arzt Hippokrates, antiker Begründer der Heilkunde, riet seinen Patienten, Eis zu schlecken, da es die Säfte belebe. Das Offizierskorps Alexander des Großen begeisterte sich für Honigeis mit Fruchtsaft, Wein oder Milch verfeinert, das unterirdisch in Gewölben vor der Sonne Griechenlands geschützt lagerte. Im alten Rom wurde soviel Eis geschleckt, daß der Leibarzt des römischen Kaisers Marc Aurel vor einem übermäßigen Verzehr warnte.

Aber nicht nur die Zeiten, sondern auch die Zutaten haben sich gewandelt. Sahne wird heute für industrielle Produkte nur »in geringen Mengen verarbeitet«, meint ein Fachbuch bescheiden. Statt dessen ersetzen Pflanzenöle aus Palmen oder Baumwollsaat peu à peu das Butterschmalz. Wo immer möglich treten Caseinate, Magermilchkonzentrat oder entmineralisiertes und teilentzuckertes Süßmolkenpulver an die Stelle von frischer Milch.

Selbst der Zucker ist nicht mehr unbedingt das, was der Verbraucher erwartet. Wir kennen das schon, gesüßt wird zunehmend mit Glucosesirup, mal mit Enzymen isomerisiert, mal getrocknet. Die Wahl des »richtigen« Zuckers ist das Geheimnis der dickflüssigen Soßen, die von gefrorenem Eis umgeben sind. Dextrose oder isomerisierte Glucosesirupe senken den Gefrierpunkt der Soßen stärker ab als die Zucker im Eismix. Dadurch fühlen sie sich im Mund schon flüssig an, während das Eis noch fest ist.

Ohne sogenannte Emulgatoren, verantwortlich für die Cremigkeit, ist ein modernes Eis nur schwer vorstellbar. Mono- und Diglyceride schaffen Cremigkeit, indem sie mit Luft stabile Schäume bilden, ähnlich einem Shampoo. Eis wird nicht nach Gewicht, sondern nach Volumen gehandelt. Je höher der Lufteinschlag, desto größer die Rohstofferparnis.

Den Schlüssel zum Genuß liefern Hydrocolloide (meist Dikkungsmittel) wie Alginate (spezielle Algenextrakte) in Kombination mit Carrageenen, Johannisbrotkernmehl, Guarkernmehl oder Carboxymethylcellulose. Sie binden Wasser und rufen am Gaumen ein Gefühl der Vollmundigkeit hervor. Gleichmäßiges Abschmelzverhalten läßt das Eis auf der Zunge zergehen. Alginate verhindern das Tropfen und verhelfen zur Wärmeschockresistenz: Sie schützt das Gefrorene vor den häßlichen Folgen defekter Kühltruhen oder eines heißen Kofferraums, in dem die süße Fracht nach Hause gelangt.

Die Eisherstellung

Erst die richtige Technologie veredelt die »ausgewählten Zutaten« und macht sie zu einem »unvergleichlichen« Genuß:

Mixen: Die Rohstoffe bei Wärme mischen und so lange stehen lassen, bis Emulgatoren und Hydrocolloide reagiert haben.

Homogenisieren: Die Mixtur mit 100 bis 200 bar durch feinste Düsen pressen. Meist muß zwei-, dreimal homogenisiert werden, bis die Fettkügelchen endgültig zertrümmert sind.

Pasteurisieren: Für eine halbe Minute auf 85 Grad Celsius erhitzen, um Mikroorganismen abzutöten. Das denaturiert auch die Enzyme, die Geschmacksveränderungen bewirken können.

Kühlen und Reifen: Schnelles Abkühlen der heißen Mixtur auf fünf Grad Celsius fördert die technisch erwünschten Strukturveränderungen der Inhaltsstoffe.
Freezen: Den Eismix auf minus 30 Grad Celsius kühlen, mit Preßluft aufschäumen und mit rotierenden Messern aufschlagen.
Härten: Pastösen, unterkühlten Brei abfüllen und bei minus 40 Grad richtig durchfrieren.

Der Hersteller kann nach getaner Arbeit alle Leitungen mit Wasser durchspülen. Was dabei herauskommt, heißt schlicht »rework«. Eine Druckschrift aus dem Dunstkreis einer namhaften Eisfirma besinnt sich dabei auf ökologische Werte: »Die im Rework vorhandene Trockenmasse ist wertvoll und darf auch aus Umweltschutzgründen nicht in die Abwässer gelangen. Deshalb wird Rework in Behältern gesammelt und in der einen oder anderen Form wiederaufgearbeitet.«

Der kluge August und die schusselige Hausfrau: Weincreme

Dr. August Oetker aus Bielefeld weiß, was Frauen wünschen. Zum Beispiel Desserts. »An hohen Festtagen« seien »insbesondere Weincremes« eine kulinarische Zielvorstellung der modernen Hausfrau. Solche Cremes beleben und erfrischen durch ihre spritzige Leichtigkeit am Ende eines opulenten Mahles. Ihre Raffinesse verleiht dem Finale jedes Festessens ein Flair, das die Gäste zu bezaubern vermag. Doch vor das Schlemmen haben die Götter den Schweiß gesetzt.

Wir zitieren aus einer Patentanmeldung: »Die eigene Zubereitung dieser Desserts durch die Hausfrau ist sehr zeitintensiv und nicht immer von Erfolg gekrönt«, moniert das Haus Oetker. Eine »Gelinggarantie« sei »nur bei genauer Einhaltung der Rezeptur und der Zubereitungsanweisung« gewährleistet. Von den frustrierenden Folgen untauglicher Kochversuche befreite Dr. Oetker alle schusseligen Hausfrauen. Er erfand die »Fertigweincreme mit Sahnetopping«.

Das Patent beschreibt »ein sensorisch überlegenes Produkt«. Es genügt dafür »eine UHT-erhitzte, rückgekühlte Milchzubereitung und eine durch Thermisierung keimfrei gemachte Weinzubereitung«. Durch Kombination beider Zubereitungen gelingt unter Zugabe eines »Aufschlagmittels«, sprich Emulgators, genau jene Mischung, die sich der Eßerlebnishungrige später auf der Zunge zergehen lassen wird.

Hinter der »Milchzubereitung« verbirgt sich schlicht ein Gemenge aus »Zucker, Magermilchpulver, Stärke, Gelatine, Xanthan, Johannisbrotkernmehl, Milch«. Die Masse wird erwärmt, homogenisiert, ultrahocherhitzt, gekühlt und gepuffert. Das Ergebnis hat nicht nur »gute Pump- und Mischeigenschaften«, sondern sogar »ein pseudoplastisches Fließverhalten«. Hoffentlich ist nur das Fließverhalten »pseudo«. Denn die Rezeptur erinnert bisher nur bedingt an eine richtige Weincreme.

Doch halt! Für das Ergebnis wird noch eine »Weinzubereitung« benötigt. Die besteht aus Zucker, Stärke, Johannisbrotkernmehl, (synthetischen) Aromen und künstlichem Farbenspiel, wahlweise Azorubin (E 122) für Rotweincreme oder Chinolingelb (E 104), abgetönt mit Gelborange S (E 110), für das Weißweinpendant. Nicht zu vergessen die richtige Dosis Zitronensäure für den rechten Gaumenkitzel. Mit zuviel Säure verflüssigt sich das empfindliche Verdickungsmittelsystem, und »die angenehm cremige, leicht gelierte Konsistenz« geht flöten. Andererseits dürfen die Zitronensäurekristalle nicht zu knapp dosiert sein, sonst »schmeckt das Dessert nicht spritzig und weinig genug«.

Apropos Wein, wo blieb der eigentlich? In Bielefeld verfügt man wirklich über helle Köpfe. Die Rezeptur funktioniert zur Not auch ohne Wein. Wer genau hinschaut, findet unter den genannten Feinchemikalien alles, was im Endprodukt auf einen guten Roten schließen läßt: strahlendes Rubin fürs Auge, spritzige Säure für den Gaumen und ein feines Bukett für die Nase.

Als Krönung kommt obenauf ein weißes Häubchen. Hier bewährt sich das künstliche Azorubin in der Weincreme- schicht. Natürliche Fruchtfarbe könnte sich nach oben durchsaugen und womöglich »unansehnliche Farberschei- nungen« in der Sahneauflage hervorrufen. Nicht so bei der gewählten Rezeptur.

Schließlich ist das so bewundernswert formbeständige Sah- netopping »nach den üblichen Verfahren stabilisiert und belüftet«. Zum Verschäumen sahneartiger Rohstoffe haben sich unterschiedliche Zusatzstoffsysteme bewährt: beispiels- weise eine Kombination aus Bicarbonat, Phosphat und Alginsäure. Aber auch Mono- und Diglyceride, bei Bedarf verestert mit Essigsäure, Zitronensäure oder Milchsäure. Oder modifizierten Stärken und so weiter.

Den Food Designern ist damit unbestritten ein genialer Wurf gelungen: Ihre Schlabbercreme ist sowohl haltbar, appetit- lich, convenient und imagebetont als auch von beachtlichem Genußwert. Damit haben die Bielefelder Delikateßchemiker den ungeschickten Hausfrauen endlich gezeigt, was ange- wandte Lebensmittelchemie zu leisten vermag. Herzlichen Glückwunsch!

IX. Für den Wissensdurst:
Was wir alles trinken

Offenbar aus der Einsicht heraus, daß der Mensch schneller verdurstet als verhungert, hat der Absatz von Getränken in den letzten Jahrzehnten enorm zugenommen. Eigentlich reicht zum Durstlöschen Wasser aus der hauseigenen Leitung. Aber angesichts der Diskussion über Umweltgifte im Trinkwasser greifen viele lieber zum Mineralwasser. Und schon wartet der Gesetzgeber mit der ersten List: einem Mineralwasser-Imitat. Tafelwasser heißt der fürstliche Name des künstlichen Gesöffs. Auch bei anderen Getränken entspricht das Image nicht immer dem wahren Wert. Während Fruchtsäfte als »natürliche« und damit »gesunde« Erfrischungen gelten, werden Kaffee, Tee oder Wein als Genußmittel eingestuft. Und was dem Genuß dient, muß ungesund sein, lautet eine alte Faustregel der Ernährungsberatung. Doch ganz im Gegensatz zur öffentlichen Meinung fand die Wissenschaft heraus, daß vor allem die viel gescholtenen Genußmittel wie Schwarztee, Kaffee oder gar Wein mehr für die Gesundheit der Menschen geleistet haben als unsere Diätapostel zusammengenommen.

Betrübliches über Trinkwasser

Wir verwenden heute Trinkwasser mit einer solchen Selbstverständlichkeit, als hätten wir vergessen, wie kostbar und lebensnotwendig es in Wirklichkeit ist. Niemand weint der Zeit nach, in der Wasser mühsam in Zubern vom Bach geholt oder mit dem Schwengel einer Pumpe aus dem Brunnen gefördert wurde. Es fließt einfach durch Rohre in unsere Häuser. Damit wir es aber auch sorglos trinken können, muß das Wasser zuvor aufbereitet werden, um uns vor krankmachenden Keimen und hohen Schadstoffbelastungen zu bewahren.

Zuerst die gute Nachricht: Unser Trinkwasser enthält immer weniger Rückstände von Pflanzenschutzmitteln. Das verdanken wir vor allem dem 1991 erlassenen Verbot von Atrazin, einem Unkrautvernichtungsmittel, das beim Maisanbau verwendet wurde. Die Arbeit von Umweltschützern und Wasserwerkern für den Schutz des Trinkwassers ist in diesem Fall von Erfolg gekrönt. Den Schwarzen Peter werden die Bauern wohl trotzdem so schnell nicht mehr los, auch wenn andere die Umwelt in gleicher Weise belasten.

Selbst so unverfängliche Praktiken wie das Einnehmen der Antibabypille hinterlassen ihre Spuren: Die Hormone der Pille werden, nachdem sie ihre Wirkung im Körper entfaltet haben, jeden Tag millionenfach mit dem Urin ausgeschieden und gelangen über die Toilettenspülung ins Abwasser. Weil sie in den Kläranlagen aber nicht abgebaut werden können, tauchen sie irgendwann im Trinkwasser auf – ein bedenklicher Kreislauf. Mit dem Trinkwasser aufgenommene Hormone aus Antibabypillen werden inzwischen als eine der Ursachen für die zunehmende Unfruchtbarkeit der Männer diskutiert. Vielleicht wird die »Pille« dadurch eines Tages wieder entbehrlich.

Auch wenn für die Pillenhormone der analytische Beleg noch aussteht, ist er für ein anderes Medikament bereits erbracht: für Clofibrat, einen sogenannten Lipidsenker, der zur Behandlung erhöhter Cholesterin- und Blutfettspiegel verordnet wird. Seine chemische Formel sieht der eines berüchtigten Pflanzenschutzmittels recht ähnlich, dem Agent Orange, das in Vietnam zur »Entlaubung« versprüht wurde. Als Berliner Lebensmittelchemiker 1993 begannen, Leitungswasser der Spreestadt zu untersuchen, entdeckten sie

Clofibrat – und zwar in Konzentrationen, die teilweise über dem erlaubten Grenzwert für Pestizide lagen. Die Kollegen zogen 64 Wasserproben in und um Berlin – und wurden jedesmal fündig. Auch Clofibrat gelangt über den Urin ins Abwasser und damit in die Umwelt.

Die Pharmaindustrie und unsere Ärzte haben also gute Aussichten, den Landwirten ihren Rang als Wasserverschmutzer abzulaufen. Beide haben jedoch kaum Chancen auf den ersten Platz. Auf dem Siegertreppchen sieht Dr. Manfred Häfner von der Stuttgarter Landesanstalt für Pflanzenschutz eine eher unverdächtige Gruppe: »Der Hauptverursacher der organischen Schadstoff-Fracht im Grund-, Roh- und Trinkwasser ist nicht die Landwirtschaft, sondern die Wasserwerke.« Grund seien ihre »veralteten Verfahren bei der Trinkwasseraufbereitung und das … ebenfalls weit mehr als veraltete Trinkwasserverteilungsnetz.«

Aber alles der Reihe nach: Um Wasser zu entkeimen, wird es im Wasserwerk in der Regel zuerst mit Ozon behandelt und anschließend gechlort. Eine Entkeimung ist nötig, um die Ausbreitung von Infektionskrankheiten zu verhindern. So weit, so gut. Dabei kommt es jedoch zu zahlreichen Reaktionen mit harmlosen Stoffen, die im Trinkwasser gelöst sind. Der Regen nimmt auf seinem Weg ins Grundwasser Spurenstoffe aus dem Humus mit. Im Wasserwerk entstehen dann durch Zugabe der Desinfektionsmittel zahlreiche mehr oder weniger zweifelhafte Reaktionsprodukte, wie zum Beispiel Chloroform, Chlorpikrin oder Trichloressigsäure. Den Landwirten aber wurde die Verwendung von Chloroform schon 1974 untersagt, Chlorpikrin ist als Pestizid seit 1980 verboten, Trichloressigsäure seit 1989 nicht mehr zugelassen.

Die Lebensmittelüberwachung im baden-württembergischen Sigmaringen fand 1994 in jeder neunten Wasserprobe hundertmal mehr Chloroform, als an zugelassenen Pestiziden im Trinkwasser enthalten sein darf. Das ist sogar erlaubt, denn die Höchstmengen für Schadstoffe im Wasser sind ganz ungewöhnlich gestaffelt: Für Landwirte gelten 0,1 Mikrogramm pro Liter als oberste Grenze. Entsteht Chloroform dagegen beim Chloren des Trinkwassers im Wasserwerk, ist 500mal soviel erlaubt. Schließlich fehlt eine Höchstmenge, wenn das Umweltgift aus Industrieanlagen ins Wasser gelangt. Nichts gegen eine differenzierte Bewertung. Aber der Landwirt ist nicht immer schuld, wenn unser Trinkwasser in Gefahr gerät.

Bekommt jetzt Ihr Frühstückskaffee einen Beigeschmack nach Chloroform? Wohl kaum. Denn wenn das Kaffeewasser kocht, verdunstet diese leichtflüchtige Substanz. Getrunken trägt Wasser ohnehin wenig zu unserer Belastung mit Chloroform bei. Jedenfalls weit weniger als das Wasser, das wir täglich zum Duschen verwenden. Einerseits atmen wir das Chloroform unter dem warmen Schauer ein, andererseits nimmt unsere Haut es bereitwillig auf. Den absoluten Höhepunkt der Chloroform-Aufnahme bietet deshalb ein Besuch im Hallenbad.

Ein kleiner Kunstgriff gelang der Wasserlobby bei der Regelung der Entnahme von Proben. Danach dürfen die Wasserwerke die Schadstoffe in ihrem Trinkwasser unmittelbar nach der Chlorzugabe bestimmen. Dummerweise kann das Chlor auch noch nach Verlassen des Wasserwerks auf dem Weg zum Verbraucher zu chlororganischen Verbindungen reagieren. Deshalb geben die Messungen nicht immer ein realistisches Bild der tatsächlichen Belastung des Wassers, das zu Hause aus dem Hahn fließt.

Die Regelung bei der Probenentnahme läßt erahnen, woher weitere Schadstoffe stammen dürften: aus Leitungsrohren.

Die Karlsruher Lebensmittelüberwachung fand in einigen Wässern erhebliche Gehalte an polycyclischen aromatischen Kohlenwasserstoffen (PAK). Diese Stoffe entstehen vor allem bei Verbrennungsprozessen. Auf Zigarettenpackungen müssen sie wegen ihrer krebserzeugenden Wirkung als »Kondensat« angegeben werden.

Die PAK im Trinkwasser stammten aus geteerten Rohren, die in den sechziger Jahren als besonders hochwertig galten. Heute werden solche tauchgeteerten Rohre nicht mehr verlegt, sind aber immer noch in Gebrauch. Neben den sechs PAK, für die Höchstmengen gelten, fanden die Lebensmittelüberwacher sieben weitere PAK in deutlich höherer Konzentration. Für die gibt es, wen wundert's, inzwischen keine Höchstmengen mehr. Es steht zu befürchten, daß die in den Wasserwerken verwendeten Desinfektionsmittel mit den PAK aus geteerten Rohren zu besonders toxischen Stoffen reagieren. Vor allem in den fünfziger und sechziger Jahren war die Bevölkerung einer beträchtlichen Schadstoff-Fracht ausgesetzt.

Wie läßt sich das Problem lösen? Erstens sollten die Proben auch am Wasserhahn im Haus des Verbrauchers entnommen werden, damit wir ein realistisches Bild von der Belastung unseres Trinkwassers erhalten. Zweitens sollten die Wasserwerke einen Ersatz von umstrittenen Chemikalien zur Aufbereitung ins Auge fassen.

Hier wäre eine Desinfektion mit Lichtimpulsen zu nennen. Sie wirkt besser als UV-Strahlen und tötet auch brisante Erreger wie Cryptosporidien ab, die vor allem in Oberflächengewässern vorkommen und denen bisherige Desinfektionsmittel nichts anhaben können. Der Erreger bleibt in vier Grad Celsius kaltem Wasser noch sechs Monate ansteckend. In anderen Ländern haben Cryptosporidien bereits Massenerkrankungen ausgelöst. So zum Beispiel in den USA: Dort erkrankten 1993 gleich 400.000 Einwohner der Stadt Milwaukee. Vor allem bei Menschen mit geschwächtem Immunsystem führten sie zu heftigen Durchfällen, die in schwere rheumatische Beschwerden mündeten. Die Ursache war verseuchtes Trinkwasser.

Hausgemachte Wasserbelastungen

Die Wasserwerke sind für die Qualität des Trinkwassers bis zum Haus verantwortlich. Was im Haus, also nach der Wasseruhr, damit passiert, ist abhängig von den installierten Rohren, für die der Hauseigentümer geradesteht. In ungünstigen Fällen kann das Wasser aus den Hausleitungen sogar Schwermetalle herauslösen.

Kupferrohre haben sich in Regionen mit saurem Wasser für Säuglinge als fatal erwiesen. Liegt der pH-Wert des Wassers unter 6,5 (zu erfahren bei Ihrem Wasserwerk), ist mit einer Kupferbelastung des Leitungswassers zu rechnen, das dann nicht mehr für die Zubereitung von Babykost verwendet werden soll.

1986 erkannten aufmerksame Ärzte Kupfer als Ursache der Leberzirrhose bei Säuglingen. In einer bayerischen Familie erkrankten von drei Kindern zwei an einer Zirrhose, eines davon starb. Die Untersuchung ergab: Die Fläschchenmahlzeiten des gesund gebliebenen Kindes waren mit Wasser aus verzinkten Eisenleitungen zubereitet worden, die zwei erkrankten erhielten Wasser aus neuen Kupferleitungen. So überrascht es nach Angaben der Ärzte nicht, daß »auf diesem Weg große Mengen Kupfer« ins Essen gelangten. Mittlerweile gibt es in Deutschland eine ganze Reihe ähnlicher Todesfälle bei Säuglingen durch Wasser aus Kupferleitungen.

Bleirohre, die noch in vielen Altbauten vorhanden sind, geben Blei in das Trinkwasser ab, wenn es in den Leitungen steht. Deshalb wird empfohlen, vor allem morgens erst einmal das abgestandene Wasser ablaufen zu lassen. Besser wäre es, die veralteten Rohre auszutauschen. Blei schädigt vor allem Nerven und Gehirn. Um Säuglinge und Kleinkinder vor Vergiftungen zu bewahren, sollte der gesetzliche Grenzwert von 0,040 mg/l nach Auffassung von Toxikologen auf 0,010 mg/l gesenkt werden. **Verzinkte Eisenrohre** können das Wasser nicht nur mit Zink, sondern gelegentlich auch mit Cadmium belasten. Meist spielt auch hier aggressives, saures Wasser unsachgemäß verzinkten Leitungen übel mit. Der Richtwert beträgt laut Trinkwasserverordnung bei Zink 5 mg/l und der Grenzwert bei Cadmium 0,005 mg/l.

Tip

☺ Wenn Sie den Verdacht haben, daß Ihr Trinkwasser nicht einwandfrei ist, lassen Sie sich bei Ihrem Gesundheitsamt über Möglichkeiten von Untersuchungen und Maßnahmen informieren.

Tafelwasser statt Tafelfreuden

In vielen Ländern steht im Restaurant eine große Karaffe mit kühlem Leitungswasser auf dem Tisch. Für unsere Gastronomie unvorstellbar, daß ein Gast seinen Durst kostenlos löschen könnte. Und auch manch ein Gast wäre über das profane Naß ein wenig pikiert. Da bestellt er sich doch lieber ein Glas »Tafelwasser« – der Name schafft immerhin eine gehobene Atmosphäre. Der Begriff »Mineralwasser« wirkt dagegen beinahe proletarisch, er weckt eher Assoziationen an »Mineralöl«. Dabei ist Mineralwasser fast unverändertes, mineralstoffreiches Quellwasser und das vermeintlich »noble« Tafelwasser nur ein Imitat.

Für Tafelwasser wird zunächst gewöhnliches Wasser nach allen Regeln der Trinkwassertechnik mit Ionenaustauschern oder durch Elektrolyse aufbereitet. Die Reinigung dieses Rohwassers erfolgt dann mit Zusätzen wie Natriumperoxodisulfat, Schwefeldioxid, Natriumthiosulfat, Kaliumpolyphosphaten oder Salzsäure. Die vollständige Auflistung dieser Zusatzstoffe füllt im Lebensmittelrecht immerhin zwei Druckseiten.

Doch das Mineralwasser-Imitat bietet schon etwas mehr als das Naß aus dem hauseigenen Wasserhahn. Nicht nur unerwünschte Begleitstoffe dürfen zu seiner Herstellung entfernt werden, auch das Wasser selbst: Was zunächst widersinnig erscheint, hat einen Grund. Bei weniger Wasser erhöht sich die Konzentration der Mineralstoffe. Damit läßt sich ein »natürlicher« Zusatz fürs Tafelwasser gewinnen.

Solche Konzentrate werden mutmaßlich nicht extra erzeugt. Sie fallen bei der Limonadenherstellung an, weil diese wiederum mineralarmes Wasser erfordert. Steht kein Rückstand aus der Entsalzung zur Verfügung, kann das Tafelwasser auch mit Zusatzstoffen wie Calciumchlorid, Soda oder Magnesiumcarbonat aufgesalzen werden. Dadurch lassen sich Geschmack und Mundgefühl zielgruppengerecht einstellen.

Damit's richtig sprudelt, kommt noch Kohlendioxid rein. Am preiswertesten ist jenes Dioxid, das in Unmengen als Abfall bei Verbrennungsprozessen in chemischen Fabriken anfällt. Das ermöglicht der Industrie, mit umweltfreundlichen Mehrwegflaschen jenes Gas zu entsorgen, das im Ruf steht, den Treibhauseffekt zu fördern. Am umweltschädlichen Transport von nachgemachtem Leitungswasser per Lkw scheint sich sowieso niemand zu stören.

Natürlich pocht unser Lebensmittelrecht darauf, daß Verwechslungen von Mineralwasser mit Tafelwasser ausgeschlossen sein müssen. Es vermied allerdings konsequent die einzig durchschaubare Deklaration für Tafelwasser: »Mineralwasser-Imitat«. Eine Ware, deren Name einen derart negativen Klang hat, würde der deutsche Gast im Restaurant wohl kaum bestellen wollen. Da könnte er ja gleich frisches unverfälschtes Leitungswasser aus der Karaffe trinken. Kostenlos.

Tip
☺ Nicht jedes Mineralwasser eignet sich für die Zubereitung von Säuglingsnahrung. Als babytauglich empfohlen werden Mineralwässer mit folgenden Werten (*mg/l = Milligramm pro Liter*): Natrium bis 20 mg/l, Nitrat bis 10 mg/l, Nitrit bis 0,02 mg/l, Mangan bis 0,20 mg/l, Sulfat bis 240 mg/l, Fluorid bis 1,50 mg/l. Beim Fluorid sind nach neueren Empfehlungen bereits 0,70 mg/l für den Säugling mehr als genug. Bisher können die Abfüller ihr Wasser noch mit bis 1,50 mg Fluorid pro Liter als »geeignet für die Zubereitung von Säuglingsnahrung« kennzeichnen.

Orangen für den Saftladen

Wenn Mineralwasser schon nachgemacht wird, dann kaufen wir uns doch besser einen echten Fruchtsaft. Der muß laut Gesetz wenigstens zu 100 Prozent aus Früchten bestehen. Hoffentlich! Vor Jahren verblüffte der »ARD-Ratgeber Technik« mit einem Orangensafttest: Den Testschmeckern mundete gepanschter Saft einfach besser als echter.

Dieses unerwartete Ergebnis stellt für Abfüller von echtem und damit teurerem Saft ein herbes Handikap dar. Vor allem dann, wenn man das zweite Testresultat kennt: »Sogar die kleine Handelsanalyse im Lebensmittellabor konnte die Fälschung mit diversen Aminosäuren, Kaliumphosphat, Aromastoffen, Honigauszügen und viel Wasser nicht entlarven.«

Früher wurde Fruchtsaft nur mit Zucker, Farbe, Säure, Aromen und Wasser gestreckt. Eines Tages aber entdeckten eifrige Analytiker: Der Mixtur fehlen die fruchtspezifischen Spurenstoffe. Und siehe da, bald darauf konnte man diese Spurenstoffe im Feinchemikalienhandel kaufen und so seinen Erzeugnissen ein Echtheitszertifikat verleihen. »Analysenfest« nennt der Fachmann dann solche Produkte.

Ein sündhaftteures Druckwerk (*Adulteration of Fruit Juice Beverages*) weiht Panscher wie Fahnder in die Tricks der Branche ein: »Der Anreiz zum Verfälschen von Säften ist enorm, mit der Möglichkeit illegaler Millionenprofite. Die Verlierer sind letztendlich die Verbraucher, die ein vollwertiges, nahrhaftes und unverfälschtes Produkt erwarten, und der rechtmäßige Verarbeiter, der sich redlich bemüht, ein Erzeugnis herzustellen, das die natürlichen Inhaltsstoffe zu 100 Prozent enthält.«

Genaue Daten über den Umfang der Mogeleien gibt es verständlicherweise nicht. Doch grenzte es auch fast an ein Wunder, daß Angebot, Preis und Geschmack der Orangensäfte weder durch Fröste, Mißernten noch durch politische Unruhen in Mitleidenschaft gezogen werden.

Insofern verblüffte ein Handelshaus durch seine Offenheit: »Die Hersteller sind gewohnt, den Fruchtsaftpreis niedrig zu halten, indem sie den Saft nur aus etwa 25 Prozent echtem Saft machen.« Die Meldung kommt aus Australien. Und das ist weit weg. Genauso weit wie unsere Konzentratlieferanten in Brasilien und Florida. Dort kauft die ganze Welt – natürlich Konzentrate. Wasser zum Verdünnen gibt's schließlich überall.

Für das Konzentrat werden die Orangen regelrecht ausgeschlachtet: Zuerst nehmen die Apfelsinen ein heißes Bad in Natronlauge. Ihre frisch gewaschenen Schalen raspeln stachelige Walzen runter, eine Dusche spült das hervortretende aromatische Zitrusöl ab, das getrennt aufgefangen wird. Dann schneiden Messer die Früchte entzwei, rotierende Preßköpfe holen Saft und Fruchtfleisch heraus. Der Rohsaft wird filtriert, das zurückgehaltene Fruchtfleisch ausgepreßt und verpackt. Der Abfüllbetrieb setzt es später dem fertigen Saft als Trübungsmittel wieder zu. So wäre es korrekt.

Aber vielfach wird das Fruchtfleisch mit Enzymen behandelt, bis sich die Zellwände auflösen, mit Wasser verrührt und erneut abgepreßt. Diese Art von »Saft« nennt die Branche »Pulp-wash«. Weggeworfen wird nichts. Sogar die Schalenreste lassen sich versilbern. Vollständig zersetzt liefern sie eine Komponente von »Limonadengrundstoff«. Er läßt Getränke »naturtrüb« erscheinen. Mit ein paar Tricks eignet er sich ebenso wie der Pulp-wash zum geschickten Verfälschen von Säften.

Der klare Saft wird pasteurisiert, um die safteigenen Enzyme auszuschalten. Sie könnten sonst Bitterstoffe freisetzen und Flöckchen bilden. Trotzdem bittern immer wieder Säfte nach. Dann müssen Kunstharze auf Styrolbasis die Bitterstoffe binden und, wenn nötig, die überschüssige Säure entfernen. Wen erstaunt es noch, wenn pfiffige Technologen auch aus den sauersten Grapefruits süße Orangensäfte zaubern?

Damit das fertige Konzentrat nicht gelieren kann, wird der Saft vorher mit Enzymen aus Bakterien und Schimmelpilzen behandelt. Jetzt erst preßt man die Flüssigkeit zum Konzentrieren gegen Membranen, die so fein sind, daß nur Wasser austritt, aber alle anderen Saftbestandteile zurückbleiben. Die vorkonzentrierte Lösung gelangt danach in den Verdampfer. Dort verdampfen leider auch die Aromastoffe, die dem Fruchtsaft seinen typischen Geschmack verleihen. Doch Rückgewinnungsanlagen retten den Orangengeschmack aus dem Kondenswasser. Er wird aufgearbeitet, verpackt und wie das Fruchtfleisch getrennt verkauft.

Das Konzentrat wartet bei minus zehn Grad Celsius in riesigen Kühltanks mit einem Fassungsvermögen von bis zu 800.000 Litern auf Auslieferung an seine Verarbeiter, die Saftmacher. Unsere Saftfabriken mixen dann »ihre« Markenartikel aus den verschiedensten Komponenten, die der Weltmarkt bietet. Nach einer Prüfung auf Echtheit verdünnen sie das Konzentrat mit chemisch gereinigtem Wasser. Mit dieser aufwendigen Vorbehandlung wird sogar das Nitrat entfernt. Eine Zugabe von Fruchtfleischpräparaten vermittelt der rückverdünnten Lösung ein »natürliches« Outfit, und der Aromamix sorgt für Vollmundigkeit. So entsteht Fruchtsaft mit »100 Prozent Fruchtanteil«.

Safttypen im Überblick

Orangensaft, selbst gepreßt, hat tatsächlich einen Fruchtanteil von 100 Prozent – ohne Enzymzusätze und Aromakonzentrate. Für ein Glas benötigen Sie drei bis vier Saftapfelsinen.
Orangensaft – Direktsaft ist industriell verarbeiteter Saft, dem jedoch kein Wasser entzogen wurde. Diese Säfte sind teurer und werden nicht so häufig angeboten.
Orangensaft aus Konzentrat: Auch hier beträgt der Fruchtanteil, rein rechnerisch gesehen, 100 Prozent –

nämlich Konzentrat, Wasser, Fruchtfleischpräparate und Aromamix.

Orangennektar: Wozu wohl schuf der Gesetzgeber ein billiges Saft-Imitat, den »Nektar«, der vom Namen her besser klingt als das Original? Erstaunlicherweise beträgt sein Fruchtanteil nur 50 Prozent. Also handelt es sich eher um ein Wunderwerk angewandter Lebensmittelchemie als um einen Göttertrank, wie der Name uns vorgaukelt. Die restlichen 50 Prozent bestehen aus Wasser, Zucker, Glucosesirup, Invertflüssigzucker, Citraten, Ascorbinsäure, Schimmelpilz-Enzymen … Die Rechnung geht auf: Jeder dritte Bundesbürger hält einer Untersuchung zufolge den Nektar auch noch für den besseren Saft.

Orangensaftgetränk: Bei diesen Zubereitungen wird es mit dem Fruchtanteil schon sehr ärmlich. Das Lebensmittelrecht empfiehlt schwache 6 Prozent.

Orangenlimonade: Kaum mehr erwähnenswert ist das 3prozentige Quentchen Fruchtzugabe. Der »Fruchtanteil« besteht zunehmend aus sogenannten »Comminuted Juices«, das heißt die kompletten Früchte werden zu diesem Zweck praktisch restlos verarbeitet. Wäre da nicht soviel Zucker drin, könnte Limonade sogar als »Vollwert-Produkt« durchgehen.

Eiskalt serviert: Die Cola-Geheimformel

Fruchtsäfte gönnen wir gerne unseren Kindern, schließlich haben sie ein gesundes Image. Cola-Getränken hingegen stehen viele Eltern mißtrauisch gegenüber. Die magische Anziehungskraft von Cola auf ihre Sprößlinge macht sie außerordentlich verdächtig. Niemand weiß so recht, was drin und dran ist, schließlich ist das Cola-Rezept geheim.

Das Prinzip erinnert ein wenig an Asterix. Beim Zaubertrunk des Druiden Miraculix wissen wir nur, daß er seinen Absud aus Misteln braute, die er mit einer goldenen Sichel schnitt. Die kulinarische Fachwelt beschäftigt das ebenso geheimnisvolle Rezept »7 x 100« weit mehr. Denn so heißt jene diskrete Formel des Hauses Coca-Cola, mit der es auf der ganzen Welt seinen goldenen Schnitt macht.

Nur zwei Manager des Hauses würden die Rezeptur kennen, besagt eine Mär. Viele Cola-Trinker glauben tatsächlich, daß es sich um das am besten gehütete Geheimnis der Industriegeschichte handelt. Dabei ist die Zusammensetzung dieser Flüssigkeit so geheim wie die einer Leberwurst vom Metzger nebenan. Zum Mythos hat wohl eine Zutat beigetragen, die noch um die Jahrhundertwende den Absatz garantierte: Cocain. Man verwendete es, bevor als Muntermacher Coffein zugesetzt wurde. Das sorgte für eine treue Klientel, die sehnsüchtig auf den nächsten Drink wartete.

Cocain ist einer der vielen Wirkstoffe des Coca-Strauches. Seine Blätter bildeten die Grundlage der ersten Cola. Später verbot das Betäubungsmittelrecht »Koks« im Essen. Zwar gehören die Blätter des Coca-Strauches bis heute zur Rezeptur, aber jetzt verwendet man lieber eine ceylonesische Art, die cocainfrei ist. Oder man entzieht den Blättern vorher das Cocain. Den anderen Teil des Namens lieh die Colanuß, ein Samen von der Größe einer Kastanie. Cola ist eine stimulierende Droge, die von den Völkern Westafrikas schon lange geschätzt wird. Sie wirkt allerdings nur, solange sie frisch ist.

Seit jeher wurde aus Coca- oder Cola-Extrakten Trinkbares gebraut. Beide Zutaten tragen geschmacklich wenig zu »unserer« Cola bei. Was wir »Cola« nennen, ist ein industrielles Kunstprodukt, dessen Aroma in der Natur kein Vorbild kennt. Es wird ähnlich einem Parfüm aus unterschiedlichsten Komponenten aufgebaut, die zusammen einen neuen und markanten Geruch ergeben (siehe Kasten).

Um die Aromaauszüge zu gewinnen, sind Lösungsmittel nötig. Für die Haltbarkeit sorgen Konservierungsstoffe. Und damit sich im fertigen Produkt auch alles gut mischen läßt, bedarf es eines Lösungsvermittlers wie Sucroseacetat-isobutyrat. Lauter reizvolle Zutaten, die aber nach deutschem Recht nicht deklariert werden müssen. Sonst wäre der Mythos um die Geheimrezepte längst wie eine Seifenblase zerplatzt.

Das Cola-Rezept

Das wichtigste ist wohl der sagenhafte Aromamix. Er besteht aus Extrakten, Destillaten und Ölen von Colasamen, Limetten, Zimt, Zitronen, Kakao, Kaffee, Mate, Mandarinenblättern, Caroben, Bitterorangen, Orangen, Cocablättern, Ingwer, Koriander, Holunder, Zitwer, Muskat, Mimosenbaumrinde, Kalmuswurzeln, Gewürznelken und Ysop, abgerundet mit Vanillin (die Menge des jeweiligen Stoffes nimmt mit der Reihenfolge ab). Der Rest ist Routine:
• Wasser (etwa 84 Prozent Anteil) wird aufbereitet und anschließend entgast, um den Sauerstoff zu entfernen.
• Kohlendioxid (3,6 Prozent) sorgt nicht nur für das Prickeln und Schäumen im Glas, sondern auch für ein ausgeprägtes Mundgefühl und wirkt zugleich als Konservierungsmittel.
• Zucker oder isomerisierter Glucosesirup (rund 12 Prozent) schafft Süße und Vollmundigkeit.
• Zuckerkulör, E 150 (0,2 Prozent): Dieser Farbstoff verleiht der wasserklaren Flüssigkeit ihr unverwechselbares Outfit. Ohne die Farbe wird Cola, wie Untersu-

---

chungen zeigen, selbst von überzeugten Colatrinkern nicht mehr am Geschmack erkannt.

• Orthophosphorsäure, E 338 (0,06 Prozent), regt den Speichelfluß an, was unbewußt unsere Genußerwartung befriedigt.

• Coffein und Theobromin (0,02 Prozent): Der natürliche Gehalt der Extrakte wird durch einen Zusatz auf die gewünschte anregende Wirkung eingestellt.

• Sucroseacetatisobutyrat (0,02 Prozent), ein Zusatzstoff, sorgt dafür, daß die Aromastoffe gleichmäßig in der Limonade gelöst bleiben.

Guaraná:
Ein Genußmittel verkommt zum Magenspüler

Noch lange nicht so verbreitet wie Cola-Getränke sind Guaraná-Drinks, obwohl sie das Potential dazu hätten. Denn mit den erfolgreichen Cola-Getränken hat Guaraná eines gemeinsam: das Coffein. Mittlerweile begegnet uns Guaraná in Pulverform als geheimnisvolle bräunliche »Ökodroge« im Bioladen, die in Wasser gelöst zu geistiger Spannkraft und körperlicher Fitness verhilft, mal als Namensgeber für Exotic- oder Energy-Drinks in der Aludose an Tankstellen oder als Erfrischungskaugummi.

Gewonnen wird Guaraná aus den Samen der etwa zehn Meter langen Schlingpflanze *Paullinia cupana*, die Botaniker zu den Seifenbaumgewächsen zählen. Diese verdanken ihren eigenwilligen Namen dem hohen Gehalt an schäumenden Saponinen. Einige Arten wurden tatsächlich als Waschmittel verwendet. Im übrigen enthalten die Pflanzen aber auch jede Menge Gifte. Die Eingeborenen nutzen sie vor allem für Pfeile, als Insektenschutz oder als Medizin bei Fieber und Schlangenbissen. Insofern verwundert es nicht, daß nur wenige Seifenbaumgewächse auf dem Speiseplan der Menschen stehen. Die wohl einzige weitere bei uns bekannte Art sind die in Chinarestaurants beliebten, harmlosen Litchi->>Pflaumen<<.

Die Guaraná-Traube besteht aus 30 bis 60 Früchten. Die orangegelben, kastanienartigen Schalen platzen bei der Reife auf und geben schwarze, haselnußgroße Samen frei. Die Indios sammeln die ganzen Früchte und weichen sie ein, damit sie die Schale besser entfernen können. Die Kerne werden an der Sonne getrocknet, in Tonöfen geröstet, geschält und in Mörsern zerkleinert. Mit etwas Wasser läßt sich das Pulver zu einem Brei verkneten und zu kleinen Stangen formen, den sogenannten Bastoneten. Diese werden über ausgesuchten Hölzern ein bis zwei Monate geräuchert. Das Endprodukt erinnert an kleine Salami.

Der Trank, das >>Aqua branca<<, wird einfach zubereitet: Die Indios reiben von der Bastonete etwas Guaraná ab, verrühren es mit kaltem Wasser und trinken das Gebräu. Als Raspel benutzen sie die knöcherne Zunge eines beliebten Speisefisches, des bis zu zwei Zentner schweren und vier Meter langen Pirarucú. Forschungsreisende berichteten um das Jahr 1900, daß, wer >>morgens früh in jenen Gegenden durch die Straßen geht, das Guaraná-Raspeln hinter den Fenstern hört<<. Es erinnert irgendwie an europäische Frühstücksgepflogenheiten, bei denen das Blubbern der Kaffeemaschine nicht fehlen darf.

Beinahe hätten Kaffee und Mate Guaraná verdrängt. Aber seit daraus Limonade gebraut wird, wächst der Markt in Lateinamerika, aber auch in Europa. Nun ziehen weiße Siedler die Schlingpflanze in Plantagen, die an Hopfengärten erinnern. Das angebaute Guaraná hat jedoch, so der Freiburger Arzneipflanzen-Experte Eberhard Scholz, häufig minderwertige Qualität. Ursache ist die hastige Verarbeitung, »weil die Samen in Metallmühlen gemahlen und die Stangen nur ungenügend haltbar gemacht werden«. Dieses Guaraná enthält weniger freies Coffein, hat einen unangenehm bitteren Geschmack und reizt Magen und Darm. Die aufwendige traditionelle Technik diente dazu, das gebundene und damit für den Körper nicht verfügbare Coffein möglichst vollständig freizusetzen.

In Europa wurde Guaraná lange als Medikament gegen Kopfweh, Migräne und Neuralgien empfohlen, in Brasilien gegen Durchfall und Fieber. Dort dient es auch als Aphrodisiakum. Das sind deutliche Hinweise darauf, daß in diesem Produkt neben Coffein noch andere Wirkstoffe stecken. Einen weiteren Fingerzeig gibt Ludwig Reinhardt in seiner »Kulturgeschichte der Nutzpflanzen« aus dem Jahr 1911: »Die Eingeborenen können wohl ohne Fleisch und Mehl, niemals aber, vom reichsten Bürger bis zum ärmsten Hirten, ohne den beliebten Guaranátrank sein, der mit Recht von manchen Reisenden als ›brasilianischer Kakao‹ bezeichnet wird. Mit der Guaraná ... vermögen die Indianer längere Zeit zu leben, ohne abzumagern, und sehen dabei so gesund und kräftig aus, als ob sie mit Fleisch genährt würden.« Es ist wohl nur noch eine Frage der Zeit, bis im Guaraná – wie im Kaffee – Opiate entdeckt werden, die uns Wohlbefinden und Genuß verschaffen.

Diese Gefahr von opiatbedingtem Wohlbefinden besteht bei unseren Guaraná-Limos kaum. Sie haben mit dem Produkt der Indianer wenig gemein. Nach brasilianischem Lebensmittelrecht genügt für einen Liter bereits ein Guaraná-Gehalt von 200 Milligramm. In Deutschland erinnern die analytisch gefundenen Gehalte eher an angewandte Homöopathie. Limonaden-Abfüller nennen solche Mixturen aus Wasser, Zucker und Aroma treffend »Magenspüler«.

Coffeinlieferanten

Die Guaraná ist wegen ihres hohen Coffeingehalts Spitzenreiter von sechs Pflanzen, die als Genußmittel sehr geschätzt werden.

Guaranásamen	4,0 %
Teeblätter	3,0 %
Colanüsse	2,5 %
Kaffeebohnen	1,5 %
Mateblätter	1,0 %
Kakaobohnen	0,2 %

Kaffeeklatsch

Das Täßchen Kaffee zum Frühstück ist für viele Menschen ein »Muß«. Aber was stand eigentlich morgens auf dem Tisch, bevor unsere Vorfahren Genußmittel wie Kaffee und Tee schätzen lernten? Sie stärkten sich in der Frühe bereits mit einer Biersuppe und spülten kräftig mit Bier oder Wein nach. Und zwar in Mengen, die heute kaum noch vorstellbar sind. Natürlich fanden auch damals nicht alle Zeitgenossen Gefallen daran.

Als der Kaffee mit den Türken im 17. Jahrhundert nach Europa kam, war er vielen willkommener Ersatz für den Alkohol. Der Sud aus den gemahlenen braunen Bohnen machte wach, nicht schläfrig wie Bier, regte den Geist an, statt ihn zu trüben. Die Bessergestellten diskutierten lieber im Kaffeehaus und tätigten ihre Geschäfte nüchtern, anstatt mit dem gemeinen Volk zu saufen.

Was die einen in Euphorie versetzte, galt anderen als Laster. So heißt es 1679 in einem Gutachten über den Kaffee, erstellt von einem Doktor Colomb, Mediziner an der Universität Marseille: »Die verbrannten Partikelchen, die er im Überfluß mit sich führt, besitzen eine so stürmische Kraft, daß sie die ganze Lymphe mit sich reißen und die Nieren austrocknen, wenn sie ins Blut dringen. Ferner bedrohen sie das Gehirn; nachdem sie seine Flüssigkeit, seine Windungen ausgedörrt haben, halten sie sämtliche Körperporen offen und verhindern so, daß die schlafbringenden, tierischen Kräfte zum Gehirn emporsteigen.« Schließlich würde »allgemeine Erschlaffung, Paralyse und Impotenz« eintreten. Den Frauen wird andernorts mit »schlaffen Brüsten« gedroht.

Im Kampf gegen den schwarzen Trank wurden gesundheitliche Gründe meist nur vorgeschoben. Tatsächlich fürchteten die Mächtigen die politische Gefahr, die von den Kaffeehäusern ausging. Wenn Menschen sich versammelten, um zu diskutieren, ohne sich zu betrinken, sah die Obrigkeit dies mit Argwohn. In unruhigen Zeiten schloß sie vorsichtshalber diese »Brutstätten der Revolution«.

Der deutsche Adel besaß damals keine Kolonien, die Kaffee hätten liefern können. Das Verschwenden von Devisen für importierte Genußmittel galt deshalb stets als Treiben, dem von Staats wegen Einhalt geboten werden mußte. So heißt es in einer Verordnung des Bistums Hildesheim: »Eure Väter, deutsche Männer, tranken Branntwein und wurden bei Bier wie Friedrich der Große aufgezogen, waren fröhlich und guten Mutes. Dies wollen wir auch. Ihr sollt den reichen Halbbrüdern unserer Nation (*gemeint waren die Holländer; die Autoren*) Holz und Wein, aber kein Geld mehr für Kaffee schicken.« Kaffeemühlen und das Geschirr für den Trank seien zu zerstören. In Preußen erschnüffelten amtliche »Kaffeeriecher« illegales Kaffeekochen in privaten Haushalten. Aber es hat alles nichts genutzt, weder die universitäre »Ernährungsaufklärung« noch die Verbote.

Vermutlich ist es kein Zufall, daß der Kaffee einer Kultur entstammt, in der Alkohol tabu ist. Jedes Volk hat eben seine eigenen Genußmittel. Verbote haben nur dann Aussicht auf Erfolg, wenn es gleichwertigen Ersatz gibt. Doch auch in den islamischen Ländern, die den Genuß von Alkohol untersagen, scheint das Kaffeetrinken auf staatliches Mißtrauen gestoßen zu sein.

So soll einst der Statthalter von Mekka den Kaffee verboten haben. Seine Ärzte hielten das anregende Getränk für ungesund. Der Sultan von Ägypten, selbst leidenschaftlicher Kaffeetrinker, hob den Erlaß unter Berufung auf seine fähigeren Heilkundigen wieder auf. Im Jahr 1525 schlossen die Herrscher von Istanbul alle Kaffeehäuser der Stadt – und lösten damit Tumulte aus. 1633 wurde am Bosporus der Genuß des anregenden Getränks sogar mit der Todesstrafe bedroht. Doch offenbar gelangten die Mächtigen bald zu der Einsicht, daß sie damit allenfalls die Zahl ihrer Untertanen verringern würden. So versuchten sie, aus dem vermeintlichen Laster wenigstens Kapital zu schlagen: Eine Kaffeesteuer ersetzte die Hinrichtung.

Wenn Genußmittel sich solcherart gegen den Willen der Obrigkeit durchsetzen und auch der Tod nicht vor dem Konsum schreckt, dann darf man Inhaltsstoffe erwarten, die euphorisierend wirken. 1983 erschien in dem angesehenen Wissenschaftsmagazin *Nature* ein Bericht australischer Forscher, denen es gelungen war, ein Opiat aus Kaffee zu isolieren. Es ist übrigens auch im coffeinfreien Kaffee vorhanden.

Der Verdacht, daß Kaffee abhängig macht, liegt nahe, wenn viele Menschen so dringlich »jetzt« ihr Täßchen »brauchen«. Es gibt sogar ein Entzugssyndrom: heftige Kopfschmerzen, die jedoch nach wenigen Tagen abklingen. Deren Auslöser sind aber nicht Opiate, sondern das Coffein. Deshalb bekommen manche Kaffeetrinker Kopfweh, wenn sie zu coffeinfreiem Pulver wechseln. Das kann vor allem dann zum Problem werden, wenn am Arbeitsplatz richtiger Kaffee getrunken wird und daheim am Wochenende coffeinfreier. Wie leicht entsteht der Eindruck, daß die Familie Ursache der Kopfschmerzen ist. Erfahrene Familientherapeuten kennen diese Psychofalle!

Coffein euphorisiert ebenfalls, wie japanische Wissenschaftler unlängst nachweisen konnten: Es löst zunächst, ähnlich wie Zucker, eine Insulinausschüttung aus. In der Folge steigt der Gehalt an Serotonin im Gehirn. Dieses körpereigene Hormon vermittelt Wohlbefinden, es ist gewissermaßen der Stoff der Lebenslust. Sinkt unser Serotoninspiegel, werden wir depressiv. Kaffee wirkt also ähnlich wie Zucker (siehe Seite 213) oder Alkohol als »Stimmungsmacher«.

Der Abbau von Serotonin im Körper beginnt, wenn das Tageslicht schwindet. Bei den meisten Menschen sinkt dann die Stimmung mit Einbruch der Dämmerung und erreicht in den Morgenstunden einen Tiefpunkt. So wird verständlich, warum wir zum Frühstück gern Kaffee trinken. Der schläfrige Mensch sucht am Morgen nicht nur die aufputschenden Eigenschaften, sondern auch die besondere euphorisierende Wirkung.

Die zweite »Kaffeestunde« folgt am Nachmittag. Sie liegt zwischen dem Leistungstief um zwei Uhr und der Dämmerung, wenn mit dem Licht auch die gute Laune schwindet. Auch Alkohol stoppt den Abbau des Serotonins, macht aber im Gegensatz zum Kaffee eher müde, weshalb er bevorzugt abends getrunken wird.

Kaffeefreunde nehmen weltweit jedes Jahr etwa 80.000 Tonnen Coffein zu sich. Es ist sicher auch kein Zufall, daß der meiste Kaffee in Skandinavien gebrüht wird, den Ländern mit der geringsten Lichtmenge und den größten Problemen mit Depressionen, und der wenigste im Mittelmeerraum mit seinem gleißenden Licht (siehe Kasten). Lediglich England und Irland tanzen, was den Kaffeeverbrauch betrifft, aus der Reihe. Denn sie holen sich ihre »Droge« Coffein aus dem Tee.

Wer trinkt was?

In Europa, ohne die teetrinkenden Briten, zeichnet der Kaffeekonsum ein deutliches Nord-Süd-Gefälle. Die Vorliebe für Tee ist vergleichsweise schwach ausgeprägt. (*Angaben Verbrauch in Kilogramm pro Kopf, Stand 1994, vom Deutschen Kaffeeverband und International Tea Committee*):

	Kaffee	Tee
Finnland	12,4	0,2
Schweden	11,4	0,3
Norwegen	11,3	0,2
Dänemark	10,5	0,4
Niederlande	8,3	0,6
Österreich	8,1	0,2
Schweiz	8,1	0,3
Deutschland	7,1	0,2
Frankreich	5,3	0,2
Italien	5,0	0,1

In der Natur hat Coffein aber ganz andere Aufgaben. Der Kaffeestrauch schützt sich damit vor seinen Feinden: Coffein wirkt als Breitbandpestizid und stärkt die pflanzeneigene Abwehr. Es dient als natürliches Insekten- und

Milbengift. Zugleich verhindert das Coffein, daß die Samen unerwünschter Konkurrenten auskeimen. In den Blättern ist der Gehalt an Coffein dann am höchsten, wenn die größte Gefahr durch Fraßfeinde droht, in den Bohnen natürlich beim Keimen.

Diese chemische Waffe des kleinen Kaffeebaums hat sich der Mensch mit Hilfe eines komplizierten Aufbereitungsverfahrens zum Stimmungsmacher umgewandelt. Die fermentierten, geschälten und gerösteten Samen des tropischen Gewächses liefern uns ein potentes und doch harmloseres Genußmittel.

Teestunde

Abwarten und Teetrinken: Der Tee steht im Ruf, Ruhe auszustrahlen – und in der Tat hat er im Vergleich zu Kaffee eine wenig aufregende Geschichte. Viele Legenden ranken sich um seine Herkunft. Das erste sichere Dokument ist das berühmte Buch *Cha Ching*, in dem Lo-Yu Anno 780 die Herstellung des Tees beschrieb. Die chinesische Regierung reagierte prompt, denn sie begann im gleichen Jahr den Tee zu besteuern. Noch einige Jahrhunderte vergingen, bis der Tee auch zum Devisenbringer avancierte: In der Sung-Dynastie (960 bis 1127) wurden bereits beachtliche Mengen in die Mongolei exportiert, und der Handel mit Tibet nahm seinen Anfang. Schwerbepackte Yaks oder Träger mußten dazu die Pässe des Himalaja überwinden. Im 17. Jahrhundert transportierten die ersten Kamelkarawanen den chinesischen Tee durch die Wüste Gobi nach Irkutsk in Rußland.

Europa erreichte die Kunde von dem sagenhaften Trank jedoch auf anderem Wege. Es waren holländische Händler, die als erste seine Bedeutung erkannten und zunächst versuchten, den britischen Markt zu entwickeln. 1657 offerierte ein Londoner Lokal zum ersten Mal chinesischen Tee. Mit wachsendem Erfolg, so daß die Engländer dreißig Jahre später den Handel selbst in die Hand nahmen. Und wieder machte die Teesteuer Geschichte: Als die britische Krone 1767 versuchte, ihren amerikanischen Kolonien eine Teesteuer aufzuerlegen, kam es zur berühmten Bostoner Tea Party, bei der erboste Bürger den englischen Tee ins Meer warfen. Ein Krieg folgte, der schließlich zur Unabhängigkeit der Kolonien und zur Gründung der Vereinigten Staaten führte.

In England selbst war der Tee noch kein Nationalgetränk, sondern nur ebenso beliebt wie Kaffee. Das änderte sich, nachdem 1869 die großen Kaffeeplantagen in ihrer Kolonie Ceylon, dem heutigen Sri Lanka, von einer Pilzkrankheit heimgesucht wurden. Innerhalb weniger Jahre raffte der »Rost« zahllose Kaffeesträucher dahin. Daraufhin brannte man alle Bäumchen nieder und bepflanzte die gerodeten Flächen mit indischen Teesträuchern. So wurden die Engländer zu Teetrinkern.

Der Teeanbau folgt, wie bei Wein oder Hopfen, den Gesetzmäßigkeiten einer intensiven Monokultur. Er braucht Kunstdünger ebenso wie Pestizide gegen Schädlinge und Krankheiten. Gespritzt wird vor allem mit synthetischen Pyrethroiden und mit Dicofol, Tetradifon und Endosulfan. Auch die Erntemethoden gehen mit der Zeit: Immer weniger wird von Hand gepflückt, mehr und mehr setzen sich Erntemaschinen durch – auch wenn sie etwas schlechtere Qualität liefern. Im Teebeutel merkt niemand mehr den Unterschied. Eine moderne Maschine »pflückt« am Tag an die 100 Hektar! Deshalb setzt man große Hoffnungen auf geklonte Teepflanzen. Alle Bäume wären dann uniform und befänden sich im gleichen Entwicklungsstadium. Das würde die maschinelle Ernte erheblich erleichtern.

Die frisch gepflückten grünen Teespitzen müssen zunächst in Welkhäusern einige Stunden welken. Danach kommen die schlaffen Blätter in Rollmaschinen, deren Walzen mit kleinen gebogenen Messern besetzt sind: sie zerreißen, zerquetschen und rollen die Blätter. Dabei tritt der Zellsaft aus, und Luftsauerstoff dringt ins Innere. Ein Teil der Inhaltsstoffe, vor allem die Catechine, oxidieren und verleihen den Blättern ihre dunkle Farbe. Schließlich werden sie bei etwa 90 Grad Celsius geröstet, um alle Lebensvorgänge im Blatt zu beenden.

Beim grünen Tee kommt es im Gegensatz zum Schwarztee darauf an, jegliche Oxidation der Inhaltsstoffe zu vermeiden. Dazu werden die Blätter in Japan traditionell mit Wasserdampf und in China in Pfannen erhitzt, was die Enzyme inaktiviert, so daß die Blätter hell bleiben. Danach werden sie von Hand gerollt und an der Sonne getrocknet. Heute ist auch dieser Prozeß automatisiert: Mikrowelle und Heiztrommeln schalten die Enzyme aus und trocknen die Ware.

Als der Tee nach Europa kam, versprachen die Händler neben Munterkeit auch schöne Träume, besseres Gedächtnis und jede Menge Vitalität. Die Mediziner dagegen entdeckten in dem Getränk zielstrebig die Ursache der schlimmsten Leiden jener Zeit, als da waren: Impotenz, Unfruchtbarkeit und allen Ernstes Schlankheit! Mittlerweile haben sich die Gemüter beruhigt, enthält der Tee doch einen Stoff, der für seine sedierende Wirkung verantwortlich gemacht wird: das Theanin. Es löst sich nur langsam aus den Blättern heraus, weshalb Tee, der länger gezogen hat, beruhigender wirkt. Das Coffein hingegen geht sehr schnell in den Aufguß über, weshalb kurz gezogener Tee munter macht. Der Coffeingehalt der Blätter liegt sogar noch über dem des Kaffees (siehe Seite 261). Deshalb gibt man in die Teekanne auch weniger »Stöffchen« als in den Kaffeefilter.

Erwähnenswert ist das Theophyllin, ein naher Verwandter des Coffeins. Es ist in zahlreichen Asthmamitteln enthalten, weshalb Asthmatiker auch häufiger zu den Teetrinkern zählen. Womöglich tragen auch noch andere allergiebremsende Inhaltsstoffe, wie die Gallate, zu dieser Vorliebe bei. Teetrinker leiden auch seltener an Karies. Erst machte man den hohen Fluoridgehalt des Getränkes dafür verantwortlich, heute weiß man, daß bestimmte Aromastoffe jene Mikroben und Enzyme im Mund stoppen, die Karies fördern.

Mittlerweile haben sich die Flavonoide des Tees als bedeutende Wirkstoffe gegen den Herzinfarkt erwiesen. Allerdings fällt ein »Wermutstropfen« in die Tasse mancher Teeliebhaber: Die Flavonoide wirken gegen den Infarkt offenbar nur dann, wenn keine Milch zugegeben wird. Welche Vorteile wiederum mit der Milchzugabe verbunden sind, ist unbekannt. Gäbe es keine positiven Wirkungen, hätte sich diese Gewohnheit wohl kaum etabliert.

Neuerdings soll der Tee auch vor Krebs schützen, insbesondere vor Magenkrebs. An dieser Geschichte ist durchaus etwas Wahres. Im Tierversuch läßt sich mit Tee-Extrakten die Entstehung von Magenkrebs verhindern. Allerdings funktioniert das nur mit einem ganz bestimmten Testsystem: Wird der Krebs durch Nitrosamine erzeugt, dann hilft Tee. Sonst nicht. Und es gibt natürlich auch Versuchsanordnungen, in denen der Tee Krebs fördert. Wer will, kann sich aus der Fülle der Experimente genau die heraussuchen, die in sein Weltbild passen.

Nicht viel anders lauten die Resultate beim Menschen: Einige Studien aus Asien, vor allem aus China, zeigten, daß mit steigendem Teekonsum der Magenkrebs abnimmt. Dieses Ergebnis ist für viele asiatische Staaten besonders wichtig, weil dort Magenkrebs recht häufig ist. Als Ursache gelten

Nitrosamine, die vor allem in bestimmten Fischprodukten enthalten sind. Womit sich der Kreis zum Tierversuch geschlossen hätte. Offenbar haben die Menschen in Asien unbewußt auch deshalb den Tee als »ihr« Genußmittel erwählt, weil er hilft, die schädlichen Auswirkungen einer anderen Speise aufzuheben.

In Europa und USA kommt Magenkrebs vergleichsweise selten vor – zugleich hat er ganz andere Ursachen. Und siehe da: in diesen Ländern fand sich kein Zusammenhang zwischen Tee und Krebs. Allenfalls eine milde abführende Wirkung stellten die Forscher fest. Damit ist die Diskussion um die gesundheitlichen Wirkungen von Tee zwar noch nicht abgeschlossen, aber eins zeigt sie uns schon jetzt: Effekte, die in anderen Kulturen mit anderen Lebens- und Ernährungsbedingungen auftreten, lassen sich nicht beliebig übertragen. Jede Kultur hat aus den vorgefundenen Gegebenheiten ein optimales System gestaltet. Und das sieht in der Norddeutschen Tiefebene nun einmal anders aus als auf dem Fudschijama, in Andechs anders als auf Hawaii. Es sollte sich daher niemand zum Teetrinken zwingen – und auch hier heißt die Devise: Probieren geht über studieren.

Berauschendes im Bier

Längst hat der Frühstückskaffee die germanische Biersuppe am Morgen abgelöst. Doch nach wie vor wird in Deutschland zu vielen Gelegenheiten Bier getrunken, jährlich um die 140 Liter pro Kopf, oder sollte man besser pro Bauch sagen. Oder würden Sie sich einen gestandenen Bayern, in der Hand einen Maßkrug voll schäumenden Gerstensaftes, ohne stattliche Wampe vorstellen? Sein Bierbauch dient einigen Ernährungsexperten als Beweis für die hochkalorische Wirkung des alkoholischen Getränks. Wenn sie recht hätten, müßte es allerdings auch einen Weinbauch geben, ganz zu schweigen von den vielen Cognac- und Likörbäuchen. Die gibt es aber nicht.

Die Dinge liegen also anders: Nicht die »Kalorien« entscheiden über das Körpergewicht, sondern die Begleitstoffe unserer Nahrung. Im Bier sorgt der hohe Gehalt der weiblichen Sexualhormone Daidzein und Genistein aus dem Hopfen für Rundlichkeit. Spätestens seit den großen Kälbermastskandalen wissen wir, daß eine stete Zufuhr von Hormonen eine Gewichtszunahme bewirkt. Wird der Bierkonsum eingeschränkt, schwindet der vielzitierte Bierbauch. Das hat nichts mit den »Kalorien« zu tun, sondern mit der verminderten Hormonzufuhr.

Als der Hopfen noch mit der Hand geerntet wurde, setzte bei den Zupferinnen durch das Pflücken der Dolden ihre Monatsregel ein. In der Volksheilkunde wurde Hopfentee »Jugendlichen angeraten, um die Onanie aufzugeben; ein bis zwei Tassen bei Bedarf am Tage ungesüßt und schluckweise«. Hopfen dämpft den Sexualtrieb.

Eine typische Wirkung von Östrogen ist bei vielen Biertrinkern unschwer zu erkennen: Sie bekommen einen deutlichen Brustansatz. Es ist noch gar nicht lange her, da wurde stillenden Müttern sogar zum Biergenuß geraten, um den Milchfluß anzuregen. Mediziner tun diese Wirkung des Gerstensafts gern als Ammenmärchen ab. Studien ergaben jedoch, daß eine bis zwei Halbe den Gehalt an Prolactin im Blut von Stillenden verdoppelten. Dieses Hormon stimuliert die Milchbildung.

Auch das Malz trägt zur Wirkung bei: Von ihm stammt das Hordenin. Dieser Stoff ist mit bekannten Aufputschmitteln wie Ephedrin oder Mescalin nahe verwandt. Sollte Bier deshalb das geeignete Getränk sein, um sich Mut anzutrinken? Früher verordneten die Ärzte Hordenin gegen Kreislaufstörungen. Vor einigen Jahren wurden Malzkeime im Zusammenhang mit einem Dopingskandal bei Pferden genannt: Sie sind ein beliebter Futterzusatz, weil sie den Appetit der Tiere anregen. Als das Hordenin dank verbesserter Analysemethoden im Urin der Pferde nachgewiesen werden konnte, bekamen die Tiere vor Turnieren keine Malzkeime mehr zu fressen.

Hordenin entsteht in der Gerste während des Keimens. Die Pflanze produziert diesen Abwehrstoff gegen Feinde erst dann, wenn die harten Körner aufweichen und dadurch für viele Insekten genießbar werden. Außerdem wirkt das Hordenin bei den Biertrinkern »diuretisch«, das heißt, daß sich nach übermäßigem Genuß des Gerstentranks Harndrang einstellt.

Damit nähern wir uns jenen Stoffen, die weniger die Psyche als vielmehr die Verdauung steuern, etwa indem sie die Mund- und Darmflora beeinflussen. Sie stammen sowohl aus dem Malz als auch aus dem Hopfen. Dessen Bitterstoff Humulon tötet Bakterien ab. Somit erhöht der Hopfen die Haltbarkeit des Bieres. Ebenso bildet Gerstenmalz natürliche Konservierungsmittel, die Hordatine. Sie hindern vor allem Schimmelpilze am Wachstum. Deshalb entstehen sie, so wie das Hordenin, erst während der Keimung, um die quellenden Gerstenkörner im feuchten Ackerboden mit einem Schimmelschutz auszustatten.

Obwohl die genannten Naturstoffe womöglich bedeutsamer sind als irgendwelche »empfohlenen« Vitamine, liegen bisher kaum Untersuchungen darüber vor, wie sie auf unsere Gesundheit wirken. Eine Ausnahme bildet das eingangs erwähnte Sexualhormon Genistein aus dem Hopfen. Es hemmt die unerwünschte Neubildung feinster Äderchen. Diese sogenannte Angiogenese tritt bei schnellwachsenden Tumoren, aber auch bei Rheuma, Schuppenflechte und Diabetes auf. Das Hormon Genistein soll zudem vor verschiedenen Krebsarten schützen.

Der Durst auf Bier birgt mehr Geheimnisse. Etwa, daß wir als Jugendliche beim ersten Genuß den bitteren Geschmack abstoßend finden und ihn bald darauf dennoch gerne mögen. Vielleicht hilft ein Blick auf die Botanik des Hopfens: Als nächster Verwandter dieses Hanfgewächses sorgt die Cannabis-Pflanze, also der Lieferant von Haschisch und Marihuana, für Wirbel. Beim Hopfen werden wie beim Hanf die drogenhaltigen Blüten geerntet. Der Duft der Hopfendolden wirkt – wen überrascht es noch – leicht hypnotisch und verursacht die sogenannte Hopfenpflückerkrankheit, deren auffälligstes Merkmal starke Schläfrigkeit ist.

Viele Zeitgenossen gönnen sich vor dem Einschlafen eine Halbe, weil sie ihnen zu wohliger Müdigkeit verhilft. Sicher ist, daß die beruhigende Wirkung vom Hopfen kommt. Aber welcher Stoff dafür verantwortlich sein soll, darüber diskutieren die Gelehrten immer noch. Einige glauben, es sei Methylbutenol, wegen der engen chemischen Verwandtschaft mit dem Schlafmittel Methylpentynol. Andere wiederum halten die Konzentration dieses Stoffes für viel zu gering und meinen, die eigentliche Wirksubstanz würde erst beim Brauen entstehen.

Ein wichtiger Hinweis dazu findet sich im renommierten *Römpp-Chemie-Lexikon*. Ihm zufolge hat sich das Hopfen-Alkaloid Hopein »als Morphin erwiesen«. Morphin ist in diversen Lebensmitteln wie beispielsweise Mohnsamen von Natur aus in Spuren enthalten. Eine geringe Dosis dürfte unser Eßverhalten beeinflussen, aber nicht süchtig machen.

Vielleicht ist das ja der tiefere Grund für das berühmte »Reinheitsgebot«, das den Zechern vor fünf Jahrhunderten verordnet wurde. Im Mittelalter waren neben ein paar Kräutern wie Rosmarin vor allem schädliche Drogen wie Sumpfporst oder Bilsenkraut gebräuchlich. Räusche mit Sumpfporstbier gelten als Auslöser der »Berserkerwut« der Wikinger. Das Reinheitsgebot untersagte diese »aufputschenden« Zutaten und gab dem beruhigenden Hopfen den Vorzug: Mit solchem Bier halten Untertanen gerne still.

Alkoholfreies: Da ist Hopfen und Malz verloren

Durst wird durch Bier erst schön, verspricht uns die Werbung. Doch kann Durst auf alkoholfreies Bier ebenso schön sein? Fragt man die Brauer nach dem Geheimnis ihrer »Alkoholfreien«, sagen sie bescheiden lächelnd ihr Sprüchlein vom Reinheitsgebot auf: »Gerstenmalz, Hopfen, Hefe und Wasser.« Aber das will nicht viel heißen, denn auf die Auslegung dieser Worte kommt es an.

Es mangelt nicht an Einfallsreichtum, wenn es darum geht, Verfahren zur Herstellung von alkoholfreiem Bier zu entwickeln. So empfiehlt zum Beispiel eine Brauerei Biertreber, also ausgelaugte Gerstenschalen, als Rohstoff zu verwenden. Dieser Abfall wird »gegebenenfalls« homogenisiert (zerkleinert und gemischt) oder extrudiert und anschließend am besten in »Glattwasser« ausgekocht.

Glattwasser ist aber, wenn man einer Werbeschrift für deutsches Bier glauben darf, »ein letzter Absud von den Resten der Maische – äußerst dünn und kaum genießbar«. Bereits die Regensburger Brauordnung von 1453, die als eine der Wegbereiter für das Reinheitsgebot von 1516 angesehen wird, habe seine Herstellung verboten. Ganz anders sehen das manche Brauereien: Mit diesem Rohstoff gelänge es, ein »vollwertiges Ersatzprodukt für herkömmliches Bier« zu produzieren.

Natürlich genügen Glattwasser und Treber nicht allein für ein alkoholfreies Bier. Ein bißchen Malz und etwas Hopfenextrakt dürfen nicht fehlen. So entsteht doch noch etwas Alkohol, dem manche Brauer mit eisiger Kälte begegnen. Bei null Grad Celsius weigert sich die Hefe, Alkohol zu bilden, sondern schönt nur noch den Geschmack. Sie muß allerdings wieder vollständig entfernt und abgetötet werden, damit sie später nicht ihre alten Tugenden entfaltet und das »Alkoholfreie« ordnungsgemäß vergärt.

Einer anderen deutschen Brauerei gebührt das Verdienst, unser Verständnis für das Wort »Bierhefe« erweitert zu haben. Sie entwickelte ein Verfahren, das das Herz eines jeden höherschlagen läßt, für den Gentechnologie nicht nur ein Wort ist. Die Holsten-Brauerei fand zunächst einmal heraus, daß ein Stoff, der sich beim Panschen von Wein vielfältig bewährt hat, auch dünnes Bier schmackhafter macht. Es ist der für Wein wie Bier verbotene Zusatzstoff Glycerin. Daraufhin konstruierte ein pfiffiger Experte eine spezielle Hefe, »die durch genetische Veränderungen nicht zur Alkoholbildung, dafür aber zur vermehrten Glycerinbildung befähigt ist«. Die Gärung wird so geführt, daß die Menge an erzeugtem Glycerin »optimal für die Geschmacksharmonisierung ist«. Das ist die wahre Braukunst.

Die defekte Erbmasse der Bierhefe bringt aber auch Nachteile. Sie produziert neben Glycerin noch Acetaldehyd, der nicht nur unangenehm riecht, sondern auch als Zellgift die Bierhefe schädigt. Aus diesem Grunde sollte das Bier »kontinuierlich oder periodisch so begast werden, daß der Acetaldehyd wirksam mit dem durchgeleiteten Gas abgeführt

wird«. Zwar könnten laut Brauereiangaben »alle Gase verwendet werden, soweit sie den Gärprozeß beziehungsweise
das fertige Produkt nicht negativ beeinflussen«. Aber hier
dürfte vor allem Kohlendioxid gemeint sein. Nach Bekannt-
werden des Verfahrens in der Zeitschrift *natur* bemühte sich
die Brauerei zu versichern, daß sie dieses Verfahren für ihr
Bier sicher nicht anwenden wird.

Natürlich läßt sich auch aus gewöhnlichem Bier ein alkoholfreies Produkt gewinnen. Dazu wird das Bier im Vakuum
fast bis auf die Hälfte eingedampft. Leider geht mit dem
abdestillierten Wasser nicht nur der Alkohol flöten, sondern
auch die Kohlensäure und der Biergeschmack. Bei erhöhter
Temperatur kommen statt dessen jene rauhen Bitterstoffe
zum Vorschein, die manch ein unbedarfter Biertrinker mit
gutem Pilsgeschmack verwechselt.

Tip

☹ Alkoholfreies Bier ist tatsächlich nicht alkoholfrei.
Zwar beträgt der Alkoholgehalt nur bis 0,5 Prozent, was
wirklich niedrig ist, doch wer großen Wert darauf legt,
keinen Alkohol zu konsumieren, sollte von diesem Bier
lassen. Daß »Alkoholfreies« auch kein Kindergetränk ist,
versteht sich von selbst.
☺ Muslimische Zeitgenossen, denen ein strenges Alko-
holverbot auferlegt wurde, haben für alkoholfreies Bier
einen islamischen Freibrief, denn das Verbot beginnt erst
ab 0,8 Prozent Alkoholgehalt.

Die eingedickte schale Reinheitsgebotsplörre wird mit Wasser rückverdünnt, mit Kohlensäure versetzt, filtriert, abgefüllt und pasteurisiert. »Ein Zusatz von Bieraroma ist emp-
fehlenswert«, rät eine Schweizer Brauerei. Auch dieses

Aroma dürfte unter dem weiten Mantel des Reinheitsgebotes längst ein sicheres Plätzchen gefunden haben.

Würde ein Teil der Gerste durch Mais oder Reis ersetzt, ließe sich alkoholfreies Bier um einiges einfacher herstellen. Diese sind aber nun mal als Rohstoffe für die Bierherstellung nicht zugelassen, so unser »Reinheitsgebot« – die Perle deutschen Lebensmittelrechts.

Wein: Ein Gläschen kommt zu Ehren

Wein auf Bier, das rat' ich Dir, so lautet eine alte Volksweisheit. Doch vielleicht sollte man sogar empfehlen: Wein *statt* Bier? Die jüngsten Lobeshymnen auf alkoholische Getränke, vor allem aber auf Wein, stimmen unerwarteterweise ausgerechnet die Mediziner an.

Vor kurzem gab das American College of Cardiology einen Ratschlag, der auf viele wie eine Provokation wirken mußte: Die Herzspezialisten aus den USA empfahlen, regelmäßig Alkohol zu trinken. Nach ihrer Ansicht könnte jeder zweite Amerikaner sein Herzinfarktrisiko verringern, wenn er nur ausreichend Bier, Wein oder Schnaps zu sich nähme.

Wurden die Ärzte etwa von Brauereien, Whiskeydestillen und Weinkellereien gesponsert? Oder handelt es sich um ein weiteres Beispiel für fragwürdige amerikanische Gesundheitshits – nach mehr Vitaminen nun auch noch mehr Alkohol? Weder noch. Es gibt bis heute keine andere Empfehlung zur »gesunden Ernährung«, die durch eine ähnliche Fülle von Studien gestützt wird.

Auch Forschungsergebnisse aus Deutschland geben den US-Medizinern recht. So zeigte sich bei der großen MONICA-

Studie der Weltgesundheitsorganisation, daß von den Augsburger Teilnehmern diejenigen die höchste Lebenserwartung hatten, die täglich 20 bis 40 Gramm Alkohol tranken. Das entspricht immerhin rund 0,2 bis 0,4 Litern Wein oder 0,6 bis 1,2 Litern Bier. Erst wenn die Männer im Schnitt 80 Gramm Alkohol am Tag konsumierten, war die Sterblichkeit wieder so hoch wie bei den Abstinenzlern. Bei Frauen lagen die entsprechenden Alkoholmengen etwa um die Hälfte niedriger. Im Klartext: Männer, die Wein trinken, leben erst bei einer Flasche täglich (!) so ungesund wie diejenigen, die Alkohol strikt meiden.

Insgesamt liegen aus den letzten 25 Jahren über 60 Studien vor, die belegen, daß Menschen, die regelmäßig in Maßen Alkohol trinken, durchschnittlich länger leben als diejenigen, die ganz auf Alkohol verzichten. Natürlich hat sich die Wissenschaft sehr lange gegen ihre eigenen Resultate gesträubt. Wer möchte sich schon dem Vorwurf aussetzen, den Alkoholismus zu fördern oder gar selbst abhängig zu sein? Der Konsum der Alkoholmenge, die sich bei den Studien als besonders vorteilhaft für die Gesundheit erwies, gilt bei manchen Experten immerhin schon als sicheres Zeichen für Alkoholismus.

Beweiskraft für die gesundheitlichen Wirkungen von Nahrungs- und Genußmitteln besitzen vor allem sogenannte prospektive Studien. Gewöhnlich wird nur rückblickend untersucht, was Menschen vor fünf, zehn oder zwanzig Jahren gegessen haben oder vielmehr gegessen zu haben glauben. Diese Angaben werden dann mit den aktuellen Gesundheitsdaten verglichen, um die statistischen Zusammenhänge aufzuspüren.

Es ist klar, daß sich hier ein weites Feld für Irrtümer und Manipulationen öffnet. Bei prospektiven Studien werden die Teilnehmer dagegen von Anfang an über längere Zeiträume beobachtet und untersucht. Oft nehmen viele Menschen daran teil – bei Untersuchungen über die gesundheitlichen Wirkungen des Alkohols sind es inzwischen Hunderttausende. Ergeben solche Untersuchungen über Jahrzehnte hinweg gleichlautende Ergebnisse, können diese als einigermaßen »gesichert« gelten.

Positive gesundheitliche Wirkungen finden sich bei praktisch allen alkoholischen Getränken, egal ob Schnaps, Wein oder Bier. Bei einer detaillierten Analyse fallen allerdings zwei Dinge auf: Erstens konnte die günstige Wirksamkeit des Alkoholkonsums auf die Lebenserwartung nur bei denen festgestellt werden, die regelmäßig und »mit Verstand« tranken; nicht aber bei jenen, die sich in unregelmäßigen Abständen vollaufen ließen und so auf ihr Quantum kamen.

Zweitens schnitt von allen alkoholischen Getränken der Wein am günstigsten ab. Er schützt nicht nur vor Herzinfarkt, sondern beugt auch der Bildung von Nierensteinen vor und verbessert die Wirkung von Insulin. Außerdem schadet er, entgegen der bisherigen Annahme, nicht bei Osteoporose. Diese Krankheit mit ihrem Substanz- und Strukturverlust der Knochen tritt besonders bei Frauen in und nach den Wechseljahren auf. Sie wird auf einen Mangel an weiblichen Sexualhormonen zurückgeführt. Es ist gar nicht so erstaunlich, daß Wein da nicht schadet. Vor allem Weißwein enthält schließlich recht wirksame Sexualhormone, die allerdings noch nicht sicher identifiziert werden konnten. Es sind aber offenbar ganz andere als beim Bier.

Womöglich erklärt die Wirkung solcher Hormone auch das Resultat einer amerikanischen Studie: Die Biertrinker unter den Teilnehmern waren im Mittel deutlich dicker als die Weinliebhaber (siehe Seite 270). Diese waren außerdem um so schlanker, je höher ihr Weinkonsum lag.

Inzwischen fahnden Wissenschaftler rund um den Globus nach den verantwortlichen Stoffen. Daß es allein der Alkohol sein soll, mag niemand mehr glauben. Vielmehr scheint er die wirksamen Stoffe erst aus der Traube oder dem Weinfaß herauszulösen. Vielleicht entstehen sie aber auch erst bei der Fermentation, und womöglich ist es sogar alles zusammen: die Rebsorte, das Klima, das Maischen, die Gärung, der Ausbau und die Lagerung. Wahrscheinlich verstärkt der Alkohol die Wirkung der dabei gebildeten oder extrahierten Spurenstoffe.

Unter den Inhaltsstoffen des Rebensaftes steht als » Gesundmacher« eine Substanz namens Resveratrol hoch im Kurs, nachdem bekannt wurde, daß sie auch in japanischen Naturheilmitteln enthalten ist. Immerhin blockiert sie das Zusammenkleben der Blutplättchen und beugt damit Thrombosen vor. Die Traube bildet diesen Stoff als Schutz gegen Pilzerkrankungen, vor allem gegen Grauschimmel (*Botrytis*). Resveratrol ist für Rotweine typisch, insbesondere Weine aus der Schweiz und Deutschland, wo ein feuchteres Klima herrscht. Während der Fermentation wird es in einen anderen Wirkstoff, das Cis-Resveratrol, umgewandelt. Weinfässer aus Holz enthalten chemisch ganz nahe verwandte Stoffe aus der Gruppe der Stilbene, die teilweise in den Wein übergehen.

Um die günstigen gesundheitlichen Wirkungen eines mäßigen Weinkonsums herunterzuspielen, verbreiten einige Experten, daß man statt dessen genausogut Traubensaft trinken könne. Das ist pure Ideologie. Auf einem Internistenkongreß in Wiesbaden im April 1997 wurde eine Kölner Studie vorgestellt, die sich mit den biochemischen Wirkungen von Wein auf die Herzgefäße befaßt. Und danach stammen die entscheidenden Wirkstoffe aus dem Holzfaß. Wein aus Stahlfässern hatte höchstens einen geringen Effekt, reiner Alkohol gar keinen.

Auch wenn solche Feststellungen nicht überbewertet werden sollten, zeigen sie doch, daß es seinen Grund hat, warum sich die Menschheit seit Urzeiten mit dem Wein abmüht und nicht unvergorenen Traubensaft trinkt. Erst die Fermentation und der dabei gebildete Alkohol machen die Schutzstoffe für unseren Körper verfügbar. Stahltanks und Schnellgärungen liefern allerdings kein so gutes Ergebnis wie der traditionelle Ausbau in Holzfässern.

Dank dieser Resultate kann die Ernährungsmedizin endlich Anschluß an jahrtausendealtes Wissen finden. Der griechische Arzt Hippokrates, der Begründer der Medizin als Wissenschaft, hatte den Wein bereits um 400 v. Chr. als Heilmittel eingeführt. Nicht nur er, sondern praktisch alle bedeutenden Ärzte lobten den Rebensaft als Arznei für vielerlei Malaisen. Manchmal auch unter zweifelhaften Umständen: Paracelsus (1493 bis 1541) hielt den Wein in so hohen Ehren, daß er seinen Schülern sein medizinisches Hauptwerk bisweilen nur lallend diktieren konnte. Dieses Werk diente Generationen von Ärzten als Lehrbuch. Vielleicht veranlaßte Paracelsus die Erfahrung mit dem Alkohol zu seinem berühmten Spruch: »Nur die Dosis macht das Gift.«

Ärzte stehen heute zu Recht zu manch alter Weisheit auf kritischer Distanz. Schließlich glaubte Paracelsus nicht nur an den Wein, sondern auch daran, daß Hexen auf Besenstielen durch die Lüfte reiten. Zudem schossen die früher üblicherweise von Ärzten verordneten Alkoholmengen oft übers Ziel hinaus. So finden sich in Rechnungsbüchern des Darmstädter Elisabeth-Hospitals aus dem Jahre 1871 folgende Angaben: In einem halben Jahr tranken die 755 Patienten, die während dieser Zeit behandelt wurden, auf ärztliche Weisung 4500 Flaschen Weißwein und gut 6000 Flaschen Roten neben erklecklichen Mengen an Portwein, Champagner und anderen Spezialitäten. Über Heilerfolge ist leider nichts überliefert worden.

Champagner: Eine englische Erfindung

Wie aus Wein ein kultivierter Champagner wurde, erzählt die Geschichte einer Verkettung unglücklicher Umstände, die sich im 17. Jahrhundert zugetragen hatte. Ein Mißgeschick brachte alles ins Schäumen: Londoner Snobs ließen sich vor geraumer Zeit während der kühlen Winterszeit Weinfässer aus der Champagne kommen. Den Wein füllten sie samt Hefe in Glasflaschen und verkorkten diese sorgfältig. In der Wärme der Pubs erwachte die Hefe zu neuem Leben, aus dem restlichen Traubenzucker entstand sprudelnde Kohlensäure. Was aus den nicht hermetisch verschlossenen französischen Fässern sang- und klanglos entweichen konnte, hielt das englische Glas gefangen – bis es platzte.

In jedem anderen Land wäre eine Nachgärung, gefolgt von Glasbruch, zumindest als Ärgernis, wenn nicht als Zeichen des Verderbs aufgefaßt worden. Auch optisch unterschied sich diese graufarbene Brause noch erheblich von dem, was wir heute unter Champagner verstehen. Die Briten machten aus der Not eine kulinarische Spezialität. Das Trinken eines schäumenden Hefe-Weines, der sich beim Öffnen mit lautem Knall ankündigt, wurde bald zur Mode gehobener Kreise, die sich das leisten konnten.

Das Geschäft mit den spleenigen Engländern florierte. Nur die eigenen Versuche der Franzosen, schäumenden Wein zu fabrizieren, waren nicht von Erfolg gekrönt. So warben sie schließlich deutsche Kellermeister an, die zu dieser Zeit in hervorragendem Ruf standen.

Dank deren Hilfe ist das Verfahren seit Ende des 19. Jahrhunderts perfekt und läuft in Frankreich wie folgt ab: Man nehme junge Weine, eher sauer und alkoholarm, verschneide sie nach Art des Hauses und verrühre die Mischung erneut mit Hefe und Zucker. Das gesüßte »Cuvée« fülle man in spezielle dickwandige Schampusflaschen und warte geduldig. Drei bis vier Monate später ist auch die zweite Gärung abgeschlossen. Aus dem zugesetzten Zucker entstand Alkohol und Kohlensäure. Während der Champagner noch ein bis drei Jahre lagert, sollen sich die Kohlensäurebläschen mit dem Wein verbinden, um später im Glas fein und langandauernd zu perlen.

Noch fehlt diesem naturtrüben »Hefe-Sekt« der letzte Schliff. Dazu muß die feinverteilte Hefe wieder aus der Flasche raus, die inzwischen unter einem höheren Druck steht als die Reifen eines Doppeldeckerbusses. Täglich dreht ein Rüttelmeister die Flaschen ein wenig und neigt sie zugleich etwas steiler nach unten, bis sie kopfüber im Rahmen hängen. Dadurch wandert die Hefe an der Innenwand allmählich zum Korken hin.

»Geübte Hände« bewegen am Tag bis zu 40.000 Flaschen. Eine ebenso teure wie stumpfsinnige Arbeit. Viele Champagnerhäuser »rütteln« deshalb ihre Flaschen mit elektrischen Stromstößen auf die heute üblichen Kronkorken aus Metall, die erst später durch »Sektkorken« ersetzt werden. Hat sich die Hefe im Flaschenhals endlich abgesetzt, taucht man ihn kopfüber in ein Eisbad, bis sich die Hefe verfestigt. Die Kälte senkt gleichzeitig den Überdruck in der Flasche so weit, daß beim Abheben des Kronkorkens nur der Hefepfropf herausfliegt. Der Champagner ist jetzt klar.

Nach dem Entfernen des Hefepfropfs fehlt in jeder Flasche ein wenig Flüssigkeit. Den Verlust gleichen die Champagnerhäuser mit der geheimnisvollen »Versanddosage« aus, einer verwegenen Mischung aus Branntwein und »rektifiziertem Traubenmostkonzentrat«, einer Art Flüssigzucker. Gepflegte Häuser nehmen dafür beste Weine oder auch Sekt aus einer Schwesterflasche. Statt mit einem Kronkorken wird nun mit echtem Kork zugestöpselt. So bewahrt der Schampus sein edles Image.

Meistens geht es viel nüchterner zu: Beim sogenannten »Transvasierverfahren« gärt der Sekt zwar in Flaschen, aber Rütteln und Ausfrieren sind überflüssig. Nach der zweiten Gärung wird alles in einen großen Tank geschüttet, unter Druck gefiltert, gezuckert und erneut abgefüllt. Der Vorteil: Der Sekt ist billiger als bei der Champagnermethode, darf aber trotzdem als »Flaschengärung« verkauft werden. Nichtsdestotrotz gehört er zu den besseren Schlückchen.

Das »Großraumgärverfahren« sorgt für jede Menge Billigsekt. In einem 100.000-Liter-Tank vermengen Rührwerke die Hefe mit einer süßen Weinmixtur. Bereits vier Wochen später wird die Flüssigkeit gefiltert, gezuckert und als »Deutscher Sekt« abgefüllt.

Tips
☺ Anders als beim Wein darf nur süßer Sekt als »trocken« oder »halbtrocken« gekennzeichnet werden. Das ist Verbrauchertäuschung von Amts wegen. Beim Sekt heißt die weniger süße und damit meist bessere Qualität »Extra Herb«, auch »Extra Brut« genannt, oder »Herb« beziehungsweise »Brut«.
☺ Je feiner, je länger anhaltend und gleichmäßiger die Bläschen aufsteigen und auf der Sektoberfläche auseinanderstieben, desto höher die Qualität. Allerdings bremsen Spülmittelreste im Glas das Perlen, trüben außerdem den Geschmack und ruinieren so den besten Sekt oder Champagner. Also vorher gut ausspülen.

Absinth – die Droge der Belle Époque

Nicht festlich wie ein Glas Champagner, sondern ziemlich verrucht klingt der Name eines vergessenen und heute nahezu überall verbotenen Getränks: Absinth. Nur dessen harmlosen Versionen leben munter weiter. Zum Beispiel der Pastis, ein Gewürzlikör, der heute im französischen Café einfach zum Savoir-vivre gehört. Dieser Anisette läßt Erinnerungen an Licht und Gelassenheit wach werden, und unwillkürlich hat man eine Stimmung vor Augen, wie sie die Impressionisten mit ihren Bildern eingefangen haben.

Gibt man Wasser zum Anisette, schlägt das klare Getränk in eine milchige Lösung um. Das kommt von den Aromastoffen, den Terpenen, die nur in konzentriertem Alkohol löslich sind. Bei Wasserzugabe kristallisieren sie aus und verteilen sich gleichmäßig in der Flüssigkeit.

Der Anisette ist das entschärfte Überbleibsel des Absinths, der 1915 in Frankreich verboten wurde. 1797 begann als erster Henri-Louis Pernod mit der kommerziellen Produktion, nachdem er sich das Rezept aus der Schweiz besorgt hatte. Der grünliche Likör enthielt neben Anis, Fenchel und Melisse-Destillat die bitteren, ätherischen Öle des Wermuts, lateinisch *Artemisia absinthum*. Das gab ihm den Namen. Den grünlichen Ton lieferte ein Aufguß aus Ysop, pontischem Wermut und Melisse. Um den Geschmack des Bitterstoffes Absinthin zu überdecken, legte man ein Stück Zucker auf einen durchlöcherten Löffel und goß langsam kaltes Wasser ins Glas, bis das klare Grün ins Milchig-Gelbe umschlug.

Absinth war nicht irgendein alkoholisches Getränk, es war die Droge der Boheme. Viele Künstler der Belle Époque, vor allem Maler, benutzten es als Stimulans. Vielleicht spielte manchmal bei dieser Vorliebe noch etwas anderes mit: Die

Maler benötigten für ihre Farben das Lösungsmittel Terpentin. Abhängigkeit von Lösemitteln ist, wie wir von den »Klebstoff-Schnüfflern« wissen, gar nicht so ungewöhnlich. Bei van Gogh deutet viel darauf hin, daß er an einer Terpensucht litt. Als Gewohnheitstrinker von Absinth mußte er sogar bei einer Entwöhnungskur davon abgehalten werden, Terpentin zu kippen. Vermutlich versuchte er damit, seine Entzugssymptome zu therapieren.

Auf Dauer wurden die Konsumenten benommen und verwirrt, sie erlebten Halluzinationen. Dem angeregten Zustand folgte dann eine Phase tiefster Depression, die bis zum Selbstmord führen konnte, wie bei Vincent van Gogh und Ernest Hemingway. Viele Opfer litten an Krämpfen, epilepsieähnlichen Anfällen und Bewußtlosigkeit. Bereits 1860 wurde Absinthismus als Suchtkrankheit erkannt.

Auf der Suche nach den Übeltätern im Absinth wurden einige verdächtige Zutaten überprüft: So enthält Wermut ein bis heute nicht restlos geklärtes Gemisch an Terpenen mit dem Hauptbestandteil Thujon und daneben Kampfer, Menthol sowie Pinen. Thujon gilt als Nervengift. Damit wäre es der ideale Kandidat für die Gefahren des Absinths. Thujon ist zudem einem anderen Stoff strukturell recht ähnlich: dem Tetrahydrocannabinol (THC), dem Wirkstoff von Haschisch und Weihrauch. Vermutlich »paßt« Thujon im menschlichen Gehirn in dieselben Nervenzell-Rezeptoren wie THC und ruft deshalb ähnliche Empfindungen hervor.

Im Falle des Absinths melden Pharmakologen wie Ryan Huxtable von der Universität Arizona Protest an: Der Gehalt an Thujon aus dem Wermutöl erreiche pro Drink gerade mal drei Milligramm. Das sei viel zuwenig, um irgendeinen Effekt zu erzielen. Regelmäßiger Konsum von sogar 20 solcher Thujon-Dosen wäre demnach völlig wirkungslos. Ein anderer Kandidat ist viel eher der Schurke: Das Absinthin, verantwortlich für die Bitterkeit, wirkt bereits in geringer Konzentration betäubend und lähmend.

Letztlich sind die Ursachen des Absinthismus bis heute ungeklärt. Erschwerend kommt hinzu, daß Lebensmittelverfälschung zu allen Zeiten eine Art Volkssport war. Absinth wurde mit anderen Giftpflanzen wie Kalmus oder Rainfarn gemischt. Kein Wunder, wenn regelmäßige Absinth-Trinker an schweren Nervenschäden litten. Den Konsumenten galten vor allem die grüne Farbe und der milchige Schimmer als Qualitätsmerkmale. Nun bilden nicht nur Terpene im Wasser einen milchig-trüben Niederschlag, sondern auch Antimontrichlorid. Antimon ist ein naher Verwandter des Arsens und diesem in seiner Wirkung auf den Menschen durchaus vergleichbar. Die grüne Farbe ließ sich elegant mit Kupfersulfat herstellen. Das ersparte die mühevolle Herstellung chlorophyllhaltiger Ysop-Extrakte.

Kupfer ist ein wichtiges Spurenelement. Eine erhöhte Zufuhr hat für gesunde Erwachsene kaum negative Folgen. Anders ist dies in Verbindung mit massivem Alkoholkonsum. Schädliche Metalle wie Eisen und Kupfer nimmt der Körper dann verstärkt auf. Nun hatten nicht nur Absinth-Trinker zur Jahrhundertwende eine erhöhte Kupferzufuhr, sondern viele andere Säufer auch. Denn früher wurde in den Destillen viel Kupfer- und Messinggerät verwendet. Messing ist eine Legierung, die meist mehr als die Hälfte an Kupfer enthält. Heute spielt Edelstahl die Hauptrolle.

Bei Alkoholikern ist der Kupfergehalt der zirrhotischen Leber außergewöhnlich hoch. Ebenso ist die Zirrhose der Gallengänge von einer Kupferanreicherung gekennzeichnet. Natürlich gilt es als ausgemacht, daß beim Alkoholiker nur der Alkohol daran schuld sei. Dieses Bild ist so fest gefügt, daß offenbar noch niemand darüber nachgedacht hat, warum es unmöglich ist, beim Tier allein durch Alkohol eine Zirrhose zu erzielen. Mit vielen Chemikalien, etwa Lösungsmitteln oder Schimmelgiften, gelingt es auf Anhieb.

Vieles, was unter dem Namen »objektive Wissenschaft« firmiert, ist nichts anderes als ein Deckmäntelchen für die Vorurteile der Experten. Dieser Zug ist zutiefst menschlich – und ein Grund, auch festgefügte Weltbilder zu hinterfragen. Vielleicht ist Kupfer ein Mosaikstein zum Verständnis der Leberprobleme bei Alkoholkonsum.

Wenn Ihnen jetzt der Schädel brummt: Wie wär's mit einem Katerfrühstück?

Wie bei den Vitaminen (siehe Seite 162) kann man auch beim Alkohol einmal zuviel des Guten tun. Im Gegensatz zu den Pillen merkt man es spätestens am nächsten Morgen, wenn man über den Durst getrunken hat. Der Schädel brummt und der Magen nimmt übel. Zum Glück weiß ein jeder sein Hausmittelchen, egal ob Rollmöpse oder heiße Bouillon. Aber nicht immer geht das Unwohlsein auf das Konto eines ausgewachsenen Katers. Manche Zeitgenossen reagieren bereits nach einem Gläschen Rotwein mit Migräne.

Glaubt man der Wissenschaft, sind an allem die Flavanole schuld. Ihr natürlicher Gehalt im Rotwein reicht aus, um im Darm ein Enzym lahmzulegen, das eigentlich schädliche Stoffe entgiften sollte. Diese gelangen in den Stoffwechsel und möglicherweise ins Gehirn, wo sie zu Kopfschmerzen führen. Davon sind allerdings nur Personen betroffen, die recht knapp mit diesem Enzym ausgestattet sind. Weil Flavanole bei altem Wein als fester Niederschlag am Flaschenboden kleben bleiben, ist er für sie bekömmlicher als junger.

In vielen Weinen findet sich auch etwas Histamin. In größeren Mengen löst es Kopfweh, Sodbrennen und Erbrechen aus. Zwar enthalten andere Lebensmittel wie Käse ebenfalls Histamin, aber die üble Kombination von Histamin und Alkohol gibt's nur beim Wein. Durch Fehlgärungen steigen die Histamingehalte enorm an. Dann greift der Kellermeister zu einer Extraportion Sulfit. Das könnte der Grund sein, warum viele Schwefel für den Auslöser des Katzenjammers halten.

Bei Obstler geht das Schädelbrummen zu Lasten der Fuselalkohole. Sie entstehen während der Gärung und sollten gewöhnlich bei der Destillation abgetrennt werden, indem man sowohl die ersten wie auch die letzten Liter wegkippt. Das bringt manch sparsamer Schnapsbrenner allerdings nicht übers Herz.

Im Falle eines Katers sind besonders saurer Hering oder heiße Bouillon sehr beliebt. Eins haben beide Speisen gemeinsam: Sie enthalten jede Menge Salz. Und das ist gut so. Alkohol trocknet die Schleimhäute aus. Er entzieht dem Körper verstärkt Wasser und Natrium. Wir spüren es am starken Durst. Was liegt da näher, als uns das fehlende Natrium mittels Kochsalz zuzuführen, zum Beispiel in heißem Wasser gelöst?

Alkohol legt den Verdauungstrakt lahm und schädigt die Magenschleimhaut. Da Fleischbrühe jedoch bei allerlei Verdauungsproblemen hilft, fahndeten Wissenschaftler nach den Wirkstoffen. Heute wissen wir, daß Eiweißstoffe wie das Peptid Anserin als »Puffer« wirken und die Magenwand schützen. Andere Peptide wiederum locken die Verdauungssäfte aus der Reserve und fördern den Appetit.

Längst nicht alle Folgen von zuviel Alkohol spüren wir bewußt. Zu den wichtigsten Konsequenzen gehört die Belastung der Leber und die Übersäuerung des Blutes (Azidose). Ein bewährtes Mittel gegen beide Effekte heißt Carnitin, ein vitaminähnlicher Stoff. Und der kommt in Fleischbrühe in erheblicher Menge vor. Ein Zufall?

Die Wirkstoffe von Rollmöpsen sind bis heute nicht untersucht. Es bedarf aber keiner großen Phantasie, um zu erkennen, daß im Fisch ähnliche Stoffe enthalten sind wie in der Fleischbrühe. Vor allem während des Marinierens steigt der Gehalt an wirksamen Peptiden. Zusammen mit dem Salz und der Säure beeinflussen sie unsere Verdauung genauso wie Fleischbrühe.

Würden sich diese Stoffe nicht im traditionellen Katerfrühstück befinden, herrschte am Aschermittwoch wohl allgemeine Appetitlosigkeit. So hilft uns der Volksmund, der ja sein Wissen vor allem aus alten Erfahrungen bezieht, so manch ein Geheimnis unserer Nahrung zu enträtseln. Seine Eßtips enthalten oft einen biologischen Sinn, der dem unbefangenen Beobachter zu neuen Einsichten verhelfen kann.

X. Was bringt die Zukunft:
Die neuen Techniken

Was spielt sich in den Entwicklungslabors der Lebensmittelindustrie ab? Sind es Spielwiesen für Food Designer, gar geheime Giftküchen, oder arbeiten sie an Lösungen, die wir brauchen, um in Zukunft die Menschheit ernähren zu können? Die Findigkeit der Lebensmittelwissenschaftler nötigt einem regelmäßig Respekt ab – der tatsächliche Nutzen für die Gemeinschaft hält sich meist in Grenzen. Die Verbraucher sind skeptisch, nicht zuletzt wegen der Geheimniskrämerei der Branche. Neue Techniken wie Lebensmittelbestrahlung oder Genmanipulation machen Angst. Die Zunahme von Lebensmittelallergien scheint den Kritikern recht zu geben. Aus Sicht der Forscher werden die möglichen Risiken oftmals übertrieben dargestellt. Die letzte technische Neuerung, die in Deutschland ohne Risikodiskussion eingeführt wurde, so spotten sie, war der Farbfernseher. Doch der Unterschied zum Essen ist nicht zu übersehen. Wer die Mattscheibe nicht mag, kann einfach abschalten. Bei Lebensmitteln kann praktisch niemand derartig behandelten Produkten ausweichen, geschweige sie erkennen und kontrollieren. Wir sind abhängig davon, was uns die großen Handelskonzerne auftischen.

Die Heinzelmännchen der Lebensmittelindustrie:
Enzyme

Enzyme sind weder künstlich noch selten – insgesamt gibt es von ihnen schätzungsweise an die 10.000 verschiedene. Sie führen die Aufträge unseres Erbmaterials aus, ermöglichen den Stoffwechsel, bauen die Zellen des Körpers auf und entsorgen zugleich unbrauchbares Material: ohne Enzyme kein

Leben. Praktisch alle Lebensmittel enthalten große Mengen dieser natürlichen Helfer, ebenso wie der menschliche Körper.

Schon früh kam die Menschheit auf die Idee, bestimmte Enzyme zur Lebensmittelproduktion zu nutzen. Zum Käsen verwenden Bauern seit Urzeiten den Magensaft junger Kälber: das Lab. Seine Verdauungsenzyme lassen die Milch gerinnen – der erste Schritt zum Käse (siehe Seite 93). Heute werden die Kälber aber anders gefüttert, ihr Magensaft ist daher weniger geeignet. Außerdem verzehren wir inzwischen mehr Käse, als sich mit Hilfe von echtem Lab herstellen ließe. Deshalb kommen der Magensaft von Geflügel oder Enzymextrakte aus Schimmelpilzen und Bakterien zum Einsatz.

Käse, der mit Mikrobenextrakt hergestellt wird, schmeckt nicht so gut wie solcher mit echtem Lab. Das rief die Gentechniker auf den Plan. Flugs pflanzten sie ihrem liebsten »Haustier«, dem Darmbewohner *Escherichia coli*, die entsprechenden Gene aus dem Rind ein. Und von da an produzieren diese Bakterien »Kälberlab«. Seit der Erstzulassung im Jahr 1990 wurden damit weltweit schon viele Millionen Tonnen Käse hergestellt.

Trotz Gentechnik werden immer noch einige Enzyme auch aus pflanzlichem und tierischem Material gewonnen. Die Drüsen von Schlachtvieh sind enzymreich, und sogar Hühnereier enthalten das kommerziell interessante Lysozym, das bei der Produktion von Eipulver abgetrennt wird. Die meisten Enzyme werden jedoch mit Hilfe von Schimmelpilzen (wie *Aspergillus*-Arten), Hefen (wie *Candida*) und Bakterien (wie *Escherichia coli*) hergestellt.

Diese Mikroorganismen gedeihen in Fermentern vorzüglich, wenn sie mit geeigneten Nährstoffen und Wachstumshormonen gefüttert werden. Spezielle Antibiotika beugen der Gefahr einer Infektion mit den falschen Mikroben vor. Nach der Ernte werden sie mit Hochdruck, Vakuum oder Ultraschall zerrissen oder mit Tensiden extrahiert. Streptomycin, ein Antibiotikum, trennt einen Teil des Zellmaterials ab. Schließlich werden sie mit Aceton oder anderen Chemikalien gefällt und gereinigt. Eine radioaktive Bestrahlung macht sie schließlich keimfrei.

Der dänische Biotechnikkonzern Novo Nordisk liefert nach Angaben des New Yorker Fachblatts *Genetic Engineering News* 60 Prozent aller weltweit genutzten Lebensmittel-Enzyme; davon sind fast zwei Drittel gentechnisch aus Mikroorganismen erzeugt. Für den deutschen Markt ist ein Produkt besonders wichtig: eine gentechnisch erzeugte Amylase. Sie verzögert das Altwerden von Brot und ersetzt die üblichen chemischen Mittel.

Neben der Gentechnik ist auch das Verändern von Enzymen mit den Mitteln der klassischen Chemie wirtschaftlich interessant: Läßt man Amylasen mit geeigneten Chemikalien reagieren, werden sie hitzestabil; bei Lab läßt sich damit die Wirksamkeit in der Käserei verdoppeln. Solche Manipulationen interessieren offenbar niemanden, obwohl gerade sie Allergiker vor größere Probleme stellen als gentechnisch erzeugtes Lab. Denn das ist eher zwischen den bisher verwendeten Bakterienextrakten und dem traditionellen Kälberlab einzuordnen.

Der Gesetzgeber verlangt lediglich das Abtöten aller Sporen und hat die zulässigen Mengen einiger Schimmelpilzgifte begrenzt. Ob das allerdings ausreicht, den Verbraucher vor vermeidbaren Risiken zu schützen, scheint zweifelhaft. Die Schimmelpilz-Enzyme sind bekannte Allergene. Nun leiden gerade Bäcker zunehmend unter Allergien. Die Berufsgenossenschaften stellen seit 1984 einen steilen Anstieg fest – parallel zum Einsatz von enzymhaltigen Backmitteln. Die Ausrede, dies käme vom Mehlstaub, kann man nicht gelten lassen. Erstens backen Menschen seit jeher mit Mehl, so daß der jetzige Anstieg damit nichts zu tun haben kann. Zweitens wird unser Immunsystem unterschätzt: Erkennt es einen vermeintlichen Angreifer, wie etwa ein Enzym, merkt es sich zugleich dessen Umfeld und reagiert in Zukunft vorsorglich darauf. Wenn also Enzyme dem Mehl zugesetzt wurden, dann sind »Mehlstaub-Allergien« die logische Folge.

Die Behauptung, durch Backen oder Kochen würden die Enzyme inaktiviert und könnten keine Allergien mehr verursachen, stimmt ebenfalls so nicht. Eiweißkörper lösen mitunter auch im inaktiven Zustand Allergien aus. Außerdem gibt es heute hartnäckige Enzyme, die problemlos die übliche Backhitze im Inneren eines Brotlaibes überstehen.

Biologische Produkte erfordern bei der industriellen Nutzung größere Vorsicht als chemische Erzeugnisse aus der Retorte. Werden die Enzyme aus tierischen Drüsen gewonnen, so können sie unerkannte Erreger mit ins Produkt einschleusen. Der Rinderwahnsinn ist ein eindrucksvolles Beispiel für diese Art von Gefahr (siehe Seite 41). Nimmt man lieber Schimmelpilze und Bakterien als »Enzymfabrik«, so können sie toxische Stoffwechselprodukte wie Schimmelpilzgifte, Endotoxine oder Antibiotika erzeugen.

Eine Petrischale vitaler Mikroben ist unberechenbarer als ein Kessel voller Chemie. Um nicht falsche Ängste zu wecken: Selbstverständlich prüfen Hersteller im Rahmen ihrer Kenntnisse und ihres Budgets die Produkte auf Risiken, denn ein Fehler könnte sonst das Ende einer profitablen Firma sein. Aber man sollte sich im klaren sein, daß »biologisch« nicht automatisch »weniger Risiko« bedeutet.

Bei Enzymen besteht eine größere Gefahr der Verunreinigung als bei Feinchemikalien, auch weil eine gründliche Reinigung die biologische Aktivität beeinträchtigen würde. Ein Beispiel: Da es in der Praxis kaum gelingt, einzelne Enzyme rein zu gewinnen, können unauffällige Begleiter ebenfalls Reaktionen auslösen. Enzymzusätze zur Herstellung von Fruchtsäften etwa setzen schädliches Methanol frei. Überdies schleppen Enzympräparate allerlei Feinchemikalien mit ins Essen, ohne daß sie deklariert würden: Sie enthalten Konservierungsmittel, wie Sulfit, aber auch spezielle Lösungsmittel, Trägerstoffe und Stabilisatoren.

Was so vielfältig wirkt, sollte amtlich überprüft und aus Rücksicht auf Allergiker auch gekennzeichnet werden. Der Gesetzgeber aber ließ alle Enzyme pauschal zu. Damit sind selbst noch gar nicht entdeckte Enzyme erlaubt, ebenso alle gentechnisch veränderten – ganz gleich, was manipuliert wird. Eine Deklaration ist in aller Regel auch nicht erforderlich. Lediglich in Einzelfällen sind einige Enzyme für bestimmte Lebensmittel verboten. Ein grandioser Freibrief! Von vorbeugendem Gesundheitsschutz kann also keine Rede sein. Die Lebensmittelwirtschaft sollte als Nutznießer bedenken: Solche Versteckspiele gefährden nicht nur die Akzeptanz der durchaus hilfreichen Enzymtechnologie, sondern untergraben auch das Vertrauen in einen wünschenswerten technologischen Fortschritt.

Enzyme im Einsatz

Die Lebensmittelindustrie verbraucht mehr als die Hälfte aller weltweit produzierten Enzyme: Proteasen, Lipasen, Pectinasen, Amylasen und Isomerasen erleichtern und verbilligen die Herstellung zahlloser Waren, vom Brot über Zucker bis hin zum kaltgepreßten Olivenöl. Die

Möglichkeiten sind schier unbegrenzt, und heute hat außer den Enzymfabrikanten wohl niemand eine rechte Vorstellung davon, wo überall Enzyme mitspielen. Deshalb ein paar Beispiele:

Bäckerei: Das wohl abwechslungsreichste Sammelsurium an Enzymen findet sich in den Backmischungen für Brot und Backwaren: *Lipoxygenasen* sind zum Bleichen von Weiß- und Toastbrot erlaubt und beliebt; *Amyloglucosidasen* verwandeln Altbrot in eine Art Süßungsmittel, das Kuchen zugesetzt werden kann; *Pentosanasen* machen Roggenbrot saftig; *Proteasen* verkürzen die Knetzeit; *Amylasen* verzögern das Altern von Brötchen.

Bier: *Amylasen* erlauben die Verwendung von Mais oder Reis; *Glucanasen* verbessern die Filtrierbarkeit, *Proteasen* die Kältestabilität – hierzulande aber alles nicht erlaubt. Trotzdem fand unsere Lebensmittelüberwachung wiederholt Enzymanwendungen.

Eiskrem: Die Magermilch läßt sich durch entmineralisiertes Molkepulver ersetzen. Allerdings neigt das Produkt dann zum »Sandigwerden«, *ß-Galactosidasen* verhindern dies und machen das Eis kremig.

Fruchtsaft: Obst wird heute gewöhnlich »totalverflüssigt«, indem *Pectinasen* das Stützskelett der Früchte zerstören. Aus Pektinen und Zellulose bilden sich Zucker. Das erleichtert das Abfiltern und liefert nach Herstellerangaben »kristallklare, stabile Apfel- und Birnensaftkonzentrate«.

Joghurt: Eine *Transglutaminase* vernetzt das Eiweiß, damit die Joghurts schön cremig werden.

Käse: Traditionell verwenden Käsereien Kälberlab, seit einigen Jahrzehnten mikrobielles Lab (*Proteasen*), seit 1990 gentechnisches Kälberlab. Außerdem wird der Käsereimilch *Lysozym* zur Konservierung zugesetzt. *Lipasen* verbessern den Geschmack und beschleunigen die Reifung italienischer Spezialitäten.

Kaffee: *Peroxidasen, Tannasen* und *Chlorogensäure-Esterasen* sorgen für Geschmack und Bekömmlichkeit.
Kaviar: *Kollagenasen* aus inneren Organen von Krabben helfen den Rogen aus dem Bindegewebe zerstörungsfrei herauszulösen: Die Ausbeute steigt damit um etwa 25 Prozent.
Milch: *Peroxidasen* halten die Milch länger frisch.
Olivenöl: Beim Kaltpressen läßt die Ausbeute zu wünschen übrig. Das richtige Enzym, eine *Hemicellulase*, holt mehr »kaltes« Öl heraus.
Pilze: Bösen Zungen zufolge schmecken Dosenchampignons wie »warmer Radiergummi«. Mit *Chitinasen* und *Glucanasen* wäre das nicht passiert.
Spirituosen: Ein Zusatz von *Cellulasen, Amylasen* und *Amyloglucosidasen* zur Maische erhöht die Ausbeute.
Trauben- und Fruchtzucker: Sie stammen mitnichten aus Trauben oder Früchten. Traubenzucker entsteht durch enzymatischen Abbau von Mais- oder Weizenstärke. Fruchtzucker wird mittels einer *Invertase* aus Traubenzucker erzeugt.

Bestrahlte Nahrung

Während sich kaum jemand über das Allergierisiko durch Enzympräparate Gedanken macht, herrscht bei einem anderen Thema allgemeine Besorgnis: bei der Bestrahlung. Die negative Einschätzung von Seiten der Verbraucher kommt nicht von ungefähr, haben wir uns doch nach Tschernobyl jahrelang über strahlenbelastete Nahrung den Kopf zerbrechen müssen. Doch bestrahlte Produkte beginnen nicht zu strahlen – sie werden nicht radioaktiv.

Nach den Spielregeln des gemeinsamen Marktes dürfen mittlerweile einige bestrahlte Produkte ganz legal in

Deutschland verkauft werden. Seit Mitte 1997 steht einer Einfuhr von bestrahlten Gewürzen wie Ingwer, Knoblauchpulver, Majoran, Petersilie oder Pfeffer nichts mehr im Wege. Trotz Kennzeichnungspflicht werden die Verbraucher in den meisten Fällen nichts davon erfahren. Denn keimfreie Gewürze braucht man vor allem zur Weiterverarbeitung: Knoblauchpulver für Frischkäse, Pfeffer für Pfeffersalami und Majoran für das Fertig-Kartoffelgratin. Und nach einer Verarbeitung entfällt die Deklaration.

Generell fürchten sich viele Kunden vor bestrahlten Waren aus dem Ausland. Bei uns, glauben sie, sei Bestrahlen nicht erlaubt. Die Vorstellung von Deutschland als Hort redlicher Lebensmittelpolitik gehört schlicht ins Reich der Sage. Ein Blick in unser Lebensmittelrecht genügt: Von einem generellen Verbot der Bestrahlung kann keine Rede sein. Der einschlägige Paragraph 13 des Lebensmittel- und Bedarfgegenständegesetzes (LMBG) verbietet nur, »eine nicht zugelassene Bestrahlung« anzuwenden.

Diese pfiffige Formulierung deckt eine ganz besondere Art der Zulassung, von der die Lebensmittelhersteller eifrig Gebrauch machen: die »Lebensmittel-Bestrahlungs-Verordnung«. Dort heißt es in Paragraph 1: »Die Behandlung von Lebensmitteln mit Elektronen-, Gamma- und Röntgenstrahlen wird zu Kontroll- und Meßzwecken zugelassen.« Einzige Einschränkung: die Dosis darf 0,1 Gray nicht übersteigen. Das ist zwar sehr wenig im Vergleich zur Strahlendosis für das Behandeln von Lebensmitteln, die 10 bis 10.000 Gray beträgt, straft aber die steten Beteuerungen Lügen, hierzulande sei die Bestrahlung generell verboten.

Angewandt wird diese Art von Meßstrahlung vor allem beim Abfüllen. Damit läßt sich die Füllhöhe von Konservendosen oder Bierflaschen erkennen. Ein volles Gefäß »schluckt« die

Strahlung, bei halbvollen geht sie dagegen durch den Kopf-
raum der Dosen oder des Flaschenhalses hindurch. Als
Gammastrahlen-Quelle dient vor allem Americium. Besonders delikat: das künstliche Element wird aus plutoniumhal-
tigem Atommüll in Wiederaufbereitungsanlagen gewonnen.

Tip
☹ Wenn Sie bestrahlte Lebensmittel generell meiden
wollen, müßten Sie auf alles in Dosen und Flaschen, ob
Kondensmilch, Bier oder Gulasch, verzichten.
☺ Entgegen den Befürchtungen der deutschen Öffentlichkeit ist in Holland eine Bestrahlung von Frischobst-
und Frischgemüse verboten. Neue Tomatenzüchtungen
bleiben ohnehin länger hart, als dem Kunden lieb ist. Was
bringt da eine Bestrahlung?

Darüber hinaus sind in Deutschland zahlreiche große
Bestrahlungsanlagen im Betrieb. Sie behandeln – den verfüg-
baren Informationen zufolge – überwiegend medizinisches
Zubehör, Klärschlamm und Verpackungsmaterial. Sie sterili-
sieren ohne chemische Desinfektionsmittel, machen das
bestrahlte Gut also keimfrei.

Das Pentagon auf dem Holzweg

Es begann in den 50er Jahren als Propagandatrick. Die
USA waren zur Weiterentwicklung ihrer Atomwaffen
entschlossen, aber die Öffentlichkeit protestierte unter
dem Eindruck der Atombombenabwürfe von Hiro-
schima und Nagasaki. US-Präsident Eisenhower rief zur
Korrektur des negativen Images ein großes Programm
ins Leben: »Atoms for Peace«. Fortan sollten gespaltene

Atome auch dem Frieden dienen. Prompt wurde die amerikanische Armee mit der Realisation dieser zivilen Initiative betraut.

Die Marine suchte damals gerade nach einer eleganten Möglichkeit, Fleisch und Wurst haltbar zu machen. Schließlich gab es in ihren U-Booten kaum Platz für einen Kühlschrank. Die Vorstellung, Würstchen einfach zwischen den Torpedos lagern zu können, hat etwas Bestechendes.

Die Hoffnungen der Experten erwiesen sich als trügerisch. Denn bestrahltes Fleisch entwickelt einen merkwürdigen Geschmack, den sogenannten »Wet-Dog-Flavor«. Es schmeckt so, wie nasser Hund riecht. Das dürfte wohl auch der Grund dafür sein, daß man so ziemlich alle Fleischarten ausprobierte, deren man habhaft wurde: von Nilpferdschinken über Elefantenfilets bis zu Beutelrattenbraten. Es nützte alles nichts, das G'schmäckle blieb.

Die nächste Erfahrung war nicht weniger schmerzlich: Entgegen aller Erwartung vermochte die Strahlung nicht, die Haltbarkeit vieler Lebensmittel zu erhöhen. Denn diese verderben nicht nur durch Bakterien, sondern auch durch Oxidation mit Sauerstoff aus der Luft und durch eigene Enzyme. Die Strahlen töten zwar Mikroben, lassen aber Enzyme unbehelligt.

Schließlich beauftragten die Militärs ein namhaftes ziviles Labor mit wichtigen Untersuchungen: Industrial Bio-Test (IBT), das für die chemische Industrie schon viele Pestizide geprüft hatte. Dadurch gerieten sie vom Regen in die Traufe. IBT entpuppte sich als Betrugsunternehmen, das die Untersuchungen nicht ordnungsgemäß durchführte, sondern seine Berichte fälschte. Schließlich nahmen sich die Gerichte des abenteuerlichen Kriminalfalls an und machten kurzen Prozeß. Das war das unrühmliche Ende eines heroischen Programms.

Die Bestrahlung taugt bei vielen Lebensmitteln gerade nicht zur Haltbarmachung. Denn die meisten Lebensmittel sind empfindlicher als Keime. Heute funktioniert die Konservierung meist nur mit erheblichem Aufwand: Spezialverpakkungen verhindern den Sauerstoffzutritt, spezielle Zusatzstoffe bremsen die Oxidation, eine Hitzebehandlung hilft gegen den enzymatischen Verderb, und Tiefgefrieren (optimal wären minus 80 Grad Celsius) während der Bestrahlung bewahrt den Geschmack.

Wenn dazu noch der kostenträchtige Transport zur Bestrahlungsanlage gerechnet wird, bleibt nicht viel mehr übrig als ein paar bizarre Nischen, wie die Bestrahlung von MüsliMischungen, um Kornkäfer und Motten ohne Chemie zu bekämpfen, oder von tropischem Obst, um das Reifen zu verzögern. Zur Reifeverzögerung reichen schon geringe Strahlendosen. So läßt sich der Transport vom Flugzeug aufs kostengünstigere, aber langsamere Schiff verlagern. Heute lohnt die Lebensmittelbestrahlung nur in wenigen Spezialbereichen. Daß sie in Zukunft breite Anwendung findet, ist unwahrscheinlich.

Die Diskussion um die gesundheitlichen Risiken ist bis heute nicht verstummt, und in der Tat konnten noch nicht alle Fragen befriedigend geklärt werden. Unsicherheiten bestehen bei frisch bestrahlter Ware. Jedoch gestatten die Erfahrungen aus Tierversuchen den Schluß, daß sich die Veränderungen im gleichen Rahmen bewegen wie bei anderen Manipulationen an unserer Nahrung. Dennoch ist eine Bestrahlung aus unserer Sicht überflüssig.

Strahlende Ideen

Separatorenfleisch ist jener Fleischbrei, der anfällt, wenn die entbeinten Gerippe der Schlachttiere zerkleinert und abgepreßt werden, um das an ihnen haftende Restfleisch zu gewinnen. Dieser Brei kann mit diversen Keimen belastet sein. Damit er »hygienischer« wird, liegt eine Strahlenbehandlung nahe. Hierzulande wird Separatorenfleisch bis zu einem Anteil von 15 Prozent der Wurst beigemengt. Lebensmittelrechtlich handelt es sich dabei schlicht um »Fleisch«, es entspricht also dem vielbeschworenen »Reinheitsgebot« für Wurst.

Automatenkaffee wird aus Pulver oder Flüssigkonzentrat gebrüht. Flüssigkonzentrat löst sich in heißem Wasser, ohne zu klumpen. Es kann jedoch im Automaten gelieren. Dieses unerwünschte Nachgelieren läßt sich mit einer Strahlenbehandlung verhindern.

Enzyme sind, wie wir bereits wissen, aus der Lebensmittelindustrie nicht mehr wegzudenken. Damit keine unerwünschten Sporen und Keime ins Endprodukt gelangen, werden sie bestrahlt. Die Strahlen töten zuverlässig alle möglicherweise gefährlichen Mikroorganismen. Jeder von uns, ob er im Supermarkt oder im Bioladen einkauft, dürfte bereits Produkte mit bestrahlten, aber nicht gekennzeichneten Enzymen genossen haben.

Getreideflocken: Im Getreide pflegt sich gern allerlei Ungeziefer einzunisten. Eine chemische Bekämpfung ist dann unvermeidlich. Durch Bestrahlung lassen sich leichter chemiefreie Müsli-Mischungen herstellen.

Dörrobst: Das Bestrahlen von Dörrobst bietet gleich zwei Vorteile: Motten und andere »handelsübliche« Schädlinge samt ihren Gelegen werden wirksam getötet. Ein Begasen mit Insektiziden ist daher nicht mehr nötig. Außerdem werden die zähen Trockenfrüchte weicher und sind angenehmer zu kauen. Wichtig für Müsli-Mischungen!

Zwiebeln wurden früher in Deutschland Ost bestrahlt, weil die von chronischem Energiemangel geplagte DDR dadurch die erforderliche Kühllagerung einsparen wollte. Die bestrahlten Zwiebeln durften entsprechend deutschem Lebensmittelrecht bis vor kurzem noch in den neuen Bundesländern verkauft werden.

Spirituosen: Hier geht es nicht um Verzögerung, sondern um Beschleunigung. Ein Cognac, der 20 Jahre lang gereift ist, schmeckt besser und erzielt höhere Preise als einer, der nur zwei Jahre auf dem Etikett hat. Eine künstliche Alterung mit Strahlen sorgt für eine schnellere Geschmacksentfaltung.

Trockengemüse: Über den Erfolg von Fertigsuppen entscheidet nicht nur die Kürze der Kochzeit, sondern auch ob alle Bestandteile des Gemengsels in heißem Wasser gleichmäßig weich werden: Nun haben aber Erbsen, Nudeln und Fleischbröckchen ganz unterschiedliche Garzeiten. Neben den üblichen chemischen Tricks erlaubt auch die Bestrahlung das Verkürzen und Steuern der Kochzeit.

Anders sieht die Einschätzung der Bestrahlung in Ländern der Dritten Welt aus. Dort tritt zunehmend ein vielversprechender Aspekt in den Vordergrund: die Bekämpfung von Parasiten. Gerade tierische Lebensmittel sind in vielen Teilen der Welt ein wichtiger Infektionsweg für Bandwürmer und Leberegel, für Cestoden und Trematoden. Dieses gefährliche »Kleinvieh« stellt in Ländern mit niedrigem Hygienestandard eine stete Bedrohung für Leib und Leben dar. Gelänge es, mit der Bestrahlung diese Erreger einzudämmen, dann wäre das zumindest für die Menschen in der Dritten Welt ein

Gewinn. Auch bei Anlegen strenger Maßstäbe bleibt der gesundheitliche Vorteil bestehen – denn zur Abtötung von Parasiten reichen bereits niedrige Strahlendosen aus, so daß die Veränderungen am Lebensmittel gering bleiben.

»Küchenradar« Mikrowelle

Nicht ganz so skeptisch wie bei bestrahlten Lebensmitteln reagieren viele Verbraucher auf die Mikrowelle, viele holen sie sich sogar in die eigene Küche. So läßt sich Vorgekochtes wie Vorgefertigtes in Minutenschnelle zubereiten. Denn Zeit zum Kochen – wer hat sie noch?

Mikrowellen umgeben uns stets und überall. Die Erdoberfläche, die Sonne, ja sogar der Mensch strahlt Mikrowellen ab. Diese natürliche Strahlung verblaßt jedoch gegenüber der technisch erzeugten: Rundfunk, Fernsehen, Funksprechgeräte und Radar überlagern alles andere. Wir spüren nichts von diesem Wellensalat, nicht einmal dann, wenn eine Überdosis unseren Körper innerlich verkochen sollte. Denn Hitze können wir nur mit der Haut fühlen.

Im Gegensatz zu offenen Quellen wie Radarsendern, deren Strahlen auch den letzten Winkel erreichen, sind Mikrowellenherde isoliert. Die Leckstrahlung, die nach außen dringt, ist vergleichsweise gering, wenn die zulässigen Höchstwerte eingehalten werden. Allerdings läßt sich nicht ausschließen, daß auch niedrige Strahlendosen biologisch wirksam sind.

Unsere Welt wurde von den technischen Mikrowellen längst erobert, und auch die Lebensmittelindustrie weiß die »schnelle Welle« zu nutzen: beim Auftauen von tiefgefrorenem Rindfleisch, zum Trocknen von Instantnudeln, beim Konservieren von Bier oder Schnittbrot, zur Schädlingsbekämpfung in Müslis und sogar zum Schlachten von Geflügel. Der Verzehr von Nahrung, die mit Mikrowellen bearbeitet wurde, läßt sich also kaum vermeiden.

Mikrowellen in der Lebensmittelindustrie

Tempern von TK-Blöcken: Das Vorwärmen (Tempern) tiefgefrorener Rohstoffe wie Rinderhälften, Butter oder Fisch-Frostblöcke ist die erfolgreichste Anwendung der Mikrowellen. Denn das energieaufwendige Auftauen mit Warmluft führt zu Qualitätseinbußen, weil Tropfwasserverluste eintreten, die Oberfläche (zum Beispiel von Fleisch) antrocknet und sich verfärbt. Um diese Probleme zu lösen, arbeitete man schon früher mit feuchter Luft, was aber wiederum das Wachstum unerwünschter Keime förderte. Und mit kühler Luft dauert es einfach zu lange: Rinderhinterviertel brauchen anderthalb Tage. Mit Mikrowellen tauen die Tiefkühlblöcke dagegen in Rekordzeit auf.

Instantpulver lassen sich kostengünstig mit der sogenannten Schaummattentrocknung herstellen: Unter Vakuum werden vorkonzentrierte Lebensmittel wie Eiklar, Kaffee-Extrakt, Molke, Tomatensaft, Orangensaft oder Fleischextrakt mit einem Verschäumungsmittel versetzt auf ein perforiertes Band gegeben. Dadurch schäumen sie es auf. Der mit heißer Luft getrocknete Schaum läßt sich dann zu instantlöslichem Pulver vermahlen. Durch den Einsatz von Mikrowellen verkürzen sich die Trocknungszeiten solcher Schäume ganz erheblich: bei Tomaten- oder Eigelbpaste um 70 Prozent.

Teigwaren: Bis Nudeln getrocknet sind, dauert es gewöhnlich etwa zehn Stunden. Mit Mikrowellen schrumpft die Zeit für diesen Vorgang auf zwei Stunden. Die schnell getrockneten Nudeln enthalten weniger

Keime, neigen nicht zur Verhornung, behalten eine intensivere Farbe und lassen sich in Fertigsuppen schneller mit Heißwasser quellen.

Pilze trocknen mit Mikrowellen nicht nur schneller, sondern sie nehmen später auch leichter Wasser auf. Eine Eigenschaft, die für Fertigsuppen und -Soßen von großem Vorteil ist.

Instant-Kartoffeln: Blanchierte Kartoffeln werden zur Lockerung des Zellgefüges fünf Minuten mit Mikrowellen behandelt. Anschließend trocknen sie zwei Stunden lang in warmer Luft. Danach bekommen sie noch mal für 30 Sekunden Mikrowellen, was einen leichten Puffeffekt bewirkt. Ohne Mikrowellen würden die Kartoffeln sogar deutlich schrumpfen. Außerdem nehmen die so behandelten Kartoffeln schneller Wasser auf und zerfallen beim Warmhalten von Suppen oder im Kartoffelsalat nicht so leicht wie gefriergetrocknete Kartoffelscheiben.

Müslis: Zur Trocknung von Getreide gelten Mikrowellen als optimal: Sie sind ruhiger, billiger, staubfrei und erhalten auch noch die Keimfähigkeit besser als konventionelle Trockner.

Schnittbrot: Bei Hefeteigen beschleunigen Mikrowellen die Gare, weil sich damit der Teig von innen erwärmen läßt. Darüber hinaus lassen sich die Teige mit Mikrowellen »entspannen«, das heißt sie maschinenfreundlicher machen, so daß damit eine kontinuierliche Fertigung möglich ist. Schnittbrot wird mit Mikrowellen haltbar gemacht, deshalb kommen sie auch »ohne Konservierungsmittel« aus, wie wir auf den Packungen lesen können.

Knäckebrot: Gewöhnliches Backen trocknet nicht gleichmäßig. So kommt es an der Oberfläche bereits zu Rösteffekten, während der Kern feucht bleibt. Mikrowellen trocknen das Brot dagegen gleichmäßig ohne Oberflächen-Röstung.

Bier wird ebenso wie Milch mit Hitze konserviert. Beim Bier ist dafür auch die Mikrowelle geeignet.

Milch: Kalte Milch bildet beim Umpumpen in der Molkerei stabile Schäume. Gewöhnlich werden sie mit Zusatzstoffen oder Ultraschall bekämpft. Mikrowellen sind aufgrund ihrer physikalischen Eigenschaften genausogut für diesen Zweck geeignet.

Geflügel läßt sich mit Mikrowellen töten. Die Behandlung erleichtert das Rupfen und erspart das Brühen der Tierkörper. Dadurch fällt kein verschmutztes Brühwasser mehr an, was zugleich die Gefahr einer Verkeimung mit Salmonellen verringert.

Die Betäubung von Schweinen mit Mikrowellen durch Erhitzung des Gehirns gilt als machbar, aber technisch schwierig, weil die erforderliche Leistung der Generatoren das Personal gefährden könnte.

Der Siegeszug der kompakten Mikrowellenherde in die privaten Haushalte sorgte für Schlagzeilen: Ahnungslose »Köche« stellen Frühstückseier in den Herd, wo sie nicht hingehören und deshalb gelegentlich medienwirksam explodieren. Schlimmer sind allerdings Verbrennungen bei Säuglingen durch überhitzte Milch. Die im Mikrowellenherd aufgewärmten Fläschchen fühlen sich außen zwar kalt an, aber sind innen oft schon kochend heiß.

Beim Trocknen von Getreide mit Mikrowellen bleibt die Keimfähigkeit sogar besser erhalten als beim normalen Erwärmen. Das bedeutet allerdings auch, daß die Mikrowelle letztlich eine schonende Form der Erhitzung darstellt, so daß bei einer gesundheitlichen Wertung vor allem an die Auswirkung einer unzureichenden Erhitzung zu denken ist. Tatsächlich überleben Trichinen das »Küchenradar« unbeschadet. Wer die Mikrowelle nutzt, sollte auch bedenken, daß die Hitzephase im Herd oft zu kurz ist, um wirklich alle Bakterien abzutöten. Insofern erhöht sich damit das Risiko einer Lebensmittelinfektion.

Tip

☺ Mikrowellen erhöhen das Risiko einer Lebensmittelinfektion. Achten Sie deshalb darauf, daß die Speisen in der Mikrowelle genügend lang und heiß erhitzt werden. Lassen Sie das Gericht nach der Garzeit noch ein paar Minuten im Öfchen, damit sich die unterschiedlichen Temperaturen im Innern der Speise ausgleichen können. ☺ Damit sich Ihr Baby nicht den Mund verbrennt, verlassen Sie sich keinesfalls auf die Außentemperatur des Gefäßes. Schütteln Sie das Fläschchen gut und probieren Sie davon bitte selbst einen Schluck, bevor Sie Ihrem Baby davon zu trinken geben.

Diese »schonendere« Form der Erhitzung ist auch der Grund dafür, daß sich die Mikrowelle nicht zum Braten, Backen oder Grillen eignet und der Geschmack der Speisen manchmal zu wünschen übrigläßt. Dieser Mangel rief die Aromafachleute auf den Plan. Damit die Mikrowellenfreunde zusehen können, wie der Braten hinter dem Glastürchen schön knusprig wird, gibt's eine besonders leckere Erfindung: eine Mixtur aus Würze (siehe Seite 208), aus Traubenzucker und einem Katalysator, am besten Soda. Sie wird aufs Fleisch gesprüht und bildet im Herd die begehrte Kruste. Den Fertigmenü-Herstellern dürfte ein Stein vom Herzen fallen.

Dank Mikrowelle boomen die Fertiggerichte. Mit ihnen kann man den wissenschaftlichen Fortschritt in den Sparten

Chemie, Physik und Geschmacksdesign bewundern und verspeisen. Welchen Schaden könnte die Mikrowelle bei solchen High-Tech-Happen noch anrichten? In Herstellerkreisen spricht man inzwischen von der »Satellitenfamilie«. Alles dreht sich nur noch um den Mikrowellenherd. Wer Hunger hat, geht flugs zur Tiefkühltruhe, fischt sich seine momentane Leibspeise heraus und kann schon wenige Minuten später ungestört vor sich hinkauen. Vorbei der Streß, auf andere warten zu müssen. Wer also die Gesichter seiner Lieben bei Tisch nicht mehr sehen möchte, für den ist das »Küchenradar« ein Geschenk des Himmels.

Haltbar durch Stromschlag: Ohmsches Konservieren

Ähnlich wie die Mikrowelle wirkt das sogenannte »Ohmsche Konservieren«, nur viel gründlicher und gleichmäßiger. Dieses Verfahren, das derzeit in unserer Lebensmittelwirtschaft Furore macht, ist prinzipiell nicht neu und hat einen banalen Hintergrund: Stirbt ein Lebewesen durch Stromschlag, sieht man kaum Verbrennungsspuren. Das Fehlen sichtbarer Schäden ist geradezu typisch für den Tod durch Elektrizität. Wenn man diesen unbehaglichen Vorgang emotionslos betrachtet, bietet er dem aufgeweckten Fachmann eine einmalige Chance: Nein, nicht zum Schweineschlachten, da nutzen wir längst die Elektrozange zum Betäuben, sondern zum schonenden Konservieren. Denn der Hersteller trachtet zwar den Verderbniserregern nach dem Leben, will aber sein Produkt nicht erkennbar schädigen.

Sobald Strom durch einen elektrischen Widerstand fließt, läuft dieser heiß. Werden Lebensmittel als Widerstand benutzt, erhitzen sie sich ebenfalls. Die Hitze tötet die Mikroben samt und sonders, macht das Lebensmittel haltbar –

und während des Sterilisierens brennt auch nichts mehr an. So einfach geht das. Benannt wurde das Konservierungsverfahren nach dem deutschen Physiker Georg Simon Ohm, der von 1789 bis 1854 lebte.

In der Praxis läuft das nach der Ohmschen Methode folgendermaßen: Der Hersteller nimmt Wechselstrom, so wie er aus der Dose kommt. Ein Gulasch wird durch ein Rohr gepumpt und dabei so lange unter Strom gesetzt, bis es 140 Grad Celsius heiß ist. Damit die Lebensmittelmasse zwischen den Elektroden nicht aufkocht, baut Stickstoff den nötigen Gegendruck auf. Etwas Wasser und Salze sind wegen ihrer Leitfähigkeit für den Ohm-Effekt unverzichtbar. Und die Masse muß sich pumpen lassen. Nach dem Abkühlen wird sie keimfrei abgefüllt.

Für bestimmte Produkte eignet sich die Methode nicht. Dazu zählen Eis, Alkohol oder Fett. Ideal ist das Verfahren jedoch für Fertiggerichte mit viel Fleisch und Gemüse, für »Krabben, gebackene Bohnen, Pilze« sowie »Käsesoßen und Milchsüßspeisen«, schwärmt der Hersteller solcher Anlagen. Und so empfiehlt er sie auch für »Früchte wie ganze Erdbeeren, schwarze Johannisbeeren und Brombeeren sowie Kiwis in Scheiben und gewürfelte Pfirsiche, Birnen und Äpfel«, für »Hundefutter, Suppen, Sauergemüse, Salate, Desserts oder Saucen«.

Die Vorteile bemerken wir beim Verzehr: Die Speisen schmecken besser, frischer und knackiger als Büchsenware. Nudeln bleiben ›al dente‹, Gemüse auch ohne Zusatzstoffe fest und formstabil. Und der bekannte »Matscheffekt« von Dosengerichten bleibt aus. Das Verfahren dürfte sich sogar durch seine Ökobilanz auszeichnen, da der direkte Einsatz von Strom Wirkungsgrade von 90 Prozent ermöglicht. Der Energieverlust liegt bei nur 10 Prozent, im Vergleich zu 50

Prozent beim Küchenherd. Außerdem sind solche Ohm-schen Konserven ohne Kühlung haltbar und verbrauchen damit weniger Energie als Tiefkühlmenüs.

Und wie steht's mit dem Vollwert oder möglichen Neben-wirkungen? Dazu schweigt die Industrie. Das deutsche Le-bensmittelrecht steht ihr schützend zur Seite. Praktisch jedes neue Verfahren war ohne gesundheitliche Prüfung erlaubt, ja sogar ohne Anmeldung und ohne Deklaration. Klammheim-lich. Erst die EU schuf mit der Novel-Food-Verordnung eine Handhabe, um derartige Neuerungen auf ihre Auswirkun-gen zu überprüfen.

Während viele Verbraucher sich vor strahlenkonservierter Ware aus dem Ausland ängstigen, gibt es hierzulande zahlrei-che Techniken wie das Ohmsche Konservieren, deren Aus-wirkungen auf unsere Gesundheit völlig unbekannt sind. Unser Lebensmittelrecht drückt beide Augen zu. Eine De-klaration findet grundsätzlich nicht statt.

Ein Gutes haben diese Verfahren auf jeden Fall: Sie zeigen, wie irrational und überheblich Verbraucherorganisationen agieren, die uns stets vor den Gefahren aus Nachbars Küche und dem (oft strengeren) EU-Recht schützen wollen – und dabei nicht einmal die Probleme im eigenen Land kennen.

Gentechnik:
Was Kritiker und Befürworter verschweigen

Wozu Gentechnik? Hat die traditionelle Landwirtschaft nicht eine Fülle von hochwertigen und schmackhaften Pflan-zen und Tieren hervorgebracht? Ist das, was die Natur uns bietet und was die Menschheit Jahrtausende gesund und fruchtbar erhalten hat, auf einmal nicht mehr gut genug?

311

Warum hier etwas riskieren, ohne die Folgen bis in die letzte Konsequenz zu kennen? Oder glaubt noch jemand an die Mär vom Kampf gegen den Welthunger? Schließlich bekommen nur jene zu essen, die es auch bezahlen können.

Erlauben Sie einen nostalgischen Blick zurück, auf wogende Getreidefelder und fette Gemüsebeete. Stellen Sie sich nur unsere vielen schmackhaften und gesunden Kohlarten vor: Blumenkohl, Rotkohl, Brokkoli, Rosenkohl oder Kohlrabi. Natur pur – garantiert ohne Genmanipulation. Und dennoch: sie alle gibt es so in der Natur nicht und hat sie nie gegeben. Diese Kulturpflanzen entstanden durchweg aus einer einzigen Wildform, die eher an Raps erinnert. Diese Wildform haben wir umgekrempelt, für den Kohlrabi ihren Stengel monströs anschwellen lassen, für Brokkoli eine riesige Blüte draufgesetzt, für den Rosenkohl die Sproßachse manipuliert. Wäre das ein Ergebnis der Gentechnik, so würden wir vielleicht gerade die schmackhaftesten Teile als »Krebsgeschwulste« verteufeln. Auch die Inhaltsstoffe der Pflanzen wurden umgestaltet. Vor allem mußten Stoffe, die Schädlinge fernhalten, auf ein für den Menschen unschädliches Maß vermindert werden. Heute ist der Kohl eine alte Kulturpflanze. Sie braucht, als Folge ihres verringerten Gehaltes an Begleitstoffen, die Fürsorge des Menschen, um überleben zu können.

Bisher wurden Neuzüchtungen am Verbraucher getestet. Aber die klassische Züchtung ist alles andere als frei von Nebenwirkungen. Beispiel Kartoffel: Die Wildkartoffel enthält hohe Gehalte an dem Gift Solanin, das sie vor Käfern schützt. Um sie zu kultivieren, senkte man den Solaningehalt. Bei dem Versuch, unsere inzwischen solaninarmen Kartoffeln erneut gegen Schädlinge widerstandsfähig zu machen, wurde einmal versehentlich der Gehalt an Solanin erhöht. Wegen gesundheitlicher Probleme beim Kunden mußten die fraglichen Sorten natürlich wieder vom Markt genommen werden.

Nicht nur für den Verbraucher haben solche Züchtungen Folgen, auch das »Zuchtmaterial« leidet darunter. Nehmen wir unser modernes Fleischschwein: Es hat vier Rippen zuviel und zwei Schinken mehr, dafür ein viel zu schwaches Herz und ein total unterentwickeltes Skelett. Diese Tiere müssen, wie es ein Veterinär einmal trocken formulierte, »im Krankenbett zum Schlachthof getragen werden«.

Aber ließe sich mit der klassischen Züchtung nicht auch Sinnvolles ohne Risiko bewirken? Honigbienen, die beispielsweise mehr Honig produzieren? Bereits geschehen 1956 in Brasilien. Tropentaugliche afrikanische und bienenfleißige europäische Rassen wurden schulbuchmäßig gekreuzt, um unter südlicher Sonne mehr Honig zu ernten. Unbeabsichtigtes Ergebnis: die »Killerbiene«. Ganz im Gegensatz zu ihren durchweg friedlichen Eltern zeichnete die neue Brut eine beachtliche Aggressivität aus. Inzwischen verdrängt sie in Amerika die einheimischen Bienen und gefährdet durch ihre Stechlust Mensch und Vieh. Auch beim Kreuzen kennt niemand die Risiken.

Natürlich rechtfertigen solche Ereignisse nicht gentechnische Veränderungen an Erbanlagen, wie zum Beispiel die Einführung fremder Gene in Tomaten. Aber wer neue Techniken beurteilen möchte, sollte die alten kennen. Geheimniskrämerei ist hier fehl am Platze. Warum bleibt dem Interessierten ein ganzes Kapitel unserer Pflanzenzüchtung verborgen, auf das die Menschheit einst so stolz war: die Mutationszüchtung? Hier gibt es im Gegensatz zur Gentechnik sogar eine direkte Verbindung zur Atomindustrie. Saatgut wird mit Radioaktivität bestrahlt, um das Erbgut zu schädigen. Unter den entstandenen mißgebildeten Pflanzen fällt die Wahl auf jene, deren »Mißbildungen« gewisse Vorteile versprechen. Dazu müssen jedoch ungeheure Mengen an Saatgut »behandelt« und »freigesetzt« werden, bis sich auch mal eine »nützliche« neue Eigenschaft finden läßt. Die Mutationszüchtung ist Grundlage züchterischen Fortschritts der letzten dreißig Jahre. Ihre Folgen essen wir täglich.

Fehlten für irgendeinen Zweck, sei es Krankheitsresistenz oder Salztoleranz, passende Gene, war die Mutationszüchtung der einzige Weg, um diese neuen Eigenschaften künstlich zu erzeugen. Die auf diese Weise gewonnenen Mutanten wurden und werden bei Bedarf in bestehende Sorten eingekreuzt. So berichtet die Internationale Atomenergiekommission (IAEA) von über 14.000 derartigen Projekten mit Gammastrahlen (Cobalt 60), über 5000 mit schnellen Neutronen und gut 500 mit anderen Mitteln in den Jahren 1967 bis 1992. Dieser Behandlung wurden praktisch alle Getreidearten wie Weizen oder Hirse, Amaranth oder Quinoa unterzogen. Und natürlich viele Gemüse wie Soja, Kartoffeln, Tomaten, Yams, aber auch die wichtigsten Obstsorten wie Zitrusfrüchte, Äpfel, Pfirsiche, Trauben oder Bananen. Wir dürfen nicht vergessen, daß diese künstlichen Gene heute eine Grundlage unserer Landwirtschaft darstellen – auch und gerade des Ökolandbaus, der auf solche resistenten Sorten angewiesen ist.

Die Mutantensortimente sind mittlerweile reich bestückt: Es existieren allein beim Reis etwa 7000 und bei der Tomate 1800 Mutanten. Bei den Hülsenfrüchten kamen auf diesem Wege 100 neue Sorten auf den Markt. In Italien bedecken Hartweizen-Mutanten etwa 70 Prozent der Durum-Anbaufläche. Praktisch die gesamte in Mitteleuropa angebaute Gerste hat Gene in ihrem Erbgut, die künstlich erzeugt wurden. Der bayerische Reinheitsgebots-Biertrinker genießt das Ergebnis solcher Züchtungen ebenso begierig wie der Liebhaber italienischer Küche seine »al-dente«-Spaghetti aus Durum. Die Kritik an der Gentechnik wird von der Atomwirtschaft mit Genugtuung zur Kenntnis genommen: Schließlich habe sich die Mutationszüchtung – so heißt es in ihren Schriften – lange genug bewährt, um hier eine echte Alternative zu den umstrittenen transgenen Pflanzen zu bieten.

Die Züchtung mittels Radioaktivität war bei Bakterien, Pilzen und Hefen besonders erfolgreich. Sie schuf nicht nur unsere heutige äußerst triebstarke Bier- und Bäckerhefe, sondern auch neue Variationen von dem besonders giftigen Schlauchpilz *Claviceps purpurea*. Das ist der Name des Pilzes, der auf dem Getreide das Mutterkorn bildet. Menschen, die zuviel Mutterkorn essen, leiden an Nervenkrankheiten, verlieren ihre Gliedmaßen und können daran sterben. Früher hatte das Mutterkorn bei Mißernten ähnlich verheerende Folgen wie die klassischen Seuchen Pest und Cholera. Heute wird der Pilz wegen seiner wehenfördernden Wirkung gezielt als Medikament genutzt. Durch Mutationszüchtung gelang es, besonders giftige Mutterkornarten zu erzeugen. Um den Wirkstoff ernten zu können, werden Roggenfelder mit den Pilzsporen beimpft. Über eine Gefährdung unseres Brotgetreides durch Freisetzung dieser potenten und weit vom Winde verwehten Sporen hat sich offenbar noch niemand Gedanken gemacht. Immerhin eignen sich solche Ideen genausogut als biologische Waffen.

Wer setzt eigentlich dieser Technik Schranken? Warum hört man davon nichts? Ganz einfach: Die Befürworter der Gentechnik müßten sich vorhalten lassen, daß man am bisher Erreichten schon sehen könne, zu was sie alles fähig wären. Und auch die Gegner schweigen fein stille. Sonst wäre die Luft raus aus ihrer moralischen Überheblichkeit. Dann müßten endlich alle Züchtungsarten auf ihre Risiken geprüft werden.

Die Angst vor der Gentechnik beruht manchmal auf der irrigen Überzeugung, unser Getreide, Obst und Gemüse bestünde aus durchweg natürlichen Pflanzen, die jetzt in unkontrollierbarer Weise verändert würden. Über die bisherigen Veränderungen, die ohne Gentechnik stattfanden, haben wir uns überhaupt keine Gedanken gemacht. Wir haben die Produkte einfach freigesetzt und gegessen.

Keines der Beispiele liefert genug Argumente für oder gegen die Gentechnik. Aber vielleicht können sie uns helfen, die Gentechnik in unser Weltbild einzuordnen. Und damit sind wir wieder am Ausgangspunkt angelangt: beim Welthunger. Daß sich die Wirtschaft für die Gentechnik interessiert, hat einen ganz einfachen Grund: Man rechnet wegen der Bevölkerungsexplosion logischerweise über kurz oder lang weltweit mit einer Verknappung von Nahrung. Dann beginnt wieder das Horten von Getreide und Soja, die Spekulation mit dem Hunger und womöglich ein dramatischer Preisanstieg. Wer die Ernährung der Menschheit sicherstellen will, muß für Überschüsse sorgen, damit Nahrung bezahlbar bleibt. Ob die Menschheit dafür die Gentechnik braucht, sei dahingestellt. Sicher gäbe es auch andere und womöglich sinnvollere Wege. Dennoch könnte die Gentechnik unbeabsichtigt helfen, durch Ertragssteigerungen den Zeitpunkt des Hungers hinauszuschieben.

Sachverzeichnis

320

Udo Pollmer/Andrea Fock/ Ulrike Gonder/Karin Haug Liebe geht durch die Nase

Was unser Verhalten beeinflußt und lenkt
Broschur

Warum finden wir etwas schön? Was zieht uns an einem Menschen an? Warum liegt das Salz im Supermarkt immer tief im Inneren der »Höhle«? Warum geht es uns im Sommer besser als im Winter? Warum liegt die Wettervorhersage so oft daneben? Antworten auf scheinbar zusammenhanglose Fragen liefert uns die Biologie.

VERLAG KIEPENHEUER & WITSCH

Pollmer/Fock/Gonder/Haug
Prost Mahlzeit!

Krank durch gesunde Ernährung
KiWi 433

Je mehr Diäten, desto mehr Eßgestörte, je mehr Margarine aufs Brötchen kommt, desto mehr Herzinfarkte, je mehr Jodsalz unters Volk gestreut wird, desto mehr Schilddrüsenkranke? Es ist an der Zeit, unsere Ernährungstheorien zu überprüfen und unser Eßverhalten in Verbindung zu bringen mit einer natürlichen Wechselwirkung von Umwelt und Körper.

Eva Kapfelsperger / Udo Pollmer
Iß und stirb

Chemie in unserer Nahrung
Mit Ratschlägen für den Verbraucher
Aktualisiert und neu bearbeitet
KiWi 270

»Das Buch macht allen Mut, die angesichts der ständigen Schreckensmeldungen über Hormone im Fleisch, Gift in der Muttermilch oder Schwermetalle im Fisch nur noch resigniert fragen: Was soll man eigentlich essen? Die Lebensmittelchemiker setzen die Aufklärung über chemische Rückstände schonungslos fort. Aber sie zeigen dem Verbraucher auch Auswege aus seiner vermeintlichen Ohnmacht.«
Südfunk Stuttgart

 Paperbacks bei Kiepenheuer & Witsch